安史之乱

石云涛◎著

北京联合出版公司
Beijing United Publishing Co.,Ltd.

图书在版编目（CIP）数据

安史之乱 / 石云涛著 . -- 北京 : 北京联合出版公司，2023.11

ISBN 978-7-5596-7245-2

Ⅰ . ①安… Ⅱ . ①石… Ⅲ . ①安史之乱－研究 Ⅳ . ① K242.205

中国国家版本馆 CIP 数据核字 (2023) 第 191493 号

安史之乱

项目策划：斯坦威图书 斯坦威 STANDWAY
作　　者：石云涛
出 品 人：赵红仕
总 策 划：李佳铌
策划编辑：刘予盈
责任编辑：李艳芬
封面设计：异一设计 QQ:164085572
内文排版：及物文化

北京联合出版公司出版
（北京市西城区德外大街 83 号楼 9 层　100088）
河北鹏润印刷有限公司印刷　新华书店经销
字数 240 千字　880 毫米 ×1230 毫米　1/32　12 印张
2023 年 11 月第 1 版　2023 年 11 月第 1 次印刷
ISBN 978-7-5596-7245-2
定价：68.00 元

目录

引　子

唐天宝十四载（755 年）阴历十一月十五日，陕西临潼骊山华清池，大唐帝国的玄宗皇帝正与爱妃杨玉环一起沐浴温泉，忽然太原有人骑快马来报，说平卢、范阳、河东三镇节度使兼河北采访处置使安禄山在十一月九日这天起兵反叛了！对于这一消息，玄宗开始并不相信，因为长期以来，经常有人说安禄山要造反，可他不是一直没反吗？但很快，朔方军也派人送来了相同的消息，玄宗仍然将信将疑。直到平原郡太守颜真卿派李平前来报信，叛军已过平原郡向洛阳进发，使得玄宗不得不相信：安禄山确实反了！沐浴温泉的惬意与舒适顿时烟消云散，他急忙召集宰相商议对策，并着手准备离开骊山返回长安。

玄宗是唐朝第七位皇帝，在他之前有高祖、太宗、高宗、武后、中宗、睿宗。“天宝”是玄宗的第三个年号，玄宗在位期间曾用过三个年号，第一个是“先天”，只用了一年零四个月，就改为“开元”，意思是一个新纪元的开端。“开元”的年号用到第三十个年头，即公元 742 年，阴历十一月，改为“天宝”。

之所以改年号为“天宝”，玄宗说是因为“玄元皇帝天宝锡（赐）庆”。玄元皇帝即老子李耳，唐朝皇帝认李耳为祖先，把他封为玄元皇帝。据说，隋朝末年，李耳曾降下灵符，说李氏该称帝治天下，李渊、李世民正应了这道灵符。开元二十九年（741 年）正月，据玄宗说，他梦见了老子，“老子告我以无疆之体”“表我以非常之庆”（《玄元皇帝临降制》）。老子还告诉玄宗：“吾有像在京城西南百余里，汝遣人求之，吾当与汝兴庆宫相见”（《资治通鉴》卷 214）。玄宗派人求取，在终南山楼观附近山间果然找到一尊老子像，迎回兴庆宫。唐朝统治者一直把老子降下的灵符、神像之类称为“天宝”——天赐宝物。玄宗说现在应该“遵道宝而建元”，即按照“天赐宝物”这一含义而重建年号。这个年号一直用到第十五个年头，即公元 756 年。

玄宗作《玄元皇帝临降制》颁示天下，把他梦见玄元皇帝，玄元皇帝赐给他圣像的神话宣告天下。这一下热闹了。皇帝分明在造假嘛，于是引起全国各地跟着造假。造什么假呢？造“天宝”或“道宝”——灵符之类。当年正月，陈王府参军（唐代一般为七品或八品级别）田同秀就声称在京城永昌街宫中也见到了玄元皇帝，玄元皇帝要他传话给玄宗，说赐给玄宗八个字：“天下太平，圣寿无疆。”这个小小的芝麻官平日里哪有机会见皇上啊，现在玄宗亲自接见他，因为他要传达玄元皇帝的金言，那就像圣旨一样啊。田同秀又说：“桃林县故关令尹喜宅傍有灵宝符。”尹喜，就是据说当年老子出函谷关，那位负责守关事务的人。玄宗赶快派人去找，果然又找到了灵宝符，玄宗命改桃林县为灵宝县，并作《灵符铭》，刻在石碑上，竖在发现灵符的地方以作纪念，并且大赦天下。河南省灵宝县就是这样得名的。

这年九月，崇文馆大学士陈希烈等人又称在太清门见到了玄元皇帝——不是一个人说看见，而是几个人，大家串通好蒙皇上。他们告诉唐玄宗，玄元皇帝说了："可报吾孙，汝是上界真人，吾于左右长卫护。汝寿命无疆，灾害自除，天下安乐。"（《册府元龟》卷54）"吾孙"当然就是玄宗皇帝。玄宗命史官郑重地记录下来，作为档案永久留存。一年后，清河人崔以清也说见了玄元皇帝，玄元皇帝说有灵符在什么什么山。玄宗又派人去找，又找到了灵符。这件事被人检举造假，崔以清自己也承认了，玄宗并不深究。此后，所谓老子现身、仙人显灵、灵符出、祥瑞现等等之类的新闻，不断地报道出来。——"时上尊道教，慕长生，故所在争言符瑞，群臣表贺无虚月"（《资治通鉴》卷216）。每个月都有此类事发生。

这个天宝十四载的"载"字，也需要说明一下。古代皇帝纪年，一般称"年"，而不称"载"。唐朝从玄宗天宝三年（744年）正月初一起，"改年曰载"（《资治通鉴》卷215），一直到肃宗至德三载（758年）二月五日，改年号为乾元，同时又"复以载为年"（《资治通鉴》卷220），又改了回去。

把"年"改为"载"有什么意义呢？玄宗说他是效法尧、舜，他曾查阅古籍，发现古代关于"年"原来有不同叫法。古代有一部字书《尔雅》，其中有一部分叫"释天"，解释一些与天文、自然有关的字，其中有云："夏曰岁，商曰祀，周曰年，唐虞曰载。"唐虞就是唐尧、虞舜，古代传说中的圣君，他们那个时候就不说"年"，而说"载"。玄宗说自己追求的是实现像唐尧、虞舜那样的盛世，因而也要效法尧、舜，称"载"而不称"年"。为此他郑重地下了一道诏书，"改天宝三年为载"，这就是收在《全唐文》第24卷的《改年为载推恩制》。因为改这个字，他还要"推恩"，推恩就是让那些不该享受这个太平盛世的人，也感受到皇恩普化。根据这道诏书，除了犯十恶大罪或罪大恶极"情难容恕"者，当时监狱里在押的罪犯，犯死罪的降一等处理，不是死罪的全部释放。

当时大家都期望玄宗成为尧、舜。杜甫在有名的《奉赠韦左丞丈二十二韵》的长诗里表达自己的心理期待："致君尧舜上，再使风俗淳。"他要通过自己的努力，使当今的皇上，即玄宗，成为超过尧、舜的帝王。玄宗改年为载，实际上是自许自己的治下已经是尧舜的时代，已经是"风俗淳"——政治清明的年代。我们知道，开元年间是中国古代少有的太平盛世，天宝三载呢，盛世的余晖还普照大地，正是玄宗自鸣得意的时候。因此这一字之改，显露出玄宗自足的心态。这种心态对保持盛世的局面非常不利，他骄傲了，历史便毫不留情地给了他应有的教训。安禄山发动的军事叛乱，把他的尧舜梦击得粉碎。

那天一早，安禄山在蓟城南郊举行誓师大会，以奉玄宗密诏讨杨国忠为名（当然是骗人的），命各路兵马向帝都洛阳、长安进军。其时气氛紧张，各驻兵之地到处都张贴着榜文，墨书大字："有异议煽动军人者，斩及三族。"——有人胆敢发生不同的意见，煽动士兵们抗命的，他的三系血亲，即与父母、兄弟、妻子有血缘关系的人，都要砍脑袋。

安禄山命范阳节度副使贾循驻守范阳，平卢节度副使吕知诲驻守平卢，别将高秀岩驻守大同军，其余诸将皆各自率军连夜出发，兵锋直指东都洛阳。安禄山乘铁甲车，率步骑精锐 15 万人马南下，号称 20 万，烟尘千里，鼓噪动地。其时海内承平日久，百姓百余年不识兵革，忽闻范阳兵起，远近震动，群情骇惧。河北皆安禄山管辖，所过州县，望风瓦解。郡守、县令或开门出迎，或弃城窜匿，或为乱军擒戮，没有能抗拒的。

造成大唐由盛转衰的安史之乱，就这样爆发了。

范阳是首乱之地。范阳郡，有时叫幽州，治所在蓟县城。唐时蓟县跟现在的蓟县不是一地，现在的蓟县在天津市北部，秦朝时叫无终县，隋唐时改为渔阳县，又是渔阳郡治所，也就是郡政府所在地，渔阳郡有时叫蓟州。唐时的蓟县在现在北京城西南，大致就是现在的涿州。自东汉至隋，幽州、广阳郡、燕国、燕郡、涿郡皆以蓟县为治所；唐初属幽州大都督府，开元、天宝年间，这里是范阳节度使驻节之地；安史之乱发生后，又改范阳郡为幽州。唐朝时渔阳县属蓟州，蓟县属幽州，因为同是安禄山的辖区，同是叛乱的策源地，所以人们称安禄山的叛军为“幽蓟锐师”“渔阳突骑”。诗人白居易在《长恨歌》中形容安史之乱爆发，有“渔阳鼙鼓动地来，惊破霓裳羽衣曲”的诗句。

当此之时，谁也没有认识到这场动乱将造成多大的灾难，更没有预见到它在中国历史上产生的严重后果和巨大影响。事态的严重和后来的发展，包括叛乱者和唐王朝双方的当事人，都是随着时间的推移逐步认识到的。但历史并没有给他们全部理解这场动乱含义的机会，战乱的余波，在双方当事人都陆续离开人世以后，仍然在唐朝社会久久荡漾，而且，我们都知道，这场战乱在历史上的影响远远超过了唐朝一朝一代。

一场持续七八年之久的战乱拉开了序幕。

渔阳鼙鼓，惊破一帘幽梦。大唐帝国的玄宗皇帝实在不敢相信，在他看来最为忠心的安禄山会起来反叛自己；他更是无法明白，安禄山为什么要起兵。不只玄宗不明白，朝廷的官员们也不明白，也许只有安禄山自己心里清楚吧。

据说安禄山“谋逆十余年”（《旧唐书·安禄山传》），也就是说为了发动这场叛乱，他处心积虑地准备了十多年。那么十多年前究竟发生了什么事，使安禄山产生叛唐之心，导致一场摇荡唐王朝江山的战乱发生呢？让我们把历史的镜头摇回十年前唐朝的长安。

唐玄宗天宝四载（745年），身任平卢、范阳两个大军区司令长官，又兼河北道采访处置使的安禄山入朝。据说，安禄山此次入京，在心理上埋下了十年后发动兵变的种子。

这一次安禄山很荣幸地成为玄宗心爱的贵妃的养儿。当时杨贵妃最受玄宗宠爱，白天陪宴，夜晚侍寝，朝夕不离玄宗左右，安禄山想讨好玄宗，便要求做贵妃的养儿，得到了玄宗批准。此后，每次见玄宗，安禄山总是先拜杨贵妃，然后拜玄宗。玄宗感到奇怪，安禄山解释说：“胡人的习俗是先母后父。”这个回答曾使玄宗很开心——当然这是宠幸贵妃的心理在作怪。

为了显示对安禄山的恩宠，玄宗又命安禄山与杨玉环的堂兄杨铦、杨玉环的三个姐姐即虢国夫人、秦国夫人、韩国夫人等结拜为兄妹。杨氏姐妹都是当时的美人，诗人杜甫写过一首题为“丽人行”的诗，说她们“态浓意远淑且真，肌理细腻骨肉匀”，意思是说，杨氏姐妹都气质不凡，皮肤细白，身材匀称。安禄山有与这些富有性感的美人相处的机会，为她们的美貌所打动，据说因此产生了非分之想。我们现在看到的文献，最早又最全面地记载安禄山故事的书是《安禄山事迹》，这本书作者是姚汝能，唐代人，所以他的记载受到史学家们注意，认为可能最接近事实，至少最真实地反映了唐人的某些观点。这本书在写到安禄山被收为贵妃养儿，与杨氏姐妹结为兄妹后，说“由是禄山心动。及动兵，闻马嵬之事，不觉数叹。虽李林甫养育之，国忠激怒之，然其他肠亦可知也”。这是说后来安禄山真的发动了兵变，当他的大军像一只重拳将要砸到长安时，玄宗带贵妃及杨氏兄妹往四川逃亡，在入蜀道路上的一个驿站——马嵬驿被愤怒的禁卫军士兵逼得无奈，杀了杨贵妃，杨氏几位漂亮的姐姐也都死于那一场有名的兵变。当时安禄山正在洛阳，听说这件事，连叹了好几声，很是惋惜了一番。

唐代妇女衣着暴露是众所周知的事，就像现在的人们出游，喜欢照相摄影一样，杨氏姐妹游春，便请有名的画家张萱为她们画像，于是让我们看到流传到现在的《虢国夫人游春图》。张萱是开元、天宝时期宫廷职业画家，他的官名叫“史馆画直”，职责就是奉命作画。他的这幅画的原作已经看不到了，其宋代摹本现在收藏在辽宁省博物馆。据说宋代那个亡国皇帝赵佶，即宋徽宗，为了学画曾经临摹过，辽宁省博物馆收藏的这幅画，可能就是他的摹本。从这幅画上，我们看到夫人们衣着果然暴露，人们可以看到她们的粉面和酥胸。杨氏姐妹们还有“素面朝天”的传说，说为了显示自己天然的美，她们常常不施脂粉去见玄宗。安禄山当时目睹夫人们的芳容，可能真的产生过用武力颠覆唐王朝，把杨氏姐妹占为己有的念头，这种念头由最初一闪念，后来发展为一种强烈的渴望。

安禄山本人长得据说“肥”而“白”，或者说“伟而晰”——身材魁伟，而且皮肤白皙。天宝四载（745 年）这一年他四十二岁，杨玉环二十七岁，玄宗六十岁，从年龄上看，安禄山应该跟贵妃的几个姐姐更接近，而比玄宗更有吸引女人的魅力。一位正值壮年的威风的将军，与几位漂亮贵妇人相处，这件事本身就容易引人遐想，风言风语中也传出过他与杨氏姐妹们不清不白的新闻。但这似乎不能满足这位将军的欲望，他想名正言顺地把她们弄到手，所以才有近乎十年后那场浩浩荡荡的大规模动乱。女人祸水，一直是中国人的传统观念，连追究安史之乱这样一个重大的国难发生的原因，也要几个娇艳的杨氏姐妹承担责任。大家知道，女人的美引发一场战争，或引起一场祸乱，在古代希腊的神话传说中发生过，在中国西周末年的幽王时代也发生过。

然而关于安禄山为什么发动叛乱，史书上还有另一种说法，那就是《资治通鉴》的主编司马光的观点。司马光是一位非常严肃的史学家，他没有采取姚汝能的说法，他把安史之乱作为一种历史教训，一本正经地告诫他的皇帝陛下："成由勤俭败由奢。"他认为安禄山产生反叛之心，大约是因为看到玄宗豪华浪漫的生活而产生了企羡之心。

当年，玄宗每次举行宴会，先设太常雅乐坐部、立部，接着是鼓吹、胡乐、教坊乐，还有府、县散乐、杂技；还在车上建造棚阁，缠绕着彩色的丝绸，做成山林层叠的样子，称为山车；还捆绑竹木做成船，也用五彩缤纷的丝绸装饰，上面坐人，用人抬着行走，称之为陆船。又让神仙般的宫女跳霓裳羽衣舞。还有马戏表演，上百匹的舞马，一边口衔酒杯表示祝寿，一边随着音乐舞蹈；最后是成群的犀牛、大象入场，它们在音乐的伴奏下，有的跪拜，有的舞蹈，非常有节奏。那场面真叫人目眩神迷。

这种场面是安禄山来长安时看到过的，因为安禄山自开元末年至天宝时期多次到过长安。安禄山肯定强烈地感到，当皇帝原来比当军区司令好玩。我们在边境守大门，当皇帝的可以在朝廷如此享乐！后来，安禄山率大军从范阳出发，一路南下，占领洛阳称帝。当他听说玄宗逃走，他的英勇的士兵已经进入长安，他要大宴"群臣"时，便迫不及待地下了一道"御旨"："命搜乐工，运载乐器、舞衣，驱舞马、犀、象皆诣洛阳"（《资治通鉴》卷218），在洛阳宫凝碧池盛奏众乐。这件事说明当年安禄山在长安，看到宫廷里乐舞场面，有多么馋涎欲滴。就像刘邦看到秦始皇的排场，心怀艳羡地说："嗟乎，大丈夫当如此也！"安禄山可能也产生过此种幻想。

关于那场战乱，历代的政治家、史学家发表过各种不同的议论，对造成动乱的原因进行过分析。他们从政治上、经济上、军事上，甚至唐代的边防政策上、文化上寻找动乱的根源，谈的都相当深刻。然而，我们知道一个人的行为是受他的思想支配的，哪怕是一场惊天动地的大动乱，它也往往起源于某人的一个念头。正如惠能大师所说：“不是幡动，不是风动，仁者心动”(《六祖坛经》)。姚汝能和司马光都从安禄山作乱动机的产生入手，不能不说抓住了要害，虽然他们的说法未必全面，甚至有某种偏见，或者是借题发挥。安禄山举兵作乱，未必有什么崇高的动机，满足自己的食色之欲，难说不是诱发祸心的发酵剂。就像一颗种子已经埋在了心里，有了它才有后来的生根、发芽、开花、结果，至于别的，只能是促成这颗种子发育成长的外部因素了。

山雨欲来

投机与冒险：安禄山崛起

如果知道安禄山出身胡族，从一名边城集贸市场上小小的中介，一步步高升为身兼唐帝国东北地区三大军区的司令长官，再后来居然还龙袍加身，做了大燕皇帝，谁都无法否认安禄山的事迹具有传奇色彩。那么安禄山是怎样成为一个政治暴发户的呢？

据杨志玖先生考证，安禄山出生于公元 703 年 1 月 22 日，如果按照传统的夏历，正是春节那一天，即武则天长安三年正月初一（《安禄山、史思明生年考辨》）。关于安禄山的身世，至今还有不少谜。比较流行的说法，他是“营州柳城杂种胡人”（《旧唐书·安禄山传》），唐代柳城是营州治所，在今辽宁朝阳市，故址在今朝阳镇老城区。唐朝有一位著名的将军叫郭子仪，他手下有位文士叫邵说，邵说曾替郭子仪写过一封上奏朝廷的表，叫《请雪安思顺表》，讲到安禄山“本实姓康”。“胡人多以部落为姓”（《旧唐书·哥舒翰传》），来自粟特人九姓国之一的康国人取汉名时，以康为姓。那么他当是来自中亚的康国胡人后裔。

史书记载安禄山的母亲是突厥巫师阿史德氏，不育，祈祷于斗战神轧荦山而生子，故取名为轧荦山。安禄山当然不是战神降生，这大概是后来安禄山屡有战功，又不曾苦读兵书，人们无法解释他的军事才能是如何培养出来的，便附会出这种神话。在突厥汗国中，阿史德是地位仅次于可汗家族阿史那氏的族姓，历代可汗所娶之可敦（可汗的正妻，类似于皇后）多出于此姓。可以说，安禄山是粟特人与突厥人的混血儿，是地道的“杂种胡人”。他自己也说：“我父是胡，母是突厥女。”（《安禄山事迹》卷上）

说到柳城杂胡，这种出身与安禄山的性格和发迹是有关系的，因此不能不解释一下。追溯柳城杂胡的源流，得从遥远的中亚撒马尔罕说起。在遥远的古代，那里生活着被称为“粟特”的部族。按中国文献的记载，中亚粟特人原来是生活在中国西北敦煌、祁连山一带的游牧民族，由于匈奴强盛，击破其国，西迁至此。因为他们分散在不同的绿洲上，而且不忘当年在中国的故乡昭武城，所以称为“昭武九姓国”（《北史 · 西域传》）。后来的研究证明，这些记载是有些问题的。

考古发现，中亚粟特人属伊朗人种，操印欧语系东伊朗语，追溯其族源，应是印欧语系雅利安人。他们很早就已经居住在泽拉夫善河流域，即西方文献中称为索格底亚那（Sogdiana）地区，主要范围在今乌兹别克斯坦境内，撒马尔罕是其中心。据考古学研究，公元前二千年，已有印欧语系雅利安人进入中国西北地区，我们推测粟特人的祖先可能就是他们中的一支，后又从祁连山一带西迁，其迁徙的时间要比中国史书中所谓“匈奴强盛，攻破其国，迫其西迁”云云要早得多，至于早到何时，需要研究。

九姓诸国都是很弱小的分散的绿洲小国，因而政治上难以独立，先是臣属于波斯的阿契美尼德王朝、希腊的亚历山大大帝、塞琉古王朝、康居国、大月氏、贵霜王国，后成为波斯萨珊王国的一部分，继而被嚈哒人征服，接着又在西突厥汗国的统治之下。至唐灭西突厥，又臣服于唐。后来大食人（阿拉伯人）向东扩张，则又臣属于大食。

索格底亚那地区是古代印度、波斯、欧洲和中国商业联系的枢纽，粟特人善于经商，他们的商贸活动促进了东西方经济文化的交流。长期生活在大国夹缝中，加上绿洲生活的特点，粟特人自古以来便善于经商，而且富于进取，不畏艰险，利之所在，无所不往，足迹遍及中亚、东亚和西亚，被人们称为“商业民族”“驼背上的民族”，长期操纵着丝绸之路上的转手贸易。

至晚自中国汉代起，他们就活跃在丝绸之路上，从事丝绸中转贸易。粟特人是沿着丝绸之路一步步向中国内地推进的。英国人斯坦因在敦煌西北长城烽燧遗址考古，发现过写于西晋末年的粟特人书信，信是从凉州、敦煌等地发出的，寄往撒马尔罕。经过后人的解读，知道这是在中国经商的粟特人写给家乡的信。其中提到他们的商队已经到了洛阳、邺城。

北魏时大批粟特人来到中国内地经商，南北朝时粟特商人活跃于中亚与中国中原之间，中国文献中一般称为胡商，或商胡。他们在丝绸之路沿线的交通要道上，建立了许多移民城市，如中亚的片治肯特、慕格山、碎叶，在我国的新疆吐鲁番、甘肃敦煌、凉州以至长安、洛阳等地，则有他们聚族而居的“聚落”。在数百年的经商过程中，粟特人积累了丰富的经验，形成了一定组织，成为古代欧亚内陆及其周边国家的国际商人，粟特语因而成为当时欧亚大陆通用的商业语言。敦煌、吐鲁番出土文书中发现不少粟特语文献，亦有不少关于粟特人的记载。

隋唐时有更多的粟特人入华定居。从洛阳向北，经卫州、相州、魏州、邢州、恒州、定州至幽州和经太原、雁门至幽州，两条路线都留下了粟特人的足迹。

隋唐时，幽州东北的营州是华北通向东北亚的咽喉之地，安禄山的家乡柳城就是营州政府所在地。从这里向东，有“营州入安东道”(《新唐书·地理志》)，可以进入朝鲜半岛；向北可到渤海国的上京龙泉府；又有道路分别通东北的契丹、奚和室韦三部的衙帐。唐朝平卢节度使驻节此地，营州是这一地区的政治中心、军事要地，又处于商贸道路的枢纽地位，因此成为善于经商的粟特人聚集的主要地方，据说这里也是粟特人东离本土最远的一个据点。

昭武九姓国中入华人数最多的是康国人，安禄山便是康姓胡人的儿子。那位姓康的父亲死得早，安禄山“早孤”，随母亲生活在突厥中。阿史德改嫁给突厥人安延偃，她的儿子轧荦山便冒继父之姓，改称安禄山。安禄山长大后，为人身材高大、面色白皙、略嫌肥胖，而聪明多智、善测人意，通晓九种（一说六种）“蕃语”。昭武九姓国各以其不同的宗教信仰而有不同的语言。安禄山通晓的蕃语应该就是昭武九姓胡及突厥、契丹、奚、同罗、室韦等部族的语言。柳城是一个多民族聚居而又多民族环绕的边境城市。据现在所知，安禄山最早的职业是互市牙郎，就是在边境城市各族间贸易市场上从事说合的中介，他会的几种语言在各族间语言互异的地区极有用场。

安禄山的出身与后来安史之乱的发生是有关系的。首先，一个出身胡族混合血统的人，从小没有受过正统的教育和儒学经典的熏陶，本身缺乏忠君爱国观念是肯定的。这种出身也使安禄山比较容易了解胡人习性，知道如何笼络他们，让他们为自己卖命。其次，粟特人善于经商，又长于战斗。安禄山发动叛乱，一开始就很注意通过贩贸聚财，打下了良好的经济基础。粟特人不能以经商生存时，打仗也成为他们谋生的手段。由于他们人数众多，不是所有人都能经商致富，甚至不能凭经商生存，于是不少人在大唐以兵士的身份参加大唐的各种战争。魏晋南北朝隋唐时出现不少蕃兵、蕃将，其中不少是粟特人出身。安禄山发迹后，他的部下有不少战将是胡族出身，出身粟特的人为数不少——岑仲勉、荣新江曾做过统计。这些人构成了安禄山叛乱队伍的核心力量。最后，互市牙郎一个最基本的素质是善揣人意、巧言善诱、一语中的，能说进人的心窝，这样才可能撮合生意成功，使买卖双方都皆大欢喜。据此可以想象此人具有如下的性格特点是很自然的事情：善钻营，有心计，会投机，巧言善辩，为了利己敢于损人，而又长于拍马屁。这些在安禄山的发家史上都起着重要作用。

但那时互市牙郎这种行当的收入可能并不可观，所以有时候他还要靠偷盗维持生计。大约开元二十年（732 年），安禄山盗羊罪被揭发，范阳节度使张守珪派人抓捕，安禄山在逃跑的路上被捕获。为了维护辖区的治安，张守珪立刻命人用大棒把他打死，以杀一儆百。安禄山情急之下，扯着嗓门大喊：“将军不是想灭奚和契丹吗？为什么要杀壮士呢！”这件事说明安禄山很善于揣测别人的心理，张守珪被他一语击中。张守珪驻守的范阳一带，不断遭到奚和契丹的袭扰，弄得朝廷不安，他也睡不安稳。有人愿意为此拼命，正是他此时所渴望的。这一年安禄山三十岁，正是“而立之年”。俗话说“大难不死，必有后福”，安禄山的发迹便是以这一年为起点的。

张守珪看安禄山言貌奇伟，有一副拼命三郎的架势，在对奚和契丹的战争中正需要这样的人，于是免其死罪，留在帐前让他戴罪立功。本来是一道鬼门关，却因为安禄山这一喊成为他一生的转折点。安禄山参军了，后来由于他骁勇善战，受到张守珪的赏识，被任为捉生将，这是个小头目，任务就是抓活口。

安禄山熟悉地理环境，又敢于冒险，常常出奇制胜。据说有一次他带领五名骑兵，生擒契丹数十人。张守珪给他增兵，他俘获敌人的数量，常常成倍超过自己的兵力。安禄山打起仗来英勇果敢、所向披靡，逐渐得到张守珪的重用和提拔，还被张守珪收为养子，以军功加员外左骑卫将军，充衙前讨击使。前者不是实职，只是表示一种身份；而后者已经是节度使府中的高级军将，是直接听命于节度使的武职僚佐。

安禄山能够爬上高位，是以显赫战功为阶梯的。开元、天宝时期，东北、西北边境形势吃紧，玄宗宠厚边将、奖励战功，安禄山生逢其时。安禄山做过互市牙郎，懂生意经，可能有精心的盘算，他可能也像战国末年的吕不韦一样，算过一笔政治账。吕不韦觉得资助一位将来可能成为秦王的秦国质子，比自己奔波道途东买西卖更合算，因此以为“奇货可居”。安禄山则觉得打仗立功所得，可能比撮合生意收取一点中介费更可观，于是决心投身军事冒险事业。因为安禄山后来成了叛贼、逆胡，他的叛乱又是以失败告终，所以关于他的军功，唐代传世文献中很少正面记载。

开元二十一年（733 年），张守珪派安禄山去朝廷奏事，身任中书令的宰相张九龄看到他，向任侍中的另一位宰相裴光庭说：“将来乱幽州的，就是这个胡人。”史书的这个记载很让我们怀疑其真实性，因为在这个传说中，开元年间正直的宰相张九龄有点儿像看相算命先生，他仅从安禄山的相貌、气质，就预言安禄山将来要反，出口未免轻率。要知道这离安禄山发动叛乱还有二十二年时间，安禄山当时的条件，还远远够不上发动一场成气候的叛乱。这可能是安禄山发动叛乱后，人们为了称颂张九龄而编的故事，不过是说张九龄具有远见，而安禄山造反完全是天命决定的。

任何事情都不是一帆风顺的，何况安禄山从事的是一项冒险事业。开元二十四年（736 年），安禄山任平卢将军，讨契丹失利。这一次唐军损失一定不小，而且安禄山负有重大责任。张守珪有些为难，依军法安禄山不免一死，张守珪有些可惜；不杀安禄山，又无法向朝廷交代。张守珪为义子安禄山安排了一个侥幸免死的机会，他向朝廷上奏，既述安禄山平日战功，又述此次兵败，安禄山当斩。宰相张九龄批复是：“古代的名将出征，都严明军纪。为了做到令行禁止，司马穰苴曾杀庄贾，孙武曾杀吴王的宫嫔。

张守珪如果有令必行，安禄山不该免死。”玄宗读了张守珪的奏章，爱惜安禄山的勇锐，但令免官，以白衣展效，戴罪立功。张九龄又“执奏，请诛之”——扣留玄宗的赦罪诏书而不下达，坚持要杀安禄山。玄宗出面做张九龄的工作，最终免安禄山死罪。安禄山又逃过一劫。

安禄山侥幸免死之后，以“白衣”将领效劳于东北边地，即没有军衔而带兵打仗。开元二十五年（737 年）二月，张守珪破契丹于捺禄山。第二年，他的裨将假借张守珪的命令，发兵攻叛奚，遭受大败。在向朝廷的报告中，“守珪隐其败状，而妄奏克获之功”（《旧唐书 · 张守珪传》）——张守珪把吃败仗的事按下不表，反而夸大战功。这件事被人举报，玄宗派宦官牛仙童前往调查，牛仙童接受张守珪的贿赂，回到朝廷替张守珪圆场，这事就过去了。谁知至开元二十七年（739 年），牛仙童接受边将贿赂的罪行暴露，被玄宗处死。张守珪本来也应该受到重处，但朝廷念及他过去战功不少，从轻处罚，把他贬到括州任刺史——括州，治所在今浙江丽水。到任不久，因为背上的大疮恶化，不治而死。

就在张守珪被贬官后不久，开元二十八年（740 年），安禄山被任命为平卢军兵马使。兵马使是“军区司令员”节度使之下的最高武职僚佐，打仗时是前线总指挥。第二年三月九日，加特进，享受正二品的待遇，这个待遇是很高的。

御史中丞张利贞为河北道采访处置使，至平卢。安禄山巧言献媚，巴结奉承，又以金帛贿赂张利贞左右，因此大得张利贞欢心。张利贞回到朝廷，盛称安禄山才能，玄宗任命安禄山为营州都督，充平卢军节度使，知左厢兵马使，支度、营田、水利、陆运副使，押两蕃、渤海、黑水四府经略使，顺化州刺史。安禄山由一员武将升为司令员，又身兼数职，把东北地区的经济、行政、交通运输、外交等事务都管起来了。在这些职务中，最重要的是平卢节度使，其他不过是其兼职。“平卢节度镇抚室韦、靺鞨，统平卢、卢龙二军，榆关守捉，安东都护府，屯营、平二州之境，治营州，兵三万七千五百人。”(《资治通鉴》卷215)

安禄山升任节度使，除了张守珪出事落马为他提供了空缺之外，唐朝边防政策的变化也为他创造了必要条件。

唐朝建立以来，统兵出征或御边的将军都选用忠厚名臣，不长久担任元帅，不以宰相或权臣遥领，也不让一人兼任几个军区的长官，战功卓著的常常入朝为宰相，如李靖、李勣、刘仁轨、娄师德等人都曾出将入相。玄宗即位以后，薛讷、郭元振、张嘉贞、王晙、张说、杜暹、萧嵩、李适之等人，都是以边帅入朝任宰相。那些出身四夷蕃族的将军，即便像阿史那社尔、契苾何力那样才略出众，也不曾专任一军元帅，而是任用朝廷大臣为使职，对蕃将加以管领。如阿史那社尔率兵攻打高昌，侯君集为元帅；契苾何力攻打高丽，李勣任元帅。

开元年间，边防形势发生了变化，军队需要长期驻守边境地区，玄宗让那些边帅常驻边地，长期担任边境地区军事长官，常常十多年不换人，边帅开始出现常驻久任的现象，例如王晙、郭知运、张守珪等人就是这样。庆王、忠王、萧嵩、牛仙客等人身在长安，又担任边境军区的节度使，开始出现亲王、宰相遥领边地军区军事长官的现象；盖嘉运、王忠嗣等人都曾一身兼任几个大军区的节度使，开始出现一人兼统数镇军事长官的现象。

李林甫担任宰相后，深感自己在政坛上缺乏两方面优势，一是没有玄宗喜欢的边功，二是缺乏社会上崇尚的学术。他感到对自己相位威胁最大的是那些既有学术，又有军功的边帅。他们出将入相，只在玄宗转念间。李林甫大概苦思冥想了许久，终于想出一个堵塞有才学的边帅入朝为相之路的方法。他认为胡人不识字，让他们担任边境地区的将军，没有担任宰相的可能。

于是他上奏玄宗："文士为将，怯于冲锋陷阵，不如用出身寒族的武人，或者是出身外族的胡人担任边将，胡人勇敢果断，习于战斗；寒族则孤立无党，不会互通关节，都靠边功升迁。陛下如果能施以恩德，满足其欲望，这些人都能为朝廷效命疆场。"玄宗觉得李林甫说得有理。此后的开元末年至天宝年间，边境各大军区便大规模提拔寒族、胡族出身的人任将军，胡人将军如安禄山、安思顺、哥舒翰、高仙芝等人，都以军功升任节度使，这些人被称为"蕃将"。

安禄山后来又一身兼任数镇节度使，便与宰相李林甫这一深谋远虑有关。李林甫的精明打算，巩固了自己的相位，却给帝国的危机埋下了种子。

天宝元年（742年），朝廷任命安禄山为羽林大将军，兼柳城郡太守，持节充平卢军节度使，摄御史大夫，管内采访处置使等。这其中只有柳城郡太守、平卢军节度使和采访处置使是实职，其他只是代表一种级别或身份而已。其中御史大夫的身份最高，唐代有副宰相之称，前面冠上“摄”字，是代理之意，实际上连代理也不是。安禄山远在边塞，怎么能代理朝廷职务呢？所以这只是一个虚衔或者名份。这次任命的重要性在于“管内采访处置使”，其职责是考察辖区内地方官员的政绩，地方官们的升降以他的考察为依据，这使安禄山更容易控制辖区内的官员们，更容易安插党羽，扶植个人势力。

天宝二年（743年），安禄山第一次以节度使身份入朝奏对，甚得玄宗欢心。据说安禄山向玄宗表白：“臣若不行正道，事主不忠，（虫）食臣心。”（《安禄山事迹》卷上）据说听了这话，玄宗非常感动，加给他骠骑大将军的军衔，这又是一个虚衔。天宝三载（744年）三月，又任命安禄山为范阳长史，充范阳节度使、河北采访使，平卢节度使等职如故。这样，在平卢军司令员之外，安禄山又兼范阳军区司令员。安禄山又兼一个大军区的司令长官，河北道的采访处置使。范阳节度使的职责，主要是压制奚与契丹，辖区九个州，远远大于平卢军区，下属九个军分区，统兵九万多人。这是一个重任。身系东北安危的安禄山出镇离朝，玄宗敕令中书门下三品以下正员外郎长官、诸司侍郎、御史中丞为他举行隆重的饯行宴会，以示荣宠。

东北边外的奚和契丹不断为安禄山提供立功的机会。天宝四载（745年），契丹大首领李怀秀投降，朝廷拜他为松漠都督，封他为崇顺王，而且又迫不及待地把宗室女独孤氏封为静乐公主，嫁给了李怀秀。可是，温柔的公主没有软化李怀秀的反叛之心，当年李怀秀就杀了公主并反叛。这使帝国的尊严蒙受严重的耻辱，安禄山出兵打败了契丹人，史载“范阳节度使安禄山讨破之”——替朝廷挽回了面子。玄宗在嘉奖令中称扬安禄山：

顷者契丹负德，潜怀祸心，（安禄山）乃能运彼深谋，果枭渠帅，风尘攸静，边朔底宁。不示殊恩，孰彰茂绩？

之后，唐又改封契丹酋帅楷落为恭仁王，接任松漠都督。本来可以安定下来了，但是，安禄山为了讨好玄宗，满足和迎合玄宗好大喜功的欲望，上表请讨契丹。他调动幽州、云中、平卢、河东等地兵马十多万，又用奚人作向导，进攻契丹。契丹看来者不善，求和不能，便较上劲与安禄山的部队干上了。双方在潢水南决战，安禄山吃了败仗，死数千人。此后，安禄山与契丹相攻，互有胜负、怨仇难解，直到他发动叛乱。

历来朝廷都对地方官不放心，怕他们在天高皇帝远的地方为非作歹，因此经常会派朝廷大员到各地巡视考察，对独当一方的封疆大吏更是如此。殊不知这种考察常常为钦差官和地方官提供腐败的机会，结果往往跟中央的初衷相反。天宝五载（746 年），吏部尚书席建侯为河北黜陟使，调查地方官吏政绩，这成了安禄山拍马屁的极佳机会，他当然不会错过。席建侯得了安禄山多少好处，史无明言，但他回到朝廷后，就上表推荐安禄山，说他“公直、无私、严正、奉法”。宰相李林甫与户部尚书范宽“皆顺旨称其美”。他们一看皇上喜欢上了安禄山，就为了讨皇上高兴而表扬安禄山，以至于玄宗耳朵里回荡的满是赞美安禄山的声音，“由是禄山之宠益固不摇矣”(《资治通鉴》卷215)。天宝六载(747年)正月，朝廷又加安禄山兼御史大夫的朝衔。“兼”比“摄”的地位更高一些，“摄”只是代理，“兼”就是直任了，尽管实际上并不实授，仍然是名义上的。御史大夫是最高监察官，安禄山虽然兼任一个虚衔，却从此处于除皇帝之外无人监察的地位，这是玄宗对安禄山的特加宠遇。

自从做了两个大军区的司令员，又身兼御史大夫的高贵身份，安禄山更有条件向玄宗献媚取宠，“每岁献俘虏、牛羊、驼马，不绝于路，珍禽奇兽、珠宝异物贡无虚月，所过郡县，疲于递运，人不聊生”(姚汝能《安禄山事迹》卷上)。在一个人的命运不是掌握在众人之手，而是掌握在一人之手时，那么他只需讨好这一个人，甚至牺牲众人以博得一人的欢心就够了。至于给沿途百姓带来多少负担，为州县官们派丁拉夫增加多少麻烦都没有关系。安禄山虽出身胡人，对官场飞黄腾达之路却了然于心，运用起来比历代的贪官污吏似乎更得心应手。

安禄山本来很狡猾，但他知道不能在玄宗面前暴露；他本来没有传统的忠君爱国观念，但却善于伪装忠厚，讨玄宗欢心。他多次在玄宗面前佯装憨愚而忠心耿耿，把许多肉麻的拍马屁行为变成憨厚而忠诚的表现。有一次，他对玄宗说：“臣生蕃戎，宠荣过甚，无异材可用，愿以身为陛下死。”玄宗认为他忠诚无二，更加喜欢他。玄宗命安禄山见太子，安禄山不拜，左右指责他，他说：“臣不识朝廷礼仪，皇太子是什么官？”玄宗说：“是后补皇上，我百岁后，皇位就是他的。”安禄山说：“臣愚蠢，只知道陛下，不知道太子，罪该万死。”才向太子拜了两拜。

杨贵妃有宠于玄宗，安禄山请为贵妃的养儿，得玄宗恩准。觐见时，安禄山总是先拜贵妃，然后拜玄宗，玄宗感到奇怪，安禄山解释说：“蕃人先母后父。”这当然令贵妃高兴，因而也使玄宗非常高兴。四十五岁以后的安禄山越来越肥胖，据说他腹重三百斤、腹垂过膝，大概过于夸张了。如果真是那样，安禄山必须捧着肚子才能走路。然而在玄宗面前跳胡旋舞，却迅疾如风。胡旋舞出自中亚康国，是安禄山家乡的乐舞，以各种旋转动作为主。玄宗看着他的“将军肚”说：“这蛮子肚子这么大，腹中装的什么？”安禄山回答：“没有别的东西，只有一颗对皇上的赤诚忠心。”这话听起来真是肉麻，但官场里都喜欢听吹捧的话，皇帝更不例外，为了拍马屁，说得肉麻一点儿，常常收到良好效果。史书上说他“外若痴直，内实狡黠”。

东北方面，安禄山与奚、契丹互攻连年，这便让玄宗更加不安，也使他更加倚重安禄山。天宝七载（748年），玄宗赐安禄山铁券。

铁券这个东西，俗称“免死牌”，是历代皇帝分封功臣作诸侯王时所颁发的凭证。这种制度大约起源于西汉，据说刘邦称帝后，“与功臣剖符作誓，丹书铁契，金匮石室，藏之宗庙”（《汉书·高帝纪》）。分封功臣要举行隆重的典礼，典礼上有誓词，据《汉书·高惠高后孝文功臣表》，其誓词云：“使黄河如带，泰山若砺，国以永存，爰及苗裔。”——即便宽广的黄河变成像衣带一样的细流，巍峨的泰山成了磨刀石，所封的国家永远存在，并传给子孙后世。把这些誓词镌刻在铁制的契券上，涂以丹砂，从中剖开，朝廷和诸侯分别收藏一半，以防假冒。朝廷的一半锁在金属制作的柜子里，收藏在石砌的房子里，称为丹书铁券，石室金匮。

隋唐时皇帝为功臣颁赐铁券成为常制，此时的铁券不再是丹书，而是嵌金，并且在券文上规定有免死等特权。元代陶宗仪看到过唐末封钱镠为吴越王时所赐的铁券，在他著名的《南村辍耕录》中描述道："形宛如瓦，高尺余，阔二尺许，券词黄金商嵌。"上刻的文字除了所赐的爵衔、官职、邑地及据以受封的功绩外，特别刻有"卿恕九死，子孙三死，或犯常刑，有司不得加责"等等，即对钱镠本人，可以免除九次死罪，对他的子孙可以免除三次死罪。如果违法犯罪，只要不是谋反大罪，司法部门不得过问。

天宝九载（750年），安禄山入朝，献奚俘八千人，玄宗命吏部考功司的官员给安禄山"上上考"的政绩，赐爵东平郡王。唐代官员考评，为九个等级，即"上上、上中、上下、中上、中中、中下、下上、下中、下下"，上上考是最高等级，实际上一般是没有上上考的，这是一种殊荣。唐朝建立以来，还不曾封将帅为王，安禄山这是破天荒第一次。我们现在还能看到玄宗《封安禄山东平郡王制》，其中表彰安禄山的军功，充满了溢美之词："上柱国柳城郡开国公安禄山，性合韬钤，气禀雄武，声威振于绝漠，捍御比于长城。战必克平，智能料敌，所以擢升台宪，仍仗节旄。既表勤王之诚，屡伸殄寇之略。"（姚汝能《安禄山事迹》卷上）在玄宗心目中，安禄山完全是一位智勇双全、百战百胜的将军，俨然是东北方的长城、大唐帝国东北的屏障。

同时玄宗又任命安禄山为河北道采访处置使。在原来采访处置使之外，又加黜陟使，其职责是考查黜升地方官吏，这为安禄山培植私人势力提供了更加有利的条件，他实际上掌握了河北一道州县官的黜陟任免权。后来安禄山造反，常山郡太守颜杲卿起兵抗击，被叛军俘获，押解到洛阳，见安禄山。安禄山数落颜杲卿忘恩负义，说："你起先只是范阳郡户曹，我上奏朝廷，辟引你为判官，没几年又提拔你为郡太守，有什么对不起你呢，你竟反我！"

八月五日是玄宗的生日，叫千秋节。为了给皇上祝寿，安禄山进献山石功德及幡花香炉等物。这年十月，玄宗在骊山华清宫接见安禄山，并在昭应县与长安城为安禄山营建宅邸。玄宗亲自向督办大臣和工程师说，安禄山眼光高，一定要造得富丽堂皇，让此胡一见倾心，千万不要为了省一点儿钱叫他笑话。

天宝十载（751 年）二月，朝廷任命安禄山为河东节度使。至此，安禄山一身兼三大军区司令长官，又担任掌握河北道各级官员仕途命运的采访处置使，权力迅速膨胀起来。史书上说他"赏刑已出，日益骄恣"——在三镇和河北道，对官员们的奖赏和惩罚都由安禄山决定，他就越来越不把朝廷放在眼里了。

大约在天宝十一载（752 年），安禄山开始把自己的"异志"付诸行动，把叛乱的准备列入了日程，进入了实际操作的程序。之所以如此，对于安禄山来说，是因为有这样几个方面的主客观因素：

——安禄山一向敬畏的李林甫死了。李林甫专权误国，但他诡计多端，安禄山自愧不如。李林甫在位，安禄山不敢轻举妄动。史载：“安禄山以李林甫狡猾逾己，故畏服之。”安禄山怕李林甫，怕到什么程度呢？史书记载：“禄山于公卿皆慢侮之，独惮林甫，每见，虽盛冬，常汗沾衣。”(《资治通鉴》卷216) 天宝十一载，李林甫死，安禄山心理上无所顾忌了。

——身任三镇节度使，三大军区的军力已经足以与全国抗衡。按照天宝元年前后唐朝的边防部署，河东节度使下兵五万五千人，范阳节度使下兵九万一千四百人，平卢节度使下兵三万七千五百人。合计十八万三千九百人。实际上，天宝年间各节度使的兵力都不断增长，安禄山既蓄意谋叛，更是暗中扩大兵员，手下直属的部队会远远超过公开的数字。经过十年的扩充，此时安禄山手下三镇兵马可能已超过二十万。在安禄山治下的河北地区，还有数目不详的地方武装，被称为“团练”，后来也为安禄山所用。另外安禄山还控制着边外一些少数部族的军队，如室韦、同罗、奚、契丹等，战时他们也听命于安禄山。后来安禄山举兵南下时，他们都参与其中。

——唐王朝内轻外重的边防形势，为安禄山叛军乘虚而入创造了条件。天宝初全国边兵除安禄山三镇外，另有六节度使和一个经略使，总兵力二十九万三千人。十年后，有所增加，但数字不详。这些兵马分散布置在今内蒙古、甘肃、新疆、四川、云南、广东等地，路途遥远。一旦发生内战，能够迅速投入平叛的军队几乎没有。中央和内地控制的兵力仅八万多人，两都的禁卫军都是长期不经战阵的部队，徒存虚名而已。在安禄山直指洛阳、长安的进军途中，朝廷能够抵御叛军的正规部队完全没有。后来调集的抵御部队都是临时招募的新兵，皆不堪一击。

——杨国忠执政，政局越来越黑暗。杨国忠因为裙带关系爬上高位，众心不服。这为安禄山作乱提供了借口，可谓“师出有名”了。而且安禄山瞧不起杨国忠，根本不把他放在眼里。安禄山对玄宗有感激之情，玄宗已然年迈，按照杜甫的说法，唐朝人活到七十岁的人是很少的：“人生七十古来稀。”而玄宗已六十多岁，年近古稀。安禄山本来想等到玄宗晏驾，再起兵谋叛。但他与杨国忠的矛盾使他担心夜长梦多，所以决定提前动手。

——安禄山的威望也已经越来越凌驾于朝廷诸大臣之上。当时安禄山在天下人的心目中地位崇高，虽然后来的唐史材料有关的内容极少，但一些留下来的史迹还是透露出来一些真相。《金石萃编》卷 88 收《大唐博陵郡北岳恒山封安天王铭》，立于天宝八载（749 年），序称“安公曰禄山，国之英也”。又如我们现在还能读到的天宝九载玄宗的《封安禄山东平郡王制》，都已经把安禄山吹到了天上。

接下来，安禄山为叛变进行实际的准备。他的准备主要有这样几个方面：

——修筑雄武城，大贮兵器。雄武城在蓟州广汉川，据程存洁考证，早在天宝五载（746 年），安禄山已筑雄武城，其目的是“峙兵积谷”。第二年，安禄山借口防御奚与契丹的进攻，增修雄武城，请河东节度使王忠嗣派兵助役，王忠嗣提前来到，没有见到安禄山，却见这里“大贮兵器”（《资治通鉴》卷215），就觉察到安禄山的反谋，多次向朝廷上奏，举报安禄山。

——收养同罗、奚、契丹等族的壮士，组成敢死队，名曰“曳落河”，约八千余人，作为个人的亲兵。曳落河，突厥语中是“健儿”的意思。

——畜养单于、护真良马数万匹，牛羊五万余头，囤积大量粮草。安禄山兼群牧总监，暗中派人从各牧监挑选数千匹最优良的战马，建立了一支战斗力很强的骑兵。单于、护真都是唐朝养马的地方，当时称为监牧，朝廷任命安禄山为群牧总监，管理天下养马事业。安禄山乘机盗取最优良的战马充实自己的骑兵。按照陈寅恪先生的说法，在冷兵器时代，骑兵“兼今日飞机、坦克二者之效力”（《论唐代之蕃将与府兵》）。在后来的战斗中，这支骑兵队伍发挥了重要作用，以其强大的战斗力被称为“渔阳突骑”。

——通过商胡兴贩，购置巨额的军需物资及珍宝。

——收罗文武人才，培养党羽和爪牙。安禄山特别注意提拔胡族出身的人为将领，吸收有才华的汉人文士入幕，为叛乱做组织上的准备。至安禄山发动叛乱时，他手下谋士猛将不少，因此打下洛阳，他能迅速组成一个与唐朝分庭抗礼的新朝。

——树私恩，搞个人崇拜。安禄山注意用官爵赏赐笼络人心，恩结部下；宣扬个人天才，制造神话，比如“斗战神降生”之类。在河北地区，安禄山成为人们心目中的“圣人”，个人威信超过了玄宗皇帝。

一个人的野心是随着权势的扩大和地位的提高而逐渐膨胀的。安禄山既有边功，又善逢迎，一步步升至边境地区大军区的军事长官，而且身兼三镇节度使，拥有大约二十万重兵，于是开始觊觎皇帝的宝座。安禄山肯定不像王忠嗣那样的将军有忠君爱国之心，他打仗立功步步攀升的思想基础是权和利的诱导。可以说玄宗的宠信刺激了安禄山的跋扈，重兵在握助长了安禄山的野心，对朝廷政治腐败的了解坚定了安禄山叛变的决心。因此，安禄山渐萌叛乱之心，史载："由是禄山有乱天下意。"

经过十多年的谋划和准备，安禄山叛乱的条件日益成熟，又由于与杨国忠的矛盾促使他决定提前动手，终于在天宝十四载（755 年）十一月，举兵向阙，发动了震惊内外的军事反叛。

帝国的裂缝：张九龄罢相

唐朝政局的变化，从开元末年起，越来越有利于安禄山发动叛乱。换句话说，安禄山善于投机，唐王朝的确也有“机”可投。

实际上，唐王朝并不是没有避免战乱发生的机会和可能性，可惜都一次次地错过了。

据说，当年安禄山之母阿史德氏向战神轧荦山祈祷后怀孕，生安禄山那天有光照穹庐、野兽尽鸣的现象发生，望气者言此乃不祥之兆。时任幽州都督的张仁愿遣人搜庐帐，阿史德把婴儿藏了起来，逃过一劫。张仁愿确曾在武后时担任过这一带的军事长官，但事属荒唐。这一定是安史之乱后人们编造的故事，其用意无非是说安禄山天生就是乱臣贼子。

如前所述，安禄山因战事失利差一点儿被斩首，如果玄宗当时听了张九龄的话，后来就不会有安禄山造反之事。如果张九龄能够继续为相的话，对安史之乱的发生，朝廷也可能会有更多的防范。

张九龄曾有可能成为安禄山的克星，但这颗克星过早地殒落了。

对于唐朝的边防政策，张九龄有自己的卓识，他也向玄宗提出过合理的建议，甚至在如何对待安禄山这样的边将问题上，特别是对安禄山，他都表示过忧虑。但玄宗没有能够听取他的意见。那么，这样一位颇受玄宗器重的宰相，他的建议为什么却没有被采纳呢？除了各种客观原因以及玄宗本人的原因，也有张九龄个人方面的原因。他不太善于处理与玄宗的关系，不善于让玄宗理解他的想法。

张九龄，韶州曲江人，所以后人称他为张曲江。这人幼年聪明异常，善于写文章。后来考中进士，任秘书省校书郎。校书郎级别虽低，却是文士们踏上仕途的最佳起点，历来是文士们孜孜以求的官职，特别是进士及第者，一开始往往先任这种文职。

唐玄宗为太子时，让天下推举富有文采的人到长安，玄宗亲自进行面试。这时玄宗已实际执政。已经担任了校书郎的张九龄参加了这次选拔，在回答玄宗提出的有关解决国家政治中存在问题的对策中，他的答卷特别令玄宗满意，得到了高分，他也立刻被任命为右拾遗。拾遗是谏官，从八品上。品位虽低，职责却很重要。关于其职掌，《旧唐书·职官志》是这样说的：

补阙、拾遗之职，掌供奉讽谏，扈从乘舆。凡发令举事，有不便于时，不合于道，大则廷议，小则上封。若贤良之遗滞于下，忠孝之不闻于上，则条举其事状而荐言之。

在这个职位上，唐朝不少人做出了成绩，如先前的陈子昂和后来的白居易。张九龄的才能和明识，尤其表现在他多次参与对吏部选人的考评工作上，他和另一位右拾遗赵冬曦能做到择优录用，公平明允，受到普遍好评。因此，开元十年（722年），一年内连续提拔三次，至吏部司勋员外郎。按照唐代官制，尚书省吏部司勋员外郎二员，从六品上。其职责是“掌邦国官人之勋级”，即对于那些立功的人，根据功劳大小授予不同级别的勋官。

当时宰相张说任中书令，因为与张九龄同姓，查对家谱，原来出于一门，所以特别信任和器重他。张说是当时有名的文豪，经常对人称赏张九龄，说张九龄今后必然取代自己的地位，成为文坛领袖。张九龄也感觉遇到了知己，投靠和依附张说。第二年，升任中书舍人。中书舍人是朝廷要职，正五品上，用现在的话说，进入了高干的行列。这一年他四十五岁。一颗政坛明星在盛唐官场上升起。

张说虽是长辈，但有几件事说明张九龄比他更有头脑。

张九龄以正直著称，虽然他得到张说的器重，被提拔到高位，但对张说也不断进行批评。开元十三年（725年），玄宗到泰山举行封禅典礼。在这个重大的活动中，张说确定的随玄宗登山的人选，有不少品位很低的人，甚至是低级胥吏，另外就是经自己亲手提拔的官员和亲近的人。封禅活动结束后，这些人都被破格提拔为五品官，其中包括他的女婿。张九龄提醒他：“但恐制出之后，四方失望。”劝他加以纠正。但张说不听，后来张说受到舆论的批评，“泰山之力”的典故和称岳丈为“泰山”，由此而来。据说玄宗问及张说的女婿为什么升迁得如此之快时，有人含蓄地说他借助了“泰山之力”，显然这典故包含着对张说的讽刺。

御史中丞宇文融受到玄宗的信重，负责户口田赋工作，每次上奏朝廷，张说大多提出反对的意见，因此宇文融对张说极为不满。张九龄又劝张说加以防备，张说也不听。果然，不久宇文融就向玄宗弹劾张说，玄宗罢免了张说的宰相职务。张九龄因为是张说的亲信而受牵连，贬为太常少卿——太常寺副长官，正四品。注意，四品官比原来的中书舍人品级要高，为什么还说“贬”呢？这是因为唐代的官员还有“清要”与“闲散”之分，太常寺“掌礼乐、郊庙、社稷之事”——都是些祭祀礼仪方面的工作，是闲职，远离政事枢要。不久又被任命为冀州刺史，让他离开了朝廷。不过，玄宗对张九龄很照顾，为了让他能离家近一些，经常了解到老母的消息，把他改为洪州都督、桂州都督，充岭南道按察使。还让他的两个弟弟张九章、张九皋也到岭南任刺史，使他们逢年过节能回家省亲、家人团圆。这算是对他官场失意的一种补偿。

起初，张说主持集贤院事务，曾经向玄宗推荐张九龄，认为张九龄可以进集贤院任学士，他的才学可以胜任皇帝的顾问。张说去世后，玄宗想起张说的话，召张九龄进京，任命他为秘书少监、集贤院学士、副知院事，又提拔为中书侍郎。中书侍郎是中书省的副长官，地位仅次于中书令，已经是副宰相了。其时张九龄多次向玄宗发表意见，陈述自己的政治见解，很多被玄宗采纳。但张九龄不愿意炫耀自己，从不向别人自夸，那些取得良好效果的举措，别人都以为出于玄宗的圣断，实际上是张九龄的建议。

正当张九龄政治事业如日中天时，他的母亲病故，他需丁忧还乡。古时候官员因父母去世而离职守丧，称为“丁忧”，根据礼制要求，一般以二十七个月为期。但玄宗觉得朝廷里离不了张九龄，没有等到期满，就召他返京任职。开元二十一年（733 年）十二月，任命他为中书侍郎、同中书门下平章事。那时在官名后加一个“同中书门下平章事”，此人就列名宰相。第二年正月，玄宗至东都，张九龄从韶州赶到洛阳，见到玄宗，他又提出让他尽自己的孝心，还乡丁忧，等期满再返朝任职，但玄宗没有答应。这一年又提拔他为中书令，兼修国史。兼修国史，对当宰相的人来说，是一项很光荣的工作。

在现在那些善于在官场里阿谀奉承的人看来，张九龄肯定是不识时务的那种人，或者说是书生气。就像走在路上，别人都不遵守交通规则，横冲直撞，只有一个人正道直行，那么与别人的相撞就是不可避免的。担任宰相期间，张九龄的正直敢言多次惹怒玄宗，再加上李林甫的有意陷害，玄宗终于疏远了他。史书上说张九龄“尚直”，从张九龄一生行事来看，他的确不愧这个光荣的称号。在政治清明的时代，这种品格应该会得到赞扬，但唐朝政治正由清明滑向污浊，而在污浊的社会环境中，正直却常常会显得与世不合，并往往给自己带来麻烦。人的性格中潜在的难以改变的方面，我们通常称之为本性，而且大家都知道“江山易改，本性难移”。张九龄属于急切性格的人，对自己要求甚高，对别人的期望值也不低；他感觉敏锐，有先见之明，而对私人关系间的微妙复杂却表现迟钝；他过于正直，过于投入，对待人生全力以赴；有胆量，又具有出类拔萃的活动能力；由于抱着正直、主观的态度与对方交手，偶尔会尝到苦头，人际关系紧张。这决定了他与日益走向腐化的玄宗，和口蜜腹剑的李林甫不可能有长久的默契与合作。

当他与玄宗意见不和时，他没有像李林甫那样随声附和，而是据理力争。唐朝东北地区的奚和契丹，时叛时和，成为朝廷东北边患。张守珪任幽州节度使，多次击破奚、契丹的侵犯，玄宗对张守珪很赏识，想提拔他任宰相。张九龄劝玄宗说："宰相是代天子治理天下的重要职务，不是用来奖赏战功的官职。"玄宗说："只给他宰相的称号，并不让他实际担任宰相，可以吗？"张九龄说："不可以。孔子说过，官称和权力是不能借给别人的，因为它是君王的工具，具有严肃性。而且张守珪不过是打败了契丹，陛下就任命他为宰相；如果他把奚、契丹和突厥都消灭了，陛下用什么官职奖赏他呢？"玄宗只好打消了起初的念头。

如上所述，担任张守珪手下平卢讨击使的安禄山讨击奚、契丹时，由于恃勇轻进，打了大败仗，即潢水之败。张守珪、唐玄宗都爱惜安禄山的将才，不忍心杀他。张九龄却坚持依法处斩。结果玄宗不仅赦免了安禄山，还对张九龄有所不满。据说张九龄认为："臣观其貌有反相，不杀必为后患。"所谓据其相貌而预言将来必反，可能是后世传说附加之辞。我们认为张九龄所以坚持要杀安禄山，恐怕主要是从抑制边功的动机出发，这与他反对任命张守珪为宰相是一致的。唐玄宗好大喜功，这一点与张九龄相反，在这方面张九龄没有去讨好玄宗，当然引起玄宗不高兴。玄宗说："卿勿以王夷甫识石勒，枉害忠良。"他竟然把安禄山看作忠良之士，对张九龄的反感很强烈地表露出来。

值得推敲的是，安禄山萌发觊觎天下之心是天宝初年，在十多年前张九龄在他还没有产生叛变野心时，怎么就预知他会“乱天下”呢？这并不是不能解释。按照历史唯物主义的观点，存在决定意识，先有了可能出现天下大乱的社会环境和客观条件，然后才有人产生发动叛乱谋反的野心。虽然当时包括安禄山在内的所有人或许都尚无叛乱之心，张九龄却注意到了产生天下大乱的环境和条件的萌芽，这是他的敏锐高明之处。

在中央政权的安危方面，与唐玄宗目光一直盯着皇室内部不同，张九龄感受到的是来自边境地区的威胁。朝廷宠厚边将，边将拥有重兵，军事格局外重内轻，一旦发生边将举兵向阙，中原就无相应的军事力量抗衡。一位有识之士对这种形势产生某种敏感或隐忧，应该属于正常现象，是顺理成章的。因此当他看到安禄山这样一位出身胡族的将军因为战功甚至可以免除死罪时，可能一种不祥的念头和预感便产生了。如果这样一位没有忠君爱国之心的人手握重兵，他可能会做的事情是什么？一种令人心悸的念头便在他脑海里掠过。

但张九龄政治上的这种敏感不仅没有引起玄宗的警惕，反而引起了玄宗的反感，关键就是他正道直行，对人际关系的微妙处不加留意。避免唐帝国严重动乱的第一个机会，便这样轻易错过了。

与张九龄同朝为相的李林甫，与张九龄正好相反，他“柔佞多狡数”，靠逢迎巴结爬上高位。当他担任吏部侍郎时，就注意结交宫中的宦官和妃嫔，通过他们了解玄宗的活动和想法。玄宗的思想、心理和一举一动都被他掌握，因此每次跟玄宗讲话都能说到玄宗心里，很快就讨得了玄宗的欢心。当时玄宗最宠幸的是武惠妃，武惠妃生寿王李瑁，所有的儿子中，玄宗最疼爱的就是寿王。李林甫通过宦官告诉武惠妃，愿意尽力保护寿王；武惠妃很感激他，在玄宗跟前说他的好话，因此被提拔为黄门侍郎，即门下省的副长官，地位仅次于侍中，相当于副宰相。开元二十二年（734 年）五月，又与裴耀卿、张九龄等同为宰相。与裴耀卿、张九龄相比，李林甫特别善于迎合玄宗，赢取玄宗的欢心。

开元二十四年（736 年）十月，玄宗在东都洛阳。原来的计划是次年二月返西京，可是因为洛阳宫中发生怪异之事，玄宗召宰相商议，打算立刻动身，离开东都。裴耀卿和张九龄都认为，眼下正是秋收季节，车驾西行，沿途各地必然安排食宿迎送，会给各地造成许多麻烦和负担，等到十一月最好。李林甫已经了解到玄宗的心意，等到裴耀卿和张九龄离开，李林甫找个借口留下来，向玄宗说："长安、洛阳，就是陛下的东宫和西宫，随时可以往来行幸，还选择什么时日啊！即便妨碍一点儿秋收，免收沿途各地的租税不就得了。请让我通知百官，今天就动身。"玄宗很高兴，立刻让李林甫安排启程。第二天，车驾启程还西京。李林甫的表现自然让玄宗感到很顺心，同时也就感到张九龄有点别扭。

李林甫处处与张九龄等人唱反调，赢得了玄宗的好感，却让玄宗一天比一天讨厌张九龄。朔方节度使牛仙客起初在河西，节省用度，勤于职守，使河西镇仓库充实、器械精良。这件事反映到朝廷，玄宗很欣赏他，想给牛仙客加官为尚书省某部尚书，地位还更重要一些。张九龄说："不行。尚书是古代负责向皇帝提建议的大臣，我们唐朝建立以来，只有退任的宰相或者在朝廷内外有声望的人才能担任。牛仙客出身河湟小吏，现在一下子提拔到朝廷要职，会影响朝廷的声誉。"

玄宗奖赏边将，一心要对牛仙客有所表示，又问："那么，只给牛仙客加个爵位可以吗？"张九龄回答说："也不行！爵位是对立功者的鼓励，作为边将使仓库充实、器械修整，都是分内事务，不算立功。如果陛下认为他工作勤劳，可以赏赐给他金帛，而分封土地赐给爵位，恐怕不合适。"对张九龄的坚持原则，玄宗心里觉得不舒服。李林甫跟玄宗谈起牛仙客，说："牛仙客有宰相的才干，任命他做尚书有什么不好呢？张九龄所说全是书生之见，不识大体。"在玄宗听来当然还是李林甫的话顺耳。

第二天，见到张九龄，玄宗又提起封牛仙客爵位，张九龄像原先一样极力反对。玄宗脸色大变，一下子恼火了，说："难道事情都由你说了算吗？"一看玄宗动怒，张九龄扑通就跪下了，叩头谢罪，说："陛下不认为我愚蠢，让我担任宰相，我觉得事有不妥，不敢不直言。"玄宗说："你嫌牛仙客出身寒微，你的门第也不高啊！"张九龄说："我家在岭南，出身低贱，不如牛仙客生于中原地区。但是我出入朝廷，职掌朝廷诰命已经多年。牛仙客是边境地区的小吏，大字不识，如果一下子任命一个高官，我担心众人会看不起他。"李林甫背后又跟玄宗说："只要有才能见识，不一定要什么学问和文章才华！天子任用人，什么样的人不能用！"有了李林甫的赞同，玄宗不顾张九龄的反对，赐给牛仙客陇西县公的爵位，食实封三百户，也就是把三百户农家的租赋作为牛仙客的收入。

当初，玄宗想让李林甫做宰相时，曾征求过张九龄的意见。张九龄回答说："宰相的任命关乎国家安危。陛下要让李林甫做宰相，我担心将来会成为朝廷的祸患。"玄宗对张九龄的意见不以为然，还是任命了李林甫。那时张九龄因为富于才学而受到玄宗的器重，李林甫虽然记恨，仍然奉迎巴结张九龄。侍中裴耀卿与张九龄关系很好，李林甫也嫉恨他。现在，玄宗在位几十年，越来越放纵自己的欲望，追求奢侈享受，对政务越来越懒得管。张九龄一看到玄宗有什么不好，不管大小事都极力论争。李林甫则巧妙地揣摩玄宗的心意，每天都在寻找机会，在玄宗面前中伤他。

玄宗当年还是临淄王的时候，王宫里赵丽妃、皇甫德仪、刘才人等人都受到他的宠幸。赵丽妃生太子李瑛，皇甫德仪生鄂王李瑶，刘才人生光王李琚。后来玄宗即位，宠幸武惠妃，赵丽妃等人都被冷落。武惠妃所生寿王李瑁，最受玄宗疼爱。太子李瑛和李瑶、李琚几个小孩子在内第见面，都因为母亲被冷落而说了些不满的话。咸宜公主的丈夫、驸马都尉杨洄经常寻找三个孩子的过失，密告武惠妃。咸宜公主是武惠妃的女儿，所以杨洄站在武惠妃一边。武惠妃就在玄宗面前又哭又叫，说："太子私结朋党，想害我们母子，而且还指斥皇上。"玄宗大怒，把这话告诉宰相，想把太子和鄂王、光王废掉。张九龄不同意，他认为三个皇子都没有大错，不应该听信没有根据的话，一气之下全都废黜。太子是天下之本，不可动摇，废太子可能会引起政治上的不稳定。他举了历史上许多由于废除太子而导致的内乱，因此劝玄宗慎重行事。而且他说："陛下必欲为此，臣不敢奉诏"——言下之意，这件事我是要跟陛下对着干了。张九龄的正直敢言又一次引起玄宗不高兴。

李林甫当众什么都不说，退朝后私下对受玄宗宠幸的宦官表态说："这是皇上的家事，皇上自己做主就可以了，何必问外人呢？"这话当然会传到玄宗耳朵里，玄宗犹豫不决。武惠妃暗中指派在朝廷里打杂的牛贵儿，私下对张九龄说："废掉太子李瑛，之后一定会立寿王李瑁。您只要肯帮忙，就可以一直做宰相。"张九龄呵斥这小官奴妄说是非，并把这话告诉玄宗。玄宗发现在太子问题上，实际是武惠妃在挑拨离间，脸色气得发白。因此直到张九龄后来被罢免宰相，太子的地位一直没有受到威胁。但是李林甫一天到晚都在玄宗面前说张九龄的不是，玄宗越来越疏远张九龄。

经李林甫推荐，朝廷任命萧炅为户部侍郎。萧炅没有学问，有一次跟中书侍郎严挺之读一个材料，里面有"伏腊"两字，他竟读成了"伏猎"。严挺之向张九龄抱怨说："尚书省这样的中枢机构，怎么能任命一个'伏猎侍郎'！"张九龄把这事告诉玄宗，玄宗只好让萧炅出京做了岐州刺史，李林甫开始怨恨严挺之。张九龄与严挺之关系好，想举荐严挺之为宰相，曾经告诉严挺之，说："李尚书正受皇上恩宠，足下有机会时应该去拜访他，跟他搞好关系。"当时李林甫以礼部尚书任宰相。严挺之这个人清高任性，平常就看不起李林甫的为人，始终不去巴结他，从不去李林甫府第拜访。李林甫更加忌恨他。

严挺之前妻改嫁蔚州刺史王元琰，王元琰犯了贪污罪，朝廷交三司审判。唐代负责共同审理重大案件的三个官署刑部、御史台和大理寺，合称三司。严挺之看在前妻的情分上，为王元琰托人说情，希望能给宽大处理。李林甫派人向玄宗告发此事。玄宗告诉宰相说："严挺之竟然为罪人说情，拉关系。"张九龄替严挺之辩护："王元琰的妻子是严挺之休掉的妻子，不应该有私情。"玄宗说："他们虽然已经离婚，却仍然有私情。"敢于跟皇帝抬杠，只有张九龄才这样做。

玄宗觉得既然严挺之为王元琰说情是事实，那么张九龄明显是在袒护严挺之。考虑到过去张九龄、裴耀卿常常互相声援，彼此呼应，李隆基因此认定张九龄、裴耀卿和严挺之等已经结成了朋党。开元二十四年（736 年）十一月二十七日，玄宗罢免了裴耀卿和张九龄的宰相职位，而让李林甫兼中书令，牛仙客为工部尚书、同中书门下三品，仍领朔方节度使。"同中书门下三品"与"同中书门下平章事"含义相同，列名宰相。同时，把严挺之贬出朝廷，任洺州刺史，王元琰则流放岭南。

在这场政治斗争中，张九龄并不是完全没有失误，他的失误被李林甫很好地利用，因此失势下台。这次宰相的调整，使张九龄、裴耀卿、严挺之几位正直而富于才学的大臣被疏远；而由于牛仙客的入相，则使李林甫的势力在朝廷里占据了绝对优势。李林甫处心积虑的努力，终于达到了目的。以正直闻名的张九龄获罪降职，失掉相位，向朝廷大臣发出一个信号。从此朝廷官员都明哲保身，遇事先想一想，怎么做才能保住自己的职位，至于原则是可以放弃的，所以大家都不敢搞什么“直言进谏”了。李林甫执政后决策上的失误和政治上的黑暗局面，是后来安史之乱发生的重要原因之一。

官场上向来是一荣俱荣、一损俱损的。张九龄曾推荐周子谅任监察御史。张九龄罢相后，周子谅弹劾牛仙客不是宰相的料，可是却引用迷信的说法，说牛仙客任相不吉利。玄宗亲自审问查验，命人在朝堂上杖打周子谅，把他流放瀼州（今广西上思县）。周子谅行至蓝田县，因伤势过重而一命呜呼。张九龄也因用人不当而受到牵连，被贬为荆州大都督长史。后来张九龄请求归乡拜谒父母的坟墓，在家病死。周子谅事件其实只是一个由头，张九龄被贬当然与李林甫、牛仙客等人倾陷有关。

从张九龄几次触怒玄宗的事例来看，他与玄宗的重要分歧之一表现在边防政策上。玄宗采取扩张政策，奖励边功，宠厚边将；张九龄则抑制边功，反对重用那些靠打仗立军功而晋升的边将。这几乎是张九龄惹玄宗不高兴的主要原因。如果玄宗听取了张九龄的意见，对边将稍加裁抑的话，哪怕是提高一点儿警惕，可能安禄山也不会蕴蓄十年，逐渐坐大，造成“禄山一呼，四海震荡”的局面。现在看来，张九龄可能是唯一有可能以自己的努力阻止安史之乱发生的宰相，可惜他罢相的时间过早。张九龄与玄宗、李林甫君相间从心理上的龃龉，到言语间的摩擦，终于相违相弃，代表了帝国政治大厦的一道裂缝，这道裂缝不能弥合，给安禄山起事创造了时机和条件。

以张九龄为代表的一批富有才学的官员，政治上深谋远虑，李林甫等人虽为干吏，但目光短浅——这里指国家发展的大计，不包括个人固权保位的心计。这些人掌控一个庞大的国家机器，难以把握好大的方向，容易造成重大漏洞。后来，安史之乱发生，玄宗在逃往蜀中的路上，念及当年张九龄有先见之明，后悔没有听从张九龄的建议，伤心流涕。他派一名宦官至张九龄的家乡韶州曲江，祭奠张九龄，并对他的家人厚加赏赐。

口蜜腹剑：李林甫误国

虽然安禄山发动叛乱时，李林甫已经死去三年，但人们都认为安史之乱的发生，与他的执政有密切关系，认为安禄山这个叛乱的种子，是由李林甫的培育才生根发芽的。这绝对不是没有道理的，正是李林甫为相期间所造成的政治局面，为安禄山叛乱创造了条件。

李林甫是唐高祖李渊的堂兄弟长平王李叔良的曾孙，但到李林甫时，这一支与皇室的关系已经相当疏远，他的父亲李思诲只做过扬州大都督府的参军。李林甫因善于钻营而逐渐爬上高位，靠巴结武惠妃而升任宰相。这个人阴险毒辣，任宰相十九年，可以说坏事做尽。

中国人习惯上从道德品质上评价历史人物，李林甫成为史书中的白脸奸臣。西方史学家曾极力想拨开历史记载的迷雾，恢复李林甫的名誉。他们认为李林甫任相期间，一系列的政治改革取得了成功，如编订法律、兵制改革和财政的发展等等（《剑桥中国隋唐史》）。的确，对李林甫这样的人物，我们应该客观看待他在历史上的功过。李林甫是以吏干精明而著称的，精熟于官府运作和官僚事务，他任期内极力使各项事务都井井有条、规定格限，的确表现出章法分明的气象。说他是一位精明的行政官员，或者说是一个政客，可能不是过度溢美，但如果说他是一位政治家则并不够格。政治家应有的天下为公、牺牲精神和任人唯贤等优秀素质，他都不具备。实际上天宝时期唐王朝在经济上面临的危机没有从根本上化解，兵制的改革也为后来边防军举兵作乱埋下伏笔，至于《唐律疏议》的修订和法治建设方面的成就，那是从唐太宗时起几代人努力的结果，不能归功于李林甫一个人。我们都知道中国的封建王朝多是有法不依，在专制社会法律的效力常常被人治的因素所抵消，李林甫的许多行为与法律运作正好相反。尤其是他喜欢玩弄权术，把天宝时期政坛搞得充满恐怖、人人自危，在一定程度上又重现了武后时期政治天空中的阴霾，唐王朝由盛转衰，让他承担一部分责任并不委屈他。

我们看到，李林甫为相期间，他的大部分时间和精力都用在如何巩固玄宗的恩宠和自己的相位上。张九龄等人被罢相，李林甫想独揽朝政，担心那些谏官动不动就把问题反映到朝廷，破坏自己在玄宗心目中的形象。他公开召集谏官们开会，说：“当今天子圣明，大臣们顺从皇上的命令都来不及，不需要谏官们对朝廷事务说三道四。”他指着旁边马厩里膘肥体壮的御马，说：“大家看到这些仪仗队里的马了吧，平时享受相当于三品官俸禄的饲料，可是只要在仪仗队里乱叫一声，立刻就被开除。那时后悔都来不及！”补阙杜琎不识时务，上书朝廷发表意见，第二天就被当作乱叫的仪仗马调出长安，让他去下邽县当县令了。

王皇后被废以后，武惠妃特受玄宗宠幸，李林甫觉得这是他上爬的阶梯。武惠妃的女婿杨洄向朝廷上奏，说太子李瑛、鄂王李瑶和光王李琚与太子妃的哥哥、驸马都尉薛锈密谋，要害寿王李瑁。玄宗召宰相商议这件事，提出废黜太子，处罚几位皇子，遭到张九龄的反对。李林甫对寿王之母武惠妃有过承诺，保有默契，想扶持寿王为太子。他看玄宗倾爱寿王，便迎合玄宗说："这是陛下的家事，不是我们做臣子的该管的。"李林甫的这种态度，使玄宗最终下定决心，处罚了这几位不幸的皇子和太子妃的哥哥，造成开元年间一大冤案。开元二十五年（737 年）四月二十一日，玄宗派宦官宣布敕命，废太子和二王为庶人，把薛锈流放到瀼州；接着又把太子和二王赐死于城东驿，把薛锈赐死于蓝田县。鄂王李瑶和光王李琚都好学有才识，无辜被杀，众人都替他们惋惜。第二天，李瑛舅家赵氏、太子妃家薛氏、李瑶舅家皇甫氏三家，因受此案牵连，几十个人被流放贬官。只有李瑶的王妃家韦氏，因为王妃以贤惠著称，才没有人受到株连——所谓"贤惠"，即不过问政治，这样在险恶莫测的宫廷和政坛较为安全一点儿。

李林甫善于弄虚作假，渲染自己的政绩。这年七月七日，大理少卿徐峤上奏："今年全国只有五十八名罪犯被判死刑。一直以来，大理寺的监狱被认为杀气太盛，连鸟雀都不栖息的，现在却有鹊鸟在院子里树上筑巢，这是天下太平的征象。"于是百官都因社会安定而向玄宗表示祝贺。玄宗则归功于宰相治国有方，第二天就赐李林甫为晋国公、牛仙客为豳国公。

那些在才能和声望上出类拔萃、有可能威胁自己相位的人，是李林甫精心提防和着重打击的对象。李林甫为人城府极深，旁人很难看透他的内心。他善于以甜言蜜语获取别人的好感，可是背后伤人，不露声色。凡是玄宗喜欢的人，或者才能、声望、功业超过自己的人，他先是亲近结交，等到那人的地位和权势对自己稍微有点儿威胁时，就加以排斥、设计陷害。即便是久于官场、精明狡猾的老油子，也没有不落入他的圈套的。他特别忌妒那些富有文章才华和学问的饱学之士，表面上与之交好而背后诬陷诋毁。所以人们评价他“口有蜜，腹有剑”。“口蜜腹剑”成为人们常用的成语，就是李林甫式政治文化的语言积淀。在保权固位方面，有几件事极见李林甫的心计和诡诈。

玄宗曾在勤政楼观赏乐舞。兵部侍郎卢绚并不知道玄宗在楼上，骑马从楼下经过。卢绚人很帅，是美男子，他垂鞭按辔、缓缓而行，那姿态非常潇洒。玄宗隔帘望之，非常欣赏卢绚的才貌风度，连叹数声。李林甫经常用金帛贿赂玄宗身边的人，了解玄宗的动静，有人把这个细节告诉了李林甫。李林甫很担心玄宗会任命卢绚为相。他把卢绚的儿子喊来，说：“你父亲声望很高，现在交州和广州需要有才望的人去做刺史，我看皇上的意思呢，是想任命他担任，你们觉得可以吗？一旦恩命下达，你父亲嫌交州和广州偏远不去，那就会遭到贬官的处罚。”李林甫的话一下子就给卢绚的儿子造成了压力。

广州大致相当于现在广东和广西的一部分，州治在今广州，那时叫南海郡；交州大致相当于现在广西的一部分和越南的北部，州治在龙编，离现在的越南河内很近。对于中原地区来说，这些都是蛮荒之地，唐朝常常把犯罪的官员流放到岭南，岭南就是这样一个用来安排失意官场人的地区。在唐朝人的心目中，那里是很可怕的，据说岭南有“瘴气”，山林间一种湿热蒸郁能致人疾病的气。北方人不习南方水土，容易染上瘴气生病，很多人到了南方，被感染了便一病不起。据说唐朝那些贬到岭南的官员，常常一去不返，就死于这种瘴气。因此唐朝前期官员们都把到交、广任职视同流放或贬官。

卢绚的儿子当然不想让老父远赴交、广任职，急忙请李伯伯想办法。李林甫便说：“不想去的话，朝廷可以任命他做太子宾客，或者太子詹事，到东都任分司官，也是对贤明官员的优待，要是想去的话，那就早点提出申请。何去何从，你们商量商量吧。”儿子回到家里，把李林甫的话告诉父亲，卢绚担心远赴交、广，要求去东都任分司官。唐朝洛阳是东都，那里有一个备用的朝廷机构，只有皇帝到了东都，这个机构才启用。而实际上从开元二十五年（737年）以后，皇帝就不到东都去了。在那个机构任职的官员叫分司官，当然是闲职。

李林甫给卢绚安排的是两难选择，到交、广任职和到东都任分司官，都有弊端。到东都任分司官，意味着政治前途的丧失，而到交、广任职，远离亲人不说，又有生命之虞。卢绚是“两害相权取其轻”，相较吉凶难卜的交、广之地，宁可放弃政治前途去洛阳。李林甫又担心真的这样任命卢绚，大家会有看法，为了不招致舆论的批评，他任命卢绚为华州刺史。这样李林甫没有责任了，到东都任分司官，是你主动提出来的，那是个闲职，我不让你去，任命你担任一州刺史的要职，我李林甫爱惜人才吧。最终他把卢绚赶出朝廷的目的也达到了。

但外放担任州刺史还是有机会回到朝廷任宰相，所谓“将帅必出于行伍，宰相必出于州郡”，州刺史政绩显著，往往入朝为相。卢绚到任不久，李林甫又借口卢绚生病，没有把华州治理好，把他改为太子詹事，就是东宫的办公室主任。本来就是闲职，又让他在家养病，只享受这个职务的待遇，实际上并不任职，这叫投闲置散。把有才能声望的人投闲置散，不让你有发挥才能的机会，这是李林甫对付竞争对手的一招。

玄宗曾问起严挺之现在何处，说这个人还是可以委以重任的。严挺之过去与张九龄亲近，现在担任绛州刺史。李林甫嫉恨严挺之，担心玄宗会任命他为宰相。当天退朝后，他就召见严挺之的弟弟严损之，说：“告诉你个好消息呀，皇上今天跟我提起你哥哥了，皇上对你哥哥看法很好，想重用他。赶快想办法让你哥哥见皇上一面。”严损之就说：“他在绛州，哪有机会呀！”李林甫说：“我替他出个主意，他可以上奏朝廷，说中风了，需要回长安治病。一个刺史回到首都，皇上还有不去看望的道理？”严损之转告严挺之，严挺之想不到这是一计，就按李林甫的说法去做，一下子就钻进了李林甫的圈套。李林甫拿着严挺之的奏章，告诉玄宗说：“陛下不是想重用严挺之吗？可是您看，严挺之岁数大了，而且又得了风瘫病，不能担任要职了，应该让他担任个散秩，享受优厚的俸禄，使他有钱治病。”玄宗叹息良久，说：“唉！我正想重用他呢，想不到他现在是这个样子。”

天宝元年（742年）四月，朝廷任命严挺之为太子詹事，同时任命汴州刺史、河南采访使齐澣为太子少詹事。这都是东宫里的属官，均为闲职，李林甫一向忌妒这两个人，就安排他们去任这种闲职。卢绚、严挺之和齐澣可能始终不明白自己为什么遭到这样的待遇，可是李林甫的表现又使他们很感激，以为李林甫一直在替自己着想。

在排斥异己的同时，李林甫对拉拢和扶植自己的党羽之事上不遗余力。牛仙客是经李林甫推荐而任宰相的，因此对李林甫唯命是从。这两个人都没有真才实学，在官场运作中没有高明的办法，而是把任何事情都纳入一定的程式，照章办事。百官的升迁和任命，都遵循这套严密的规范，论资排辈。即便是才华出众、品行高洁，也因为限于资格而长久不得升迁；那些巧言善媚、阴险狡诈之徒，却常常通过钻营投机旁门邪道被越级提拔，成为李林甫的朋党。

在打击和排斥异己的过程中，李林甫除了诡计多端之外，就是心狠手毒。他手下有的是手段毒辣的爪牙，吉温就是这样的人。牛仙客去世后，玄宗任命刑部侍郎李适之为宰相。李适之与李林甫因权力之争逐渐产生了矛盾。李适之担任兵部尚书，驸马都尉张垍任兵部侍郎，张垍是张说的儿子，侍郎是尚书的副职，李林甫对此也颇为不快。他指使人检举兵部铨曹贪赃舞弊的事，兵部铨曹是兵部负责本系统官员选拔的部门。御史台派人把兵部六十多名吏员抓捕，交给京兆府和御史台审讯，一连好几天问不出结果。京兆府萧炅领会了李林甫的用意，派法曹吉温审案。兵部吏员平时就听说吉温心狠手毒，当把他们带进刑讯室时，都自诬有罪。吉温让他们怎么说，他们就都老老实实地按吉温的意思招供，片刻间此案就了结了，而检验这些囚犯，没有一个人身上有用刑的痕迹。最终，玄宗下敕赦免兵部负责铨选的侍郎和判南曹郎官，但以朝廷名义进行公开批评。这件事给兵部长官李适之和张垍弄了难堪，他们都有失察之过。

这些有希望为相的人，在李林甫手下，简直就是一枚枚棋子。轻轻一拨，他们就偏离了入相的道路，或者一跟头栽下去，再爬不起来，从而使李林甫心理上获得安全感。

李林甫正在千方百计清除那些不依附自己的人，想找一个鞫狱审案的合适人选，萧炅就把吉温介绍给他。李林甫得到吉温，感到非常合乎自己的要求，特别高兴。吉温平日里就放出过这样的话："如果遇到知己，他就是要终南山的白额猛虎，我也能为他捆起来，送到他跟前。"当时还有一个叫罗希奭的酷史，杭州人，用刑特别狠毒。李林甫重用他，把他从御史台主簿提拔到殿中侍御史。

这两个人都看李林甫的眼色行事，李林甫想陷害谁，他们就对谁下手；李林甫想给人定什么罪，他们就罗织罪证，通过严刑逼供，屈打成招。于是上下串通，没有人能逃脱这两个人的手掌。当时人们称他们"罗钳吉网"，意思是只要想拿你说事，那一位像钳子非夹住你不可，而另一位就一张大网，疏而不漏，非网住你不可。

对于那些有可能威胁到自己宰相地位的人，李林甫必欲除之而后快，甚至自己的亲戚朋友也不放过。在他的观念中，官场上只有利害关系，没有亲情可言。韦坚的妻子是李林甫的舅舅姜皎的女儿，所以当韦坚受到皇上倚重时，李林甫亲近他、巴结他、讨好他。后来韦坚因为在漕运方面成绩突出，受到玄宗的赏识，有入相之心，又和李适之关系亲密，李林甫便讨厌他了。在他的授意下，朝廷罢免了韦坚的缘河及江淮南租庸转运处置使等使职，任命他为刑部尚书，看上去好像给他安排了一个美官，实际上却夺了他的实权，使他失去了取得更大成绩的机会，同时也就丧失了入相的可能。

跟李林甫这样的人相处，必须要小心谨慎。李适之就是一个教训，他为人随便、不够慎重，李林甫设了一个圈套，他就轻易上当了。天宝五载（746 年）正月，李林甫对李适之说："华山有金矿，开矿采金可以增加国家财富，皇上还不知道这件事。"李适之见玄宗奏事时便建议在华山开矿。玄宗咨询李林甫，李林甫说："我早就知道，但华山是陛下本命和王气所在，开凿不吉利，所以从来不敢提议在华山开矿。"玄宗写过《御制西岳华山铭》，其中说到："予小子之生也，岁景戌，月仲秋，膺少皞之盛德，协太华之本命，故常寤寐灵岳，肸向神交。"李林甫知道玄宗迷信卜卦者的话，认为华山乃自己的本命所在，所以让李适之出现这样的失误。玄宗认为李林甫爱护自己，对李适之虑事不周很反感，对李适之说："从今以后，有事上奏，应该先跟林甫商量商量，不要太随便了。"从此李适之只能束手待命，没有发言权了。

李适之失宠、韦坚失权，两个人更加亲近，李林甫更加讨厌他们。当初立李亨为太子，不是李林甫的主张，李林甫担心将来会成为自己的祸害，因此常有动摇东宫的意图，况且韦坚是太子妃的哥哥。皇甫惟明曾担任忠王友，友是太子东宫和亲王府中的一种官职，他领兵与吐蕃作战获胜，入朝汇报战况，把战利品交给朝廷。在长安，他看到李林甫专权，愤激不平。见到玄宗时，劝玄宗除掉李林甫，李林甫探知此事，恨之入骨，派杨慎矜暗中监视皇甫惟明的行踪。

正月十五夜，太子出游，与大舅哥韦坚相约见面，韦坚又与皇甫惟明到景龙观道士房里见面。本来这是很正常的一件事，在唐朝长安城，平日实行宵禁，但正月十五上元节特许弛禁，目的是让大家尽情闹元宵，所以这天可以说是唐朝的狂欢节。唐朝刘肃《大唐新语》那本书里记载说："京城正月望日盛饰灯影之会，金吾弛禁，特许夜行。贵族戚属及下俚工贾，无不夜游。车马喧阗，人不得顾。""望日"就是阴历十五日，"金吾"指左、右金吾卫的巡逻兵，金吾卫是负责京城治安的部门，长官称大将军。"左、右金吾卫之职，掌宫中及京城昼夜巡警之法，以执御非违"（《旧唐书·职官志》）。宵禁时由金吾卫士兵巡逻。因为上元节这天不宵禁，所以上至皇亲国戚，下至平民百姓，都夜游京城，观灯看焰火。这种情况从唐中宗时就是如此，当时有一个诗人叫苏味道，写了一首《正月十五夜》的诗，其中便说："金吾不禁夜，夜漏莫相催"——今晚不搞宵禁，时间太宝贵了，计时的漏壶请滴得慢一点吧，好让我们多玩会儿。大家都难得有这样一个机会，不容易见面的朋友都利用这个夜晚聚一聚，那皇甫惟明又是从边境地区胜利而归，回到长安，好不容易见一面，这不是很正常的事嘛。可是杨慎矜揭发了这件事，他认为韦坚是皇亲，不应该和边将接近。

这怎么能算一种罪名呢，唐朝的法律上也没有这样的规定，是皇亲国戚，就不能跟边帅见面，见面就是犯罪。但李林甫上奏，说韦坚与皇甫惟明结谋，想共立太子即位。这一下就成大罪了，是要把皇上赶下台，那就是谋反，十恶不赦的大罪。于是韦坚、皇甫惟明被关进大狱，李林甫派杨慎矜与御史中丞王鉷、京兆府法曹吉温一起审讯此案。这几个人都是李林甫的爪牙，很快结案，罪名成立。韦坚被贬为括州太守，皇甫惟明贬为播州刺史。另外又下了一道制书，告诫百官不要重蹈韦坚和皇甫惟明的覆辙。这算是轻饶了韦坚等人。

韦坚被贬官后，左相李适之想到这一次韦坚差点儿就掉了脑袋，而且自己平时与韦坚要好，感到非常可怕，要求担任散职。朝廷便罢免了李适之宰相职务，任命他为太子少保——一个无职无权的高官。李适之的儿子、卫尉卿李霅曾摆下丰盛宴席召请客人，客人们因为害怕李林甫，当天没有一个人敢去赴宴。

门下侍郎、崇文馆大学士陈希烈是宋州人，因为讲《老子》《庄子》而入朝做官，他专门用神仙符瑞取媚于玄宗。李林甫看到玄宗喜欢陈希烈，而陈希烈善于奉迎、容易控制，所以举荐他为宰相。凡政事决策都出于李林甫的主意，陈希烈只是唯唯诺诺、满口应承，一点儿也没有自己的主张。过去的惯例是宰相议事，午后六刻才出政事堂。李林甫上奏，说现在天下太平无事，巳时便可回家。巳时相当于现在上午十一至十二点，也就是午饭前就可以下班了。李林甫却没有真正下班，军国大事都在自己家里决定，负责整理、传递公文的官吏称为主书，他们抱着李林甫已经做出决定的公文到陈希烈家里，陈希烈只要负责签上自己的名字，就万事大吉了。

事涉太子一案还没有止息，把韦坚等人贬谪后，李林甫又乘势进攻，制造两宗大案，把更多的人牵连进去。韦坚的弟弟、担任将作少匠的韦兰和担任兵部员外郎的韦芝为哥哥鸣不平，他们一直在告状，说杨慎矜诬告，朝廷对韦坚的处理不公平。他们认为有太子作证，应该能够为韦坚洗刷不白之冤，因此他们拉太子来当证人，这更燃起玄宗心里的怒火。太子看势头不对，害怕牵连自己，上表请求与韦妃离婚，要求朝廷重罚韦氏兄弟，不要因为他们是皇亲而有法不依。朝廷又贬韦坚为江夏别驾，韦兰、韦芝都被贬到岭南。李林甫又趁机向玄宗进言，说韦坚与李适之结成了朋党。几天后，朝廷又把韦坚流放临封县，李适之被贬为宜春太守，太常少卿韦斌被贬巴陵太守，嗣薛王李琄被贬为夷陵别驾，睢阳太守裴宽被贬为安陆别驾，河南尹李齐物被贬竟陵太守。这次被贬谪的一共有数十人，都是韦坚的亲朋好友，被认为是韦坚同党而受到株连。

李林甫又上奏玄宗，派御史分别到皇甫惟明、韦坚兄弟等人的贬所，赐他们自尽。罗希奭在青州处死李邕后，便到岭南，一路上杀死那些流放贬谪到外地的官员，沿途郡县遭贬流放的官员，听说罗希奭将到，都惊惶害怕。唐代御史所经过的地方，沿途郡县提供驿马，人没到先送来安排食宿驿马的文书，叫排马牒。排马牒送到宜春，李适之吓得服毒自杀。送到江华郡，王琚便要服毒自尽，可能他备药不足，药力不够，没有死。听说罗希奭已经来到，想不出更好的结束生命的办法，匆忙间只好解下腰带悬梁自尽。

罗希奭故意绕路到安陆，想恐吓裴宽自杀。罗希奭根据先前的经验，那些“罪官”们一听说他的名字，就自己寻找离开这个人世的方法，根本用不着自己动手。这样更好，自己也免得承担责任。可是裴宽太留恋这个人世了，他不想放弃宝贵的生命，当然他还有老母、老父和妻子儿女，他觉得他们都离不开他，所以不惜放弃尊严，向罗希奭叩头求生。甚至他还表态可以不顾任何痛苦的刑罚，上刀山下火海都没关系，只要留他一条命，因为这条命不属于他一个人，而是全家的支柱。罗希奭急于赶路，没有在这里住宿，裴宽自己不死，他也不好下手，所以丢下跪倒在地的裴宽扬长而去，裴宽才免于一死。

李适之的儿子李霅把父亲的棺材运回洛阳，李林甫又派人诬告李霅，把李霅杖毙于河南府。给事中房琯因为与李适之是朋友受到牵连，被贬为宜春太守。李林甫极恨韦坚，觉得仍不解气，派人沿运河及江淮州县，调查韦坚的罪行，收捕当年负责漕运的官吏和拉纤船夫，关进监牢，各地监牢都住满了囚犯。直到李林甫死了，这事才结束。

玄宗想广泛吸收天下才艺之士，敕令各地凡有一艺之长者都到京师接受考试选拔。李林甫担心那些草野之士在对策时检举他作奸犯恶之事，故而向玄宗建议：“各地推荐的人大都卑贱愚钝，害怕他们出言俚俗有污圣听。可以让郡县长官先加以选拔，才华突出者再把名单送到尚书省，让各部尚书进行复试，御史中丞监考，录取那些名副其实的人，再上奏皇上。”等到各地举人送到京城后，全都进行诗、赋和政论的考试，这不符合玄宗选拔“一艺之长”的旨意，结果没有一个人通过。李林甫便进贺表，向玄宗表示祝贺，说“野无遗贤”，意思说有才能的人都已经被陛下录用。诗人元结、杜甫都参加了这次选拔。等到李林甫死后，元结在《喻友》中愤慨地提起此事。杜甫《奉赠鲜于京兆二十韵》诗中也说：“破胆遭前政，阴谋独秉钧。微生沾忌刻，万事益酸辛。”意思是说，回忆当年李林甫执政时期，真是叫人闻之丧胆，他善于玩弄阴谋诡计，专权跋扈。我一介书生，偏偏受到了他的忌妒和陷害，此后的生活更加辛酸。

杨慎矜本来是李林甫提拔上来的，担任户部侍郎兼御史中丞，受到玄宗的信任，李林甫渐渐地担心、忌妒起来。杨慎矜与王鉷的父亲是表兄弟，小时候与王鉷一起玩儿，非常亲近。王鉷进入御史台任职，是因为受到杨慎矜的援引和推荐。及至王鉷被提拔为御史中丞，杨慎矜和他说话时仍直呼其名，王鉷仰仗着与李林甫关系好，对杨慎矜这样不尊重自己的行为越来越不满。杨慎矜据王鉷的职田为已有，还把王鉷的母亲出身低贱告诉别人，王鉷内心里深深怨恨杨慎矜。可是杨慎矜还像以前一样对待王鉷，曾经和他一起私下里谈论谶书里的预言，在唐代这是犯罪行为。

杨慎矜与术士史敬忠关系密切，史敬忠说天下将发生大乱，劝杨慎矜到临汝山中买庄园，作为将来避乱之地。正好杨慎矜父亲坟墓所在的田地里发生一桩怪事，草木都流血，杨慎矜心里很不安。他就请教史敬忠，史敬忠教他祈祷消灾，为他在后园里设道场。杨慎矜退朝后，戴上枷锁，一丝不挂地坐在道场。——这属于妖法，也是犯罪行为。十天后，草木不流血了，杨慎矜很感激史敬忠。杨慎矜有一位侍婢叫明珠，貌美，史敬忠喜欢她，杨慎矜就把明珠送给他当作报答。这个漂亮的婢女给杨慎矜惹了祸。

有一天，史敬忠用车载着明珠路过杨贵妃的表姐柳氏的楼前，柳氏请史敬忠上楼，向史敬忠讨要车中的美人，史敬忠不敢拒绝，把明珠转手送给了柳氏。第二天，柳氏带着明珠入宫。玄宗见到柳氏身后跟着一个从没见过的漂亮女孩，询问她的来历，明珠就如实相告。玄宗知道杨慎矜与术士搞了什么祈祷妖法，心里很不高兴。有人把这件事告诉了王鉷，王鉷为抓住了杨慎矜的把柄而暗自高兴，因而在杨慎矜面前表现很傲慢，杨慎矜对王鉷的侮辱很愤怒。苍蝇总是爱叮有缝的蛋，李林甫知道这两个人闹起了矛盾，暗中诱使王鉷陷害杨慎矜。

杨慎矜是隋炀帝的后代，王鉷派人诬告他，说他与术人史敬忠来往，家里藏有谶书，阴谋恢复他祖宗的帝业。玄宗闻言大怒，下令收捕杨慎矜，把他关入大牢，命刑部、大理寺与侍御史杨钊、殿中侍御史卢铉一起审问。

太府少卿张瑄是杨慎矜推荐上来的，卢铉诬告张瑄曾与杨慎矜讨论预言吉凶的谶语，把张瑄抓起来拷问，很多酷刑都用上了，仗义的张瑄就是不肯招供。他们又用木头缀在张瑄的脚上，有人用力拉套在他脖子上的枷柄，把一个人拉长好几尺，腰被拉得细长，几乎要断开，眼里、鼻子里都向外冒血。但张瑄仍不肯招供，没有人证物证，无法定罪。

李林甫派吉温到汝州，抓捕史敬忠。史敬忠与吉温的父亲关系好，吉温小时候，史敬忠常抱他。现在逮捕了史敬忠，吉温一句话也不跟他说，用木枷枷上，用布蒙住头，让史敬忠前头走，他骑马在后驱赶着史敬忠前行。到新丰县城东一个叫戏水的地方，吉温叫人劝诱史敬忠，史敬忠怕被处死，声泪俱下。就在路上一棵桑树下停下来，边问边答，写下三张纸的审讯记录，所有证词都是按吉温的意思进行编造。

吉温赶到骊山温泉宫，再对杨慎矜进行审讯。有史敬忠的证词，严刑之下，杨慎矜屈打成招，而且承认家里藏有谶书。可是，派人去搜，到处都找不到什么谶书。也是严刑不能忍受，杨慎矜一会儿说在柜子里，一会儿说在墙壁间，再问又埋在地下。找不到证据，李林甫有点儿担心，他特派卢铉再去长安杨慎矜家搜查。卢铉把一本谶书藏在袖子里，进入暗室，然后诟骂着走出来，说："这个逆贼，把秘记藏得这么严密。"他们回到骊山，拿出谶书让杨慎矜看，杨慎矜叹道："我从来不藏谶书，这本书怎么会从我家搜出来呢？我只该死就是了。"于是结案定刑，十一月二十六日，朝廷赐杨慎矜和他的哥哥即担任少府少监的杨慎余、洛阳县令杨慎名兄弟三人自尽。这个"赐自尽"也是一种死刑，好处是让罪犯自己选择死的方式，可以选择一个"安乐"式的死法，是对死刑犯的恩典。他们的妻子儿女都流放岭南。

史敬忠挨了一百大棍，妻子儿女也流放岭南；张瑄挨了六十大棍，流放封州（在今广东新兴东南、开平西）。张瑄本来已经受尽酷刑，又被打了六十大棍，没有动身便死在骊山。虽然没有证据说明嗣虢王李巨参与谋划，但因为他与史敬忠认识，故而罢免官职，安置在巴郡南宾县。其他连坐的还有几十人。

李林甫多次制造大案冤案，他在长安另设了一个审讯机关，叫推事院。李林甫知道杨国忠因为堂妹杨贵妃而受到玄宗宠幸，经常出入宫禁，杨国忠提的建议，玄宗大多采纳，就拉拢杨国忠作为自己的助手，把他提拔为御史。凡是与东宫有点儿瓜葛的案子，都尽量牵扯到太子，让杨国忠上奏弹劾，交给吉温、罗希奭进行审问。杨国忠因此有机会按自己的意愿行事，排斥异己。因这样的案子受牵连被判刑诛死的达数百家，都是杨国忠负责操作的。只是太子仁孝谨静，张垍、高力士常在玄宗面前保护太子，所以李林甫始终没有机会把太子拿掉。

玄宗对李林甫的信任和重用以及李林甫的专权，都达到无以复加的程度。玄宗经常不上朝理政，官员们有事都到李林甫家中禀报，御史台和尚书省经常空无一人。陈希烈虽然在尚书省值班，并没有人来见他。

过去，宰相都以德高望重立身处世，不靠权势威风凌驾于人，出行时随从不过数人，士人百姓有时并不回避。李林甫自知结怨太多，经常担心有人复仇杀他，为了防止刺客，出门就布置百余名步兵和骑兵，分左右两队，由负责京城治安的左、右金吾卫派武装人员驱赶街上行人静街。前导的人员在百余步外，公卿大臣必须回避。唐朝时宰相出行前呼后拥是从李林甫开始的。在他家里，进入他的住处要经过许多道门，每一道门都上着大锁。卧室里有密室可以藏身，以石头铺地，墙中又安装木板隔开。李林甫日夜如临大敌，一夜间都得换几个床，即便是家人都不知道他睡在哪里。

天宝八载（749 年）四月，咸宁太守赵奉璋要向朝廷告发李林甫，他列举李林甫的罪状有二十多条。他的状文还没有送到长安，有人已经告知李林甫。李林甫命御史把赵奉璋逮捕，说他散布妖言，把他乱棍打死。

过去姚崇、宋璟和张说为相时，玄宗年富力强、勤于政务，宰相是在皇帝手下工作。而在李林甫漫长任期内，玄宗却一直在追求无为而治，所以李林甫对朝廷的操控，远比他的前任们全面而且有效。李林甫为相导致安史之乱发生的一个直接原因，是朝廷在边将选任政策上的失误，这当然与李林甫固权保位有关，前文已经讲过。与边将常任久戍的同时，帝国精锐的军队也大都部署到了边境，由唐初重内轻外变为内轻外重，最终酿成安禄山举兵作乱、两京沦陷的惨烈大祸。

多年的无为而治成就了开元盛世，玄宗晚年觉得天下太平，可以高枕无忧了，所以深居宫禁，沉湎于声色，把朝廷政务全权委托李林甫。李林甫拉拢玄宗身边的人，通过他们了解玄宗的心意，处处迎合玄宗，来保持玄宗对自己的恩宠。他杜绝言路，使玄宗偏听偏信，使他能够施展阴谋诡计；他妒贤嫉能，排斥那些才华声望超过自己的人，以巩固自己专权的地位；又屡起大狱，诛杀或流放朝廷中的高官贵人，扩大个人势力。除了玄宗，从皇太子以下，朝廷内外文武官员都害怕他。史称李林甫为相一共十九年，酿成天下大乱，也就是说安禄山心中那颗谋反的种子，就是在李林甫执政期间萌芽生长的。

李林甫专权的局面，直到杨国忠受到玄宗重用才受到限制，然而杨国忠祸国殃民的程度，又不下于李林甫。杨国忠的做派，下文再论。但有一点必须说明，安禄山久蓄异志，却迟迟不发，据说有两个原因：一是感念玄宗对自己恩深如海，他曾设想等玄宗晏驾之后，再谋举兵；另一个原因是自己感到心计不及李林甫，李林甫为相，安禄山颇有畏惧之心。李林甫死后，安禄山觉得朝中再无可惧之人，杨国忠无德无才、专权自恣，这叫安禄山很看不起，于是“始有轻中国之意”——谋反由只存于心的念头即从想干发展到敢干、动手干了。

弄巧成拙：杨国忠逼反

安禄山是以奉诏诛杀杨国忠为名而起兵的，这是路人皆知的谎言。但对天宝年间政局的黑暗和动乱的发生，杨国忠却有不可推卸的责任。安禄山起兵，为什么要以诛杨国忠为名？安史之乱发生在他为相执政任上，他究竟应负什么样的责任？杨国忠也看到了安禄山要反的迹象，他曾告诫过玄宗提防安禄山，甚至采取了若干措施，企图阻止安禄山造反，却没有成功，这是为什么呢？情况相当复杂。

杨国忠本名杨钊，祖籍弘农郡华阴县（今河南灵宝北），后迁居蒲州永乐县（今山西永济）。父亲杨珣做过宣州司士参军，很小的官，母亲张氏是武则天时的幸臣张易之的妹妹。他的舅舅张易之因貌美受武则天宠幸，淫乱后宫，专权自恣，谗害忠良，名声极坏，后来在张柬之等人发动的政变中被杀。据说张易之兄弟被“枭首于天津桥，士庶欢踊，脔取之，一夕尽”（《新唐书》卷104），可见张家一门的人是如何遭人唾骂了。父辈“细寒”，母族又有这样的政治污点，杨钊遭人轻蔑就不可避免了。

杨钊本人既没有学问，又行为放荡，好喝酒、好赌博，所以宗族乡党更瞧不起他。三十岁那年他发愤从军，在蜀地驻军的将帅手下做事，益州长史张宽讨厌他的品行，找理由处罚他，打过他几十大板。后来杨钊以屯田的成绩被任命为新都县县尉。在任期间，他的堂叔父杨玄琰死在蜀州，杨钊曾“护视其家，因与妹通”。与杨钊私通的这位堂妹，就是杨贵妃的姐姐，后来被封为虢国夫人的杨氏姐妹之一。唐朝时官员三年为一任期，任满时如果不能连任、调任或升迁，就会被停官。当新都县尉任满时，杨钊便遇到了这样的窘境，而且穷困得甚至连回家的路费都没有。当了几年县尉，怎么穷到这个样子呢？他的那点儿俸禄，都输给成都赌场上那些高手了。

杨钊无颜，也无钱回家乡，流落到关中，又混上一个扶风县尉的职务。仍不能解决生活和出路问题，只得再返蜀中，依附富豪鲜于仲通，娶了成都的一名妓女裴柔为妻。大概也是年岁已大容颜改，门前冷落车马稀，裴柔才嫁给了这位穷光棍。他们生了几个儿子，过着贫困的日子。直到天宝四载（745 年），杨钊时来运转。那位死在蜀州的堂叔父杨玄琰的小女儿杨玉环被玄宗册封为贵妃，杨氏一门“鸡犬升天”，杨钊也攀龙附凤得以飞黄腾达起来。

杨贵妃小字玉环，因父亲杨玄琰任蜀州司户，杨玉环生于蜀中。但很早就为任河南府士曹参军的叔父杨玄珪收养，所以杨钊在蜀中混的时候不曾结识她。开元二十二年（734 年）十一月，玉环被选为玄宗第十八子寿王李瑁的妃子。开元二十四年（736 年），玄宗宠妃武惠妃去世，后宫中妃嫔数千，没有令玄宗感到满意的。

有人奏称杨玉环姿色冠代，甚于武惠妃，玄宗一见大悦。开元二十八年（740 年）召入禁中，由杨玉环自请为女道士，住内太真宫，道号“太真”，这一年杨玉环 21 岁。这一段故事历来被后世当作唐朝皇室有失伦常的话柄之一。白居易大概觉得杨玉环入宫前经历，写于诗中不雅，在《长恨歌》里就回避了，说她“养在深闺人未识”，这不符合事实。

杨太真姿色绝人、多才多艺，能诗文，善歌舞，通音律，长于击磬、弹琵琶。我们现在还能读到她留传下来的一首诗，名《赠张云容舞》，诗云：“罗袖动香香不已，红蕖袅袅秋烟里。轻云岭上作摇风，懒柳池边初拂水。”前人评价说：“诗不为佳，却字字形容舞态，出语波俏，亦足见其风致可喜”（陆昶《历代名媛诗词》卷4）。杨玉环为人机智警颖，迎意辄悟，每倩盼承迎，常令玄宗动心。有一个例子，可以说明杨玉环多么会讨玄宗欢心。有一次玄宗与人下棋，眼看棋势不妙，她就把抱在怀里的那只拜占庭哈巴狗放出来，踏乱棋局。

五十多岁的玄宗精力旺盛，得到这样一位如花似玉、丰满白皙而又顾盼生情、能歌善舞的美人，自然喜出望外。皇帝喜欢的人自然人人敬重，宫中呼为娘子，礼数一如皇后，于是陪寝侍宴，受玄宗专宠。天宝四载（745 年）八月，杨玉环被册封为贵妃，杨氏一门以皇亲国戚迅速成为当朝显贵。朝廷追赠其父杨玄琰为兵部尚书，正三品，后来又赠太尉、齐国公；擢其叔父杨玄珪光禄卿。后来，宗兄杨铦为鸿胪卿，杨锜为侍御史。贵妃的三位姐姐在同一天被分别封为虢国夫人、韩国夫人、秦国夫人，杨锜又娶了太华公主，与皇室亲上加亲。杨氏一门因贵妃杨玉环受宠而飞黄腾达，可谓“一人得道，鸡犬升天”。当时社会上流传着这样的谣谚：“生女勿悲酸，生男勿喜欢。”又云：“男不封侯女作妃，看女却为门上楣。”

当杨玉环受宠玄宗推恩杨门时，远在蜀中的杨钊最初却未沾恩露，可能因为杨钊是贵妃三代之外的亲属，关系疏远。杨钊是间接沾上贵妃的光的。皇上宠幸杨氏的消息传到全国各地，各地奉迎巴结皇上的人多了一条门路，他们纷纷找到杨家攀龙托凤，与杨家沾亲带故的关系都被利用。剑南节度使章仇兼琼想巴结杨贵妃，鲜于仲通向章仇兼琼推荐了杨钊，章仇兼琼辟请杨钊为幕府僚佐，让他当节度推官。节度使的幕府僚佐待遇优厚，许多文士求之不得。杨钊穷困潦倒之时获此美职，自然喜之不尽。推官是负责推案狱讼的职务，杨国忠并不胜任，但章仇兼琼的用意也不是让他鞫问案件，而是把他作为走上层路线的阶梯。

不久，章仇兼琼便交给杨钊一个美差，以贡献“春绨”为名，把他派到长安。大家知道，蜀中是重要的丝织业中心，蜀锦自古以来就驰名中外，成都有“锦官城”之称。向皇上进贡蜀地丝织品，是蜀中官员巴结皇室的重要手段。“绨”是“厚缯之滑泽者也”(《急就篇》卷3颜师古注)，是质量好而又光滑润泽的丝绸，是做服装和被子的上好面料。杨贵妃正得宠于皇上，章仇兼琼派她的堂兄弟到宫中送礼，正是适得其人。

这年十月初冬，杨钊到达长安。他首先找到了他曾私通过的小堂妹，把精美的蜀锦分送给杨氏姐妹。再由小堂妹引见，入宫见到了杨贵妃。可能因为杨钊与贵妃的亲系较为疏远，玄宗只不过任命他当了右金卫吾兵曹参军，负责京城治安的部署中一名管理兵甲器械的小头目。但重要的是杨钊留在了京都，成为日后飞黄腾达的良好起点。也因为他是贵妃远亲，所以有机会出入宫禁，甚至参加内宫的宴饮。在一次宴会上，大家玩“樗蒲”游戏，需要有一人计数，杨钊就在旁边做这种服务性的工作，据说他做得“钩校精密”，让玄宗觉得像发现了人才一样，任命他到御史中丞的办公室里做判官。第二年又被提拔为监察御史。后来杨钊自己说：“某起家于细微，因缘椒房之亲，以至于是”（《明皇杂录》卷下）。所谓“因缘椒房之亲”就是靠了裙带关系。看到他，朝廷官员们都在背后指着脊梁骂他，或者侧目而笑。

这样我们就知道，杨氏一门在当时社会上声望很低，他们的飞黄腾达很容易引起人们的忌恨心理，杨钊这样的出身很容易遭到人们的轻蔑。加上他后来在官场上树敌越来越多，不得人心，这是后来安禄山发动叛乱所以要打着诛杨国忠的旗号的原因。

杨钊因裙带关系获得晋升的机会，而他后来的高升却靠了自己的钻营和手段。当时李林甫为相，觉得杨钊可以利用，提拔他为监察御史。杨钊秉承李林甫的旨意，陷害韦坚、李适之、杨慎矜等人，制造了一起又一起冤假错案。同时，他也利用李林甫的权势，达到排斥异己的目的。这时玄宗年岁渐高，心里有什么喜好或厌恶，杨钊都能探听到，所作所为都让玄宗感到满意。于是很快被提拔为检校度支员外郎，兼侍御史，又担任监水陆运使、司农使、出纳钱物使、内中市买使、招募剑南健儿使等职。不到一年，杨钊一人兼十五种使职，转给事中、兼御史中丞，专判度支事务，地位越来越显赫了。在这诸多职务中，最重要的是度支郎官和专判度支事务。度支司是户部的一个部门，户部是国家的财政主管机构，度支“掌支使国用”（《通典》卷23），即编制预算、确定收支，这是非常重要的职务，因为其职责是国家财政中的首要大事。

让度支员外郎，或度支郎中“掌支度国用”——掌管全国财政收支，是唐前期品级较低官员领要职的一个体现。对杨贵妃这样一个远亲，该任命个什么官，玄宗大概费过心思，玩樗蒲游戏时，发现杨国忠“钩校精密”，觉得他是一个当会计的料。而度支员外郎、度支郎中级别不高，却职位重要，任用他既说得过去，又是一个美差。杨国忠干得不错，对百姓搜刮用力。天宝八载（749年），玄宗召公卿百官参观左藏库（长安贮纳庸调物及折租的仓库）。看到仓库里钱货堆积如山，玄宗龙颜大悦，这与度支司长官精于算计有关，是大舅子杨钊的政绩啊，所以玄宗当即宣布赐杨钊金紫，兼理太府卿事。“金紫”是金印紫绶的简称，杨国忠本来没资格佩饰金印紫绶，“赐金紫”是皇上对这种人的恩宠和奖励，可以理解为级别不够，享受某种待遇。太府是太府寺，是管理仓库的机构，受户部的领导。其长官叫太府卿，现在由杨钊兼任。

杨钊专掌钱粮收支重任，每天出入宫禁，越来越受到玄宗宠幸。恩宠渐渐凌驾于李林甫之上，于是开始觊觎李林甫的权势。天宝九载（750年）四月十一日，李林甫的心腹之一御史大夫宋浑犯贪污罪，被流放到潮阳郡（今广东潮阳），当时所谓的天涯海角之地，这是杨钊对李林甫的第一次挑衅。京兆尹萧炅也是李林甫的亲信，也被诬获罪，贬出长安。李林甫眼看心腹被逐，却爱莫能助。这一年十月，玄宗幸华清宫，杨钊借口自己的名字上有金、刀，图谶上不吉利，请玄宗为他改名，玄宗赐其名“国忠”。于是玄宗开始疏远李林甫。

王鉷官拜御史大夫，兼京兆尹（管理首都长安的长官），跟杨国忠一样受到玄宗宠信，但地位和名望都高于杨国忠，他又是李林甫先前所提拔，杨国忠忌妒他与自己分权。天宝十一载（752 年），邢縡密谋作乱长安，案发，牵连到王鉷兄弟，唐玄宗便处王鉷兄弟死罪。杨国忠代王鉷任御史大夫，并代理京兆尹，他利用御史大夫的职权，穷究邢縡一案，逼邢縡交代李林甫交接王鉷兄弟与阿布思的罪行，这时陈希烈、哥舒翰都附和杨国忠，共同做证促成此案。此时李林甫已死，但还未入葬，玄宗下令削夺其官爵，子孙皆流放岭南及黔中，其他依附李林甫者有五十多人被连坐贬官。李林甫的棺木也被剖开换成小棺，只能以庶人的身份下葬。

杨国忠虽无学术，却知道培植党羽、拉拢亲信。他感激阆州人鲜于仲通过去对自己的帮助，推荐他担任益州长史、剑南节度使。过去南诏王常带妻子儿女谒见唐朝都督，要经过云南郡。现任云南太守张虔陀好色，他见南诏王妻女漂亮，皆淫之。他又向南诏王索要各种财物，南诏王阁罗凤不答应，张虔陀派人去辱骂他，又向朝廷密奏阁罗凤的罪状。阁罗凤怨愤，发兵反叛，攻陷云南郡，杀死张虔陀，占领西南地区三十二个羁縻州。唐代在统一边疆各族群地区后，在各族首领原先领地设置府、州、县。大的置都督府，下统州、县，任用原族群首领为都督、刺史，可以世袭，这种府、州叫作羁縻府州。杨国忠建议朝廷，命鲜于仲通率八万精兵攻打南诏。

鲜于仲通在泸南与阁罗凤交战，全军覆没。杨国忠掩盖他的败状，为他虚报战功，又命鲜于仲通上表，请杨国忠兼领益州，朝廷任命杨国忠代理蜀郡都督府长史，充剑南节度副使，知节度事。杨国忠又举荐鲜于仲通接替自己担任京兆尹。杨国忠派李宓率兵七万再次攻打南蛮，李宓渡过泸水，中了南诏诱敌深入之计，进军到和城，由于不习当地水土，没有交战就有十之八九的士卒死于瘴疠。南诏乘势反攻，李宓死于阵前。杨国忠又隐瞒其败状，向玄宗送上捷报。两次南征，死亡达二十万众，朝廷没有人敢检举揭发。不久，杨国忠又兼山南西道采访使。

天宝十一载（752 年）十一月，李林甫死。杨国忠即刻代李林甫为右相，兼吏部尚书、集贤殿大学士，仍任太清宫使、太微宫使、判度支使、剑南节度使、山南西道采访处置使、两京出纳租庸铸钱等使。此时的杨国忠已经是位极人臣了。他本性轻率急躁，说话强词夺理，没有风度。因善于奉迎巴结当了宰相，把国家政务看作是自己决定的事情，裁断大事，果敢不疑。在朝廷上生起气来，挽袖挥拳，摆出一副打架的样子，对公卿大臣文武官员颐指气使，朝廷中没有人不怕他那架势。从侍御史到宰相，曾经担任各种使职四十多种，事务繁多，常常连签一个字的时间都没有。

杨国忠继承了李林甫的传统，他像当年李林甫那样，出行前呼后拥，在家里处理政务。也像李林甫一样，做出决定后，让陈希烈签名。御史台、尚书省的官员有才能名望的，如果不与自己意见一致，都调出朝廷或京城。

这时安禄山特受玄宗恩宠，手握重兵，杨国忠知道安禄山不会甘居其下，想除掉安禄山，多次在玄宗面前说安禄山有叛乱的迹象，玄宗不相信。安禄山身任三道节度使，掌控唐朝东北地区的精兵，的确久蓄异志，只是还找不到借口兴兵，想到玄宗死后，再兴兵谋反。现在他看到杨国忠执政，事事与自己对着干，害怕对自己不利，开始提防杨国忠。

杨国忠任命司勋员外郎崔圆为剑南留后，魏郡太守吉温为御史中丞，充京畿、关内采访处置等使。吉温接到朝廷任命后，去范阳辞别安禄山，安禄山想拉拢吉温，对他特别关照。吉温离开范阳时，安禄山派儿子安庆绪一直把他送出界，为吉温控马走出驿站，走了几十步才停下来，吉温因而对安禄山感恩戴德。安禄山遥领内外闲厩使（京城马政官），就让吉温知留后，在京城负责具体事务。吉温在长安，朝廷的一举一动都通报安禄山，消息一夜间就传达到他那里。杨国忠在玄宗跟前诋毁安禄山，很快便有人告知安禄山，杨国忠与安禄山的矛盾逐渐公开并尖锐起来。

玄宗想任命安禄山为“同平章事”，即宰相，已经命张垍起草了制敕，杨国忠一听说，急忙劝阻。他跟玄宗说：“唉呀呀，安禄山怎么能当宰相呢！他虽有军功，可是连字都不识的，怎么能当宰相呢？这道任命书发下去，恐怕周边各族都会轻视唐朝。会说我们大唐没有人了，让个文盲当宰相。”玄宗收回了成命。这叫安禄山知道，还不怨恨杨国忠？于是朝廷加安禄山左仆射，赐他一个儿子三品官、一个儿子四品官，算是对安禄山的补偿。

安禄山想要兼领闲厩使、群牧使，玄宗答应了。安禄山又要求身兼群牧总监，当时唐朝有四十八个牧马监，群牧总监则是这些牧马监的总管，即全国马政官。安禄山要把牧马监统统置于自己的控制之下，玄宗又答应了。安禄山奏请朝廷，任命御史中丞吉温为兵部侍郎，充闲厩副使，这一下杨国忠知道了吉温原来是安禄山安插在朝廷的钉子。

安禄山暗中派亲信从各牧监挑选数千匹最优良的战马，另外饲养，以备军用。

与此同时，安禄山还上奏："我部将士在讨伐奚、契丹、九姓、同罗等的战役中，战功很多，希望朝廷不拘常格，超资加赏，请发给一部分空名告身，让我颁发给立功将士。"告身是古代授官的凭信，类似后世的委任状。没有填写姓名和职务的称为空名告身，手握这些空名告身等于拥有了人事权。玄宗答应了他的要求，于是安禄山军中一下子有五百多人被任命为将军，有二千多人被任命为中郎将。安禄山已经决定发动反叛，以此收买人心。安禄山向玄宗告辞，返回范阳，玄宗脱下身上穿的衣服赐给他，安禄山心中暗自惊喜，觉得黄袍加身是一个吉兆。

当安禄山从长安启程时，玄宗令高力士在长乐坂设宴饯行。高力士回来，玄宗问他安禄山对长安之行是否满意，高力士说看他怏怏不乐，肯定是因为他知道要任命他为宰相而朝廷又收回了成命。玄宗告诉杨国忠，杨国忠说："这件事别的人都不知道，只有张垍兄弟知道，肯定是张垍兄弟告诉他的。"玄宗很恼火，贬张均为建安太守，张垍为卢溪司马，张埱为宜春司马。身为高官的张垍兄弟会把朝廷此次重大任命和决策告知安禄山，说明唐朝所谓保密制度充满漏洞。安禄山担心杨国忠上奏把他留在长安，因此走出长安后，快马加鞭地过了潼关，然后乘船顺黄河而下，命沿岸船夫都手执绳板站在岸边等候，十五里一换人，日夜兼程，一天行数百里，从各郡县经过都不停船。

天宝十四载（755 年）二月，安禄山派副将何千年入朝上奏，请用三十二名蕃将代替汉将，玄宗立刻答应，并发给告身。新任宰相韦见素认为安禄山早就有叛唐之心，现在又提出这样的请求，他叛变的野心已经昭然若揭。于是极力陈说安禄山已有反叛迹象，他请求以蕃将代汉将，不可答应。玄宗不高兴，此时的玄宗对安禄山信任无比，如果有人告发安禄山谋反，就命人把告发者捆起来送给安禄山。当宰相的还如此不识时务，又说安禄山反，虽然不能把宰相也送给安禄山处决，玄宗心里毕竟不畅快。杨国忠察言观色，犹豫半天没有敢说话。

杨国忠、韦见素见无法说服玄宗，便另想办法，他们向玄宗建议："召安禄山进京为宰相，任命贾循为范阳节度使，吕知诲为平卢节度使，杨光翙为河东节度使。那么安禄山的兵权就被分解了，这样也可以判断安禄山是否真有反心。"玄宗觉得这个办法可行，可是已经草拟了制书，他又留下来没有发出去。他觉得这样架空安禄山，可能会使安禄山不快，如果安禄山并无他心，岂不冤枉了他。还是再调查一下再说。于是玄宗又以赐安禄山珍果为名，派中使辅璆琳去范阳，目的是观察范阳的情况有无变化。

常言说"当断不断，必受其乱"，玄宗这一犹豫，断送了防止大乱，至少也陷安禄山以被动的最后一个机会。安禄山厚赂辅璆琳，辅璆琳回到长安，大夸安禄山竭忠奉国、没有二心。玄宗告诉杨国忠等人说："安禄山，我以诚心对待他，他肯定不会产生叛逆之心。东北方面的奚、契丹，常犯边境，靠安禄山驻兵镇守，我以皇帝的身份替他担保，你们不必担忧！"杨国忠等人驾空安禄山的计划破产了。

安禄山回到范阳后，反心已决，朝廷每次派使者来，他都推说有病，不出面迎接，直到把警卫安排好，才会见来使。安禄山见到皇使，没有身为臣子的起码礼节。长安这边，杨国忠每天都在调查安禄山反叛的证据，他指使京兆尹派兵包围安禄山在长安的府第，抓捕安禄山的宾客李超等人，送到御史台的监狱里，偷偷杀掉。安禄山的儿子安庆宗娶皇室之女荣义群主，任太仆卿，在长安供职，派人密报安禄山。安禄山十分害怕，因而更加紧锣密鼓地策划谋反行动。这年六月，玄宗因为儿子成婚，亲手写诏书请安禄山来长安参加婚礼，安禄山以生病为由不来赴会。

七月，安禄山上表，向朝廷献三千匹马，每匹马安排两名执控夫，派二十二名蕃将押送。河南尹达奚珣担心安禄山使人袭京师，上奏玄宗，建议："告诉安禄山，应该等到冬天再进车马，由朝廷派人领取，不必烦扰本军。"这时玄宗逐渐有所察觉，开始怀疑安禄山。辅璆琳受安禄山贿赂的事被人揭发，玄宗找个借口把辅璆琳乱棍打死。

玄宗又派中使冯神威去范阳，带着自己亲手写的诏书见他，要求安禄山按达奚珣的建议去做，而且还说："朕为您新作一池温汤，十月在华清宫等您来洗浴。”冯神威至范阳宣布诏旨，安禄山盘腿坐在榻上，稍微抬抬身子，并不下拜，只是懒懒地说了句“圣人安稳”，表示对皇上的问候。安禄山称玄宗为“圣人”。又说：“马不献也就算了，十月里我肯定去长安。”然后就命左右领冯神威到馆舍，再不见面了。几天后打发冯神威回京，也没有谢表。冯神威回到长安，一副惊魂未定的样子，见到玄宗就涕泪横流痛哭起来，说：“奴才差一点儿见不到大家！”在唐朝宫中，人们都称皇上为“大家”。

安禄山身兼三镇节度使，专制三道，早就产生了反叛的念头，十年来他一直在积极进行发动兵变的准备，可以说蓄谋已久。杨国忠执政，与安禄山发生矛盾，多次说安禄山要反，玄宗不听；杨国忠又多次冒犯安禄山，想让安禄山早点行动，以证实自己的先见之明，安禄山觉得拖延下去可能会对自己不利，于是决定尽早动手。因此也可以说杨国忠的做法是安禄山造反的催化剂。杨国忠治国，像幼稚的儿童用小草戳逗一只卧虎，激得老虎不得不早点跳起伤人了。

安禄山与孔目官、太仆丞严庄，掌书记、屯田员外郎高尚，将军阿史那承庆等人密谋，其他人都不知内情。但大家都看到自八月以来，安禄山常常宴飨士卒、秣马厉兵，多少感到有点儿奇怪。正好范阳奏事官从长安回来，安禄山就诈称奏事官带来了玄宗的敕书，把将领们全都召集过来开会，说：“我接到皇上的密诏，命我率兵入朝诛杀杨国忠，各位应该立刻随军出征。”大家都很吃惊，互相观望，但没有人敢发表不同意见。十一月九日，安禄山正式起兵，一个巨大的火药桶便这样被引爆了。

姑息养奸：唐玄宗自食其果

在阻止安禄山发动叛乱的道路上，有一块巨石拦路，这块巨石就是玄宗皇帝。没有人搬动这块石头，安禄山便始终获得一种庇护。

在中国历史上，唐玄宗是少数几位既励精图治有所作为又奢侈享乐导致国家破亡的皇帝之一。与他的名字有关的两个重要的历史名词，一个是“开元盛世”，另一个是“天宝之乱”。正负对应，天地悬殊，但他的政绩却不能用数学上的正负相抵等于零来评判，他的正面功绩和负面失误都同样给后世留下了深远的影响。

能否阻止或者避免安禄山发动叛变，最关键的人物一直是最高统治者唐玄宗。直到安禄山起兵，玄宗一直掌握着朝廷大权，李林甫专权也好，杨国忠专权也好，谁也取代不了他的地位。他虽然年事已高，但他不点头，任何事情都不能推进。对于安禄山的叛变，不是他没有能力阻止，实际上是他一直不相信安禄山会反。

任何事件的发生都有其必然性，但并不是所有发生了的事情都是不可避免的。处置得当，许多事情本来可以化险为夷。即便当时危机四伏，按下葫芦浮起瓢，动乱必然发生，但也可能是在别的地方爆发。一件惊天动地的大事发生，不可能没有任何迹象可循。一件惊动天下的事件，可以瞒得住一个人，或一部分人，却不可能瞒住天下所有的人。安禄山谋反的动向，早就有人察觉，也有人明里暗里告诉过玄宗，但玄宗不肯相信。

安禄山的叛乱阴谋并不是都掩盖得非常成功，而且安禄山身兼三镇节度使，手下拥有强兵，本身便存在着发动叛乱的严重危险，怎么就始终不能引起玄宗的警惕呢？安禄山拍马屁的水平并不算高明，他说的话极其浅薄，其中的虚情假意都是极容易被看穿的，可是玄宗怎么就深信不疑呢？

李林甫活着时，安禄山觉得自己没有李林甫狡猾，不敢轻举妄动。他只能悄悄地做点儿准备，在雄武城贮存点儿兵器，已经被王忠嗣看破玄机，王忠嗣反映了不只一次，玄宗却毫不介意。及至杨国忠为相，安禄山瞧不起他，经过长期的准备，安禄山叛变的条件已经成熟，更不把杨国忠看在眼里，因此将相间产生了嫌隙。杨国忠一再坚持安禄山可能谋反，玄宗都不听。太子李亨也察觉到安禄山反叛的迹象，告诉玄宗，玄宗也不相信。发展到后来，许多人告诫玄宗，安禄山有反叛的可能，但都动摇不了玄宗对安禄山的信任。玄宗甚至把告发安禄山的人绑送给安禄山处理，对安禄山的信任，几乎达到了一种变态的程度。这其中的原因到底是什么呢？

我们认为，玄宗对安禄山叛变始终不加戒备，除了安禄山故作憨愚给玄宗造成了错觉外，应该从唐朝建国以来的政治斗争来了解玄宗的心理。一百多年来，唐王朝政治上的斗争主要表现在宫廷政变上。唐太宗发动玄武门兵变，杀死哥哥李建成和弟弟李元吉，逼父下台；武则天把亲生儿子杀的杀、放的放，终于篡位夺权，再诛杀李氏宗室。张柬之等人发动政变，逼武后让位，拥立中宗复辟；太子重俊发动政变，诛杀武三思，率兵众杀入内宫，以失败告终；韦后和安乐公主合谋，毒死中宗，十六岁的太子李重茂即位，韦皇后临朝称制；太平公主、李隆基联手消灭武韦集团，扶持睿宗上台。中宗次子李重福阴谋在东都洛阳叛乱，自立为帝，被洛州长史崔日知平定；太平公主策划废黜李隆基，李隆基却反过来收拾了太平公主，独掌大权。一直以来，唐朝政治上的斗争，或最高权力的争夺主要在皇室内部，一场又一场流血的、不流血的政变令人触目惊心。

玄宗年轻时亲眼目睹或亲身经历了一系列的宫廷政变，这对他的心理影响非常深刻。因此我们推测，他即位以后，所感到对皇权的威胁仍是朝廷高层和皇室内部。玄宗和他的宰相们如姚崇等人认真总结了“再三祸变”的起因，极力避免重蹈覆辙，以安定皇位。他们采取的重要措施有如下三个方面：一是不用功臣，二是诸王外任和伺察，三是整顿禁军。

那些功臣地位特殊，有号召力，能够影响甚至动摇皇帝。玄宗采纳了姚崇的建议，把拥立玄宗为帝的功臣们都一个个罢免，或调到外地任职，或解除实权，虚职架空。如郭元振、张说、刘幽求、钟绍京、王琚、崔日用、魏知古等人，都在玄宗夺权的斗争中立过大功，先是受到重用，任为高官，但不久都或被罢职，或被外任，或被流放。玄宗在位时任用的宰相，如果考察一下他们的出身，大致有两类：一是边帅，出将入相，这种情况后来被李林甫杜绝；二是门第不高，也没有太多的政治资本，如张九龄、李林甫、杨国忠等，他们不可能在朝廷形成大的势力。所以，尽管后来李林甫、杨国忠等人专权自恣，还是得讨好玄宗，都要看玄宗的眼色行事。

李氏诸王也常常是祸乱的根源，因为只有他们才有可能在政变中被人拥立为帝，成为对皇权的直接威胁。玄宗即位不久，根据姚崇的建议，命诸王外任刺史。开元二年（714 年）六月，以宋王李成器兼歧州刺史，申王李成义兼幽州刺史，豳王李守礼兼虢州刺史。七月，以岐王李范兼绛州刺史，薛王李业兼同州刺史。考虑到诸王未必有行政能力，而且朝廷并不希望他们掌握地方实权，因此特作如下规定：州务由州长史、司马主持；外任刺史诸王不得经常回京师，每季二人轮流入朝，周而复始。

后来政局稳定后，朝廷陆续召回外任诸王，但并没有放松对他们的警惕，“上禁约诸王，不使与群臣交结”（《资治通鉴》卷212）。我们看到开元十年（722 年）的《诫宗属制》云：“自今以后，诸王、公主、驸马、外戚家，除非至亲以外，不得出入门庭，妄说言语。所以共存至公之道，永协和平之义，克固藩翰，以保厥休。贵戚懿亲，宜书座右。”玄宗把亲王们的日常生活和行动置于严密的监控之下。这种严控诸王的作法，是非常不人道的，在这样的制度下，身为皇室的人皆形同禁囚。至于玄宗有时亲赴诸王住处，赐金分帛，都不过是他掩盖其提防猜忌心理的面纱而已。

从唐初李世民发动玄武门之变以来，唐朝一系列的宫廷政变常与北门禁军有关系，故而玄宗非常注意对北门禁军的掌控。他先是重用心腹王毛仲掌管禁军，当王毛仲权势过高时，又及时解除了他的兵权，把他流放。接着任命“淳朴自俭”的陈玄礼为禁军将领，陈玄礼对玄宗忠诚不二,一直到安史之乱发生，禁卫军没有发生过类似过去参与宫廷政变的行动。

在防范政变方面，玄宗用心极细。他注意到在历次政变中，常有僧道，即和尚、道士参与其中。这些人与朝官相勾结，而且利用宗教迷信，妄说天象吉凶，为一些人谋反篡位制造舆论，还利用他们的特殊身份出入达官贵人之家，传递情报和消息。所以，他即位不久就下了一道诏书，禁止百官与僧道交往。诏书中指斥那些僧人、道士“诡托禅观，妄陈祸福，事涉左道，深斁（败坏）大猷（道术）”。并规定谁家有婚丧之事，需要请和尚道士设斋做法事，必须向州县打报告，指定人数。违犯者，御史台和金吾卫可以随时抓人。

在防范政变、巩固皇权的各种措施都取得良好效果以后，玄宗的心里便产生了强烈的安全感。从唐朝建立以来，还没有发生过统兵的将军发动叛乱的严重事件，没有前车之鉴，不太容易产生后事之师。不仅本朝，再回溯一下唐以前的历史，由边将发动叛乱成功的例子也极少。改朝换代要么是农民战争，要么是大丞相篡位，要么是北方那些游牧民族一窝蜂地涌进中原，这可能是他对安禄山放松警惕的原因之一。

不光是他，宰相李林甫也没有意识到这一点，所以他才敢放手让那些蕃将常任久戍，拥强兵保卫帝国的边境。

玄宗在处理安禄山的问题上，缺乏他早年那种明察果断的作风，也与他年事渐高，追求高居无为有关。

中国传统的政治理念，不外四种。一是老子的政治哲学，“无为而治”，统治者顺应社会发展的规律，听任自然，不无事生非。二是以韩非子为代表的法家学派早就提出的统治者采取高压政策，严刑峻法，暴政临人。三是儒家所谓仁政理想，统治者发政施仁，君贤臣良，以德治国，物阜民康。四是礼法并用，礼以导人，法以禁暴，从而保证国家机器正常运转。作为政治智慧，四者并无高低优劣之分，只在政治家因时制宜，灵活运用。

大抵的情形是物极必反，一张一弛。秦朝施以暴政，民不聊生，终于激起陈胜们造反。汉初接受这一教训，便以黄老思想作为统治思想，实行无为之治。及至朝廷无为，地方诸侯王坐大，朝廷便又变无为为有为，汉武帝便内削诸侯、外击匈奴。唐朝至玄宗即位时，由于武则天以来的高压政策，宫廷政变迭起，政治空气异常恐怖，玄宗便举起无为而治的大旗，缓和了社会矛盾，也使国家一步步走向强盛。

历来的统治者于政局稳定时，一般都会产生某种程度的知足保和思想，追求享乐，奢侈淫逸。玄宗是唐朝皇帝活得年岁最大的一位，也是执政时间最长的一位，他从 712 年即位至 756 年，即肃宗至德元年退位，当了四十五年皇帝。他的政治作为和思想表现大致可以从中间断开，前期勤勤恳恳，励精图治；后期则自满自足，渐肆奢欲——越来越纵情地追求奢侈享受。

张九龄任宰相时，正是玄宗从早年励精图治到后期渐肆奢欲的转变时期，他一方面越来越听不进相反意见，一方面仍不时表现出尚不失明察卓识的君王气度。开元二十四年（736 年）八月五日是玄宗的生日，群臣都进献宝镜祝寿。张九龄认为，以镜自照，能看到自己的容貌；用古人的得失对照自己的言行，能够认识到吉凶。所以他与众不同，撰成五卷书，讲述前代兴盛与衰废的根源，名为《千秋金镜录》，献给玄宗。玄宗知道张九龄用心良苦，特意写了一封信表彰他。

这一年，玄宗从东都回到长安。李林甫知道玄宗对频繁东幸有厌倦之意，就和牛仙客谋划增加长安附近各道的粟赋征收，通过和籴的办法，充实关中粮仓。所谓和籴，就是政府向民间强制征购粮食，强制农民以低价出售粮食，或先赊购而后付钱。开元二十五年（737 年），是关中经济形势好转的重要年头，从这一年开始，玄宗不再东幸洛阳。这一年有许多事情使玄宗感到心情舒畅，由于裴耀卿的努力，疏通了东都和长安间的黄河漕运，历年来关中地区常常遇到的粮荒得到了解决；经过多年的积蓄，长安粮仓逐渐丰满。此后玄宗一直感到高枕无忧，日益耽于享乐。

天宝三载（744 年）的一天，玄宗和高力士闲聊，征求高力士的意见，他说："老高你看，我不出长安快十年了，天下太平。我也该享享清福了吧，朝廷的事务呢，交给李林甫去办，你觉得怎么样？"高力士回答说："天子巡视各地，是自古以来的制度，可以使皇上更多地了解下情。而且朝廷大权是不能交给旁人的。他的权势威望一旦形成，就没人敢议论他的是非，那样他的威望就可能超越皇上，那还不把皇上您给驾空了！”高力士的话里包含着批评，玄宗顿时不高兴。高力士赶紧跪下，叩头谢罪，说：“奴才头脑发昏，胡言乱语，罪当万死！”玄宗看高力士可怜巴巴的样子，有点儿过意不去，为他设宴饮酒压惊，旁边的人看到玄宗原谅了高力士，都高呼万岁。高力士从此不敢再对朝廷事务随便发表意见，说话时总是小心谨慎、注意分寸，害怕说错了得罪李林甫，惹玄宗生气。

玄宗当然也没有听进高力士的意见。当玄宗放手让李林甫执政时，随着年事渐高，他越来越感到自己有必要好好享受一番了。杨玉环的入宫，令玄宗的晚年有如焕发了“第二春”。杨玉环入宫历来被人们认为是玄宗腐化堕落的主要原因，虽然笔者不太同意这种说法，但此事对玄宗晚年生活和思想肯定产生过负面影响，也是不必讳言的。

白居易的《长恨歌》描写杨玉环入宫后的生活：“天生丽质难自弃，一朝选在君王侧。回眸一笑百媚生，六宫粉黛无颜色。春寒赐浴华清池，温泉水滑洗凝脂。侍儿扶起娇无力，始是新承恩泽时。云鬓花颜金步摇，芙蓉帐暖度春宵。春宵苦短日高起，从此君王不早朝。”自从有了杨玉环，玄宗就有了睡懒觉的习惯，懒得打理朝政了。

杨贵妃恃宠，生活骄奢，“玄宗凡有游幸，贵妃无不随侍，乘马则高力士执辔授鞭。宫中供贵妃院织锦刺绣之工，凡七百人，其雕刻熔造，又数百人”（《旧唐书·后妃传》）。贵妃生于蜀中，喜吃带叶鲜荔枝，玄宗为了满足她的嗜好，不惜耗费人力物力从千里外的蜀中运到长安，后知岭南所产荔枝更胜蜀中，则每岁令人飞驰进献，人不过宿，马不停蹄，人马有累死于道者。晚唐诗人杜牧作《过华清宫》诗讽刺此事："一骑红尘妃子笑，无人知是荔枝来。"玄宗"视金帛如粪壤，赏赐贵宠之家，无有限极"。(《资治通鉴》卷216）杨贵妃的姐妹兄弟五家争相攀比修建华丽的第舍，一堂之费，动逾千万。皇亲贵戚向玄宗进奉的精美肴馔，一盘就相当于十户中等人家的家产。

玄宗晚年的情感生活，就沉浸在与贵妃的恩恩怨怨温柔富贵乡里。杨贵妃因骄纵使性，亦曾触怒玄宗，一次以妒悍忤旨，玄宗令高力士把她送还杨铦宅。但玄宗很快便思念不已，时过中午，还无心吃饭，动不动就发火。高力士察知玄宗本意，请召贵妃还宫。玄宗重见贵妃，恩宠又过平时。杨贵妃成为玄宗的情感所系和精神依赖。又一次是天宝九载（750年），贵妃因吹宁王玉笛，又忤旨，送归外第。贵妃悔恨号泣，抽刀剪下自己的头发，请高力士转交玄宗，并转告玄宗："珠玉珍异，皆上所赐，不足充献，唯发父母所生，可达妾意，望持此伸妾万一慕恋之诚。"玄宗得发，挥涕悯然，急命高力士将贵妃迎回。这次召归后，杨贵妃更受宠嬖。

天宝年间，玄宗荒淫腐化、政治黑暗，不能归罪于杨贵妃，史书中并没有看到杨贵妃干政的记载。但如前所述，其堂兄杨国忠因裙带关系而任宰相，结党营私、贿赂公行，造成天宝末年的政治黑暗，对战乱的发生负有不可推卸的责任。

太平的社会，温柔风流的生活，越发使玄宗感到人间可恋。但面对岁月流逝、老境将至，他当然也产生贪生怕死的意念，几位具有杂技魔术技艺的道士引发了玄宗的求仙学道之欲。

玄宗早年提倡道教，但那是出于政治目的，抬高老子的地位。唐朝统治者为了提高自己的门第，认老子为祖先，所以尊崇道家与道教。后来武则天要代唐为帝，就故意贬低老子的地位，大力提倡佛教。至玄宗为帝，扬道抑佛，有拨乱反正之意，同时推崇道家清静无为学说，以缓和武则天以来紧张的政治气氛。但那时他对道教神仙之说却不屑一顾，他说："仙者凭虚之论，朕所不取。"——那些自称得道成仙的家伙毫无根据的荒诞言论，我是从来不相信的。他下令把集仙殿的名字改为集贤殿，在摒弃神仙的同时，渴求贤臣名相。

开元二十二年（734年），玄宗四十九岁，他在洛阳见到方士张果。张果这个人玄宗早就听说过，据说"玄宗初即位，亲访理道及神仙方药之事，及闻变化莫测而疑之"，——他对张先生的魔术杂技之类表示怀疑。这次不同了，亲眼看到张果那些近乎魔术般的表演，玄宗大受迷惑，"上由是颇信神仙"。元代的史学家胡三省注《资治通鉴》时说："明皇改集仙殿为集贤殿，是其初心不信神仙也；至是则颇信矣，又至晚年则深信矣。"为了长生求仙，玄宗一面派人到嵩山等地烧炼长生丹药，一面虔诚祈求神灵。开元二十四年（736年），玄宗在宫中设寿星坛，祭老人星，以求长生。开元二十九年（741年）正月，他告诉大臣们，他每晚都要礼拜老子，有一天晚上他梦见了老子，老子"告我以无疆之体"、"表我以非常之庆"。（《唐大诏令集》卷113）

天宝时，玄宗思慕长生而笃信神仙发展到迷狂的程度。"天宝元年十月造长生殿，名为集灵台，以祀神”（《唐会要》卷30）。沉迷于神仙长生的玄宗，有时会做出令人不可理解的行为，有一次他一本正经地告诉宰相，说他在宫中筑坛祈福，忽然听到空中有语“圣寿延长”，这如果不是玄宗故意骗人，那就是他痴迷状态中的某种幻听现象。于是宰相、太子、诸王都纷纷上表庆贺。上有所好，下之弥甚，许多人投玄宗所好以邀幸取宠。田同秀说在长安丹凤门空中看到了玄元皇帝老子，还说在尹喜故宅藏有灵符，玄宗派人在函谷关尹喜台旁果然发现了灵符。当时就有人怀疑田同秀造假，可是玄宗深信不疑。

此后，各地纷纷仿效，“时上尊道教，慕长生，故所在争言符瑞，群臣表贺无虚月”（《资治通鉴》卷216）。“玄宗御极多年，尚长生轻举之术，于大同殿立真仙之像，每中夜夙兴，焚香顶礼。天下名山令道士、中官合炼醮祭，相继于路，投龙奠玉，造精舍，采药饵，真诀仙踪，滋于岁月”（《旧唐书·礼仪志》）。宰相李林甫把自己的宅第捐为道观，“以祝上寿，上悦”。一年后，清河人崔以清又说：“见玄元皇帝于洛阳天津桥北，玄元皇帝说有灵符在武城紫微山。”玄宗派人去找，又找到了灵符。东都留守王倕知道崔以清造假，以欺君之罪把他抓起来，经审问，崔以清对犯罪事实供认不讳。王倕据实上奏，玄宗并不深究，本来是杀头的罪，只是流放而已。

显然玄宗对制造谣言的人，采取某种鼓励和保护态度。天宝八载（749年），有一个叫李浑的人，召集一伙儿人上书朝廷，声称在太白山遇见了神人，神人说金星洞有玉板石，“记圣主福寿之符”。玄宗信之不疑，立即派官员去查找。果然发现了李浑等人事先埋下的所谓玉板石，玄宗如获至宝。

玄宗晚年的崇道活动，主要是祈求个人的长生不老，那些荒诞不经的谣言，只要与所谓“圣寿延长”“圣寿无疆”沾上边，他就宁可信其有，不愿疑其无。神仙长生之说真就冲昏了这位老人的头脑。玄宗的崇道活动是围绕着崇奉老子而展开的，他不仅每晚对老子顶礼膜拜，而且不断给老子封爵加号。老子最初称玄元皇帝，此后他的名号越来越吓人。

天宝二载（743 年），追尊老子为“大圣祖玄元皇帝”。

天宝八载（749 年），加封老子为“圣祖大道玄元皇帝”。

天宝十三载（754 年），加封老子为“大圣祖高上金阙玄元天皇大帝”。

与此同时，不断在全国范围内增建老子庙，规格也不断提高。老子庙最初叫玄元庙，天宝二年升格叫“宫”，长安跟亳州的老子庙称为太清宫，东京洛阳的称太微宫，天下诸州称紫极宫。诸宫体制规格皆与皇宫相同，祭献太清宫的礼仪与祭献太庙相同。

玄宗还命绘老子像颁布全国，命各地皆铸老子像。

本来，作为个人信仰未必影响到政治，但道教认为，人要长生，除服食修炼之外，很重要的因素是要“清静无为”，修身养性方能延年益寿。因此在长生信仰支配下，玄宗越来越不关心朝廷事务。天宝十三载，也就是安史之乱发生的前一年，安禄山发动兵变的准备已经成熟，玄宗仍然沉浸在天下太平的美梦中。他告诉高力士：“我现在老了，想把朝廷事务交给宰相，边境事务交给各位边帅。还有什么可忧虑呢？”

贵妃和神仙，吸引了玄宗大部分精力；李林甫、杨国忠执政，又堵塞言路，迷惑圣聪。这样，天宝末年的玄宗，一直生活在天下太平的真空幻梦中。忧患兴国、逸豫亡身的古训，在玄宗的理念中不存在了。

玄宗的高居无为，为李林甫、杨国忠专权误国和安禄山发展个人势力提供了机会。

玄宗成了安禄山的保护伞，客观上在培养唐帝国的掘墓人。对于安禄山，玄宗的所作所为，只能用八个字来概括：姑息养奸，养虎遗患。

龙争虎斗

烽烟四起：仓促防御战

长安沦陷：国破山河在

内忧外患：艰难的抗战

生死较量：安禄山遇弑后的战局

光复两京：战乱并未结束

棋逢对手：李光弼与史思明的交手

最后决战：官军收复河南、河北

烽烟四起：仓促防御战

从天宝十四载（755 年）十一月安禄山起兵范阳，至安禄山在洛阳称帝，是其气焰最嚣张的时候，之后一度陷于困境。

（一）消息传至骊山

现在说什么都晚了，安禄山的叛军已经从范阳出发，剩下的就是兵戎相见和军事上的博弈。

安禄山久于用兵、经验丰富，大兵已经出发，他还不忘跟朝廷耍个花招。他派将军何千年、高邈率奚人出身的二十名骑兵先行，声称向朝廷进献射生手，乘驿车至太原。太原是唐朝北京，唐朝有三都，即西京长安，东京洛阳，北京太原。北京副留守兼太原尹杨光翙听说安禄山派人光临，开门出迎，被何千年劫持而去。太原立刻有人飞骑奔骊山报告军情。

此举乃安禄山“声西击东”之计。自幽州向长安，本来有两条路线可走，一条经太原向长安，此为西线，这是当年李渊起兵反隋进入关中的老路。另一条路为东线，经博陵、常山至陈留，然后西向东都洛阳，过潼关至长安。安禄山的主力其实并未沿经太原的西线进逼长安，而且根本没有这个打算，可是安禄山却虚张声势擒获太原守将，目的就是给朝廷造成兵过太原的假象，分散朝廷的注意力和防御力量。

安禄山手下高邈、何千年，都是颇有谋略的人。安禄山出兵前，高邈建议以向朝廷献战马为名，直取洛阳，不要杀杨光翙，以免打草惊蛇，可以神不知鬼不觉拿下洛阳，此计后来夭折。何千年建议，派猛将高秀岩率三万兵马出振武，下朔方，诱使北方各外族夺取盐州、夏州、鄜州、坊州；派李归仁、张通儒率二万兵马经云中郡，取太原；派一万五千名弓弩手入蒲津关，进入关中，引起关中的震动和恐慌；安禄山亲率五万人马，从河阳架桥过黄河，取洛阳；派蔡希德、贾循率两万人马渡海收淄州、青州，造成江淮地区的动荡，那么一举而取天下。

这两个人的建议，都有一定见解，但比之后来安禄山的战略部署，都有短处。高邈的策略可以概括为偷袭。他一开始就盯住洛阳，与安禄山所见相同，洛阳、长安是唐之东、西两都，夺取首都具有象征意义和标志性作用。先取洛阳比较容易，这里路途较近，防备松懈。但行军千里，目标甚大，要做到神不知鬼不觉，几乎不可能。以献马、物为名，动用兵马有限，少量兵马能不能在洛阳站住脚也是问题。天宝十四载（755 年）七月，安禄山请求献马三千匹，每匹牵马夫二人，命蕃将二十二人押送；另有进献朝廷的物品，要装三百车，每车乘三人，经洛阳去长安。这可能就是采取了高邈的计策。但此举立刻引起河南尹——东都洛阳最高长官达奚珣的猜疑，进而令玄宗也提高了警惕，这一招只好放弃了。

何千年的策略可以概括为分路出击、辐射全国，主攻洛阳、对抗长安。他也把主要注意力放在洛阳，与安禄山、高邈见解略同；他一开始就注意到江淮地区的重要，那是天下的“粮仓”，得江淮就能控制唐朝的经济命脉，这是他的远见。但把全部兵马分为四路，陆路有西、西南、南三路，另有海路，战线太长，兵力过于分散。除向南一路取洛阳的战略目标有可能实现外，其他都很难像他设想的那样顺利。向西的一路，三万兵马下朔方，将遇到劲敌朔方军。当时朔方军兵力多少，我们没有确切的数字，但天宝初的数据是六万四千七百人，后来各节镇兵力都有增加，朔方军也不会例外。而且朔方军有一些精兵猛将，战斗力很强。以三万兵马西上，几乎是必败无疑。他寄希望于北方各外族侵占唐朝西北边境地区，成为一种外援，也不是十拿九稳能够成功。西南一路两万人马，过蒲津关有一定困难，即使进入关中，兵力过于单薄，很难产生震动关中的效果，而且容易被吃掉。至于两万人马越海进入山东半岛，孤军深入，悬兵千里，前无接应，后无援兵，要摇动江淮，也只是一个幻想。如果其他三路失利，安禄山一路也难持久。而且，按照何千年的计划，即便得手，也容易造成长安、洛阳两大政权间的对峙，得到个半壁江山。安禄山没有采纳。

安禄山要取洛阳，但偏偏要杀杨光翙。这人是杨国忠的亲信，杀了他既符合自己诛杨国忠的出师理由，而且容易造成声势，引起朝廷对太原一路的重视，转移朝廷的注意力，分散朝廷的防御力量。事实证明，安禄山的这个目的达到了。他不采取分路出击的办法，而是集中优势兵力，一路南下，攥紧一个拳头，重拳出击。不是偷袭，而是突袭，大张旗鼓，迅速推进。他公开举行誓师大会，十五万大兵一路南下，在进军洛阳路上，谁也没有足够的兵力来抵抗。这样做可以说胜券在握，实现预定的目标很有把握。后来的事实证明，安禄山的谋略是成功的。

当时的通信条件，还不能让人打个电话，或发个短信，及时把这个重大事变迅速告诉千里之外的玄宗。玄宗于十月至骊山华清宫，此时正与杨贵妃一起泡温泉。临潼县城南骊山西北麓的华清池，是有名的温泉。传说秦始皇触怒骊山神女，被唾一脸，面部生疮。始皇请求神女宽恕，神女用温泉水给他洗面，治好了脸疮，因而取名神泉汤。唐太宗时在此建温泉宫，玄宗时进行扩建，改名华清宫。玄宗每年十月都要携杨贵妃到华清宫过冬，在此沐浴。杨光翙被抓后，太原有人急忙赶到骊山，他是骑马疾驰而来，向玄宗报告了这个十万火急的军情。隶属朔方军的东受降城守将也派人来到骊山，把安禄山反叛的消息上奏。

玄宗不肯相信，他以为又是忌恨安禄山的人在诬陷，因为在这之前，已经有不少人屡次告发安禄山要反，但安禄山一直没有反。

十五万大军浩浩荡荡南下，势如破竹。

叛军南下的消息不断传来，玄宗仍半信半疑。

十一月十五日，来自各方面的消息都证实了安禄山的反叛，特别是平原郡太守颜真卿派人抄小道送来的情报，使玄宗确信安禄山的确反了。玄宗这才急忙召集宰相商议对策。杨国忠扬扬得意，因为安禄山的行为证实了他的预见。在此之前他多次说安禄山要反，玄宗不相信。为了证明自己有远见，他就想让安禄山早点反，他曾派兵把安禄山在长安的官邸包围起来，把安禄山的几个亲信抓起来杀掉，以激怒安禄山。这个消息被在长安任职的安庆宗及时告诉了安禄山，成为安禄山提前动手的催化剂。

现在安禄山真的反了，他急忙推卸责任，说："我多次说安禄山要反，陛下就是不相信。对这件事，宰相不负责。"但他天真地认为，谋反者只是安禄山一人，将士们一定不会听从他的。不过十天，安禄山必为部下所杀，传其首至骊山行宫。此语一出，大臣们都相顾失色，玄宗却相信这轻敌的见解和浅薄的预言。他派特进毕思琛往东京洛阳，金吾将军程千里往河东，令二人各自募兵数万人，抗御叛军。

乱起幽州，这件事至少对于玄宗皇帝来说，非常意外。到这一年，玄宗登基已经四十三年，他也已经成为一位七十岁的老人，眼看国家越来越昌盛，他越来越沉浸在天下太平的幻觉中。就是在上一年，户部向朝廷的报告中提到，至天宝十三载（754 年），全国一共有三百二十一个郡、一千五百三十八个县、一万六千八百二十九个乡、九百零六万九千一百五十四户、五千二百八十八万四百八十八口，史官们指出，唐朝建立以来，"户口之盛，极于此"（《资治通鉴》卷 217，胡三省注）。要知道，那时政府鼓励增加人口，因为朝廷的赋役是按照丁口的数量征发的，人口多，国家就有更多的劳动力，就有更多的赋税收入，就有更多的人当兵打仗。这些数字都令人振奋。这一年，刚入正月，苏毗国王子又摆脱一直与唐王朝在西北作战的吐蕃的控制，归附唐朝，这也使人产生一种大唐王朝皇威远被的感觉。因此尽管此前不少人都向玄宗指出，天下有大乱的苗头，特别是安禄山最值得警惕，但他总觉得这简直是笑话。天下如此太平，自己待安禄山不薄，他有什么理由要反呢？

一个上了岁数的老人，一生有太多的成功经历，听到太多的阿谀奉承，极容易自以为是。玄宗皇帝的精神和心理已经发展到这个状态。他认为安禄山不会反，别人说安禄山要反，那就只能认为这是对安禄山的嫉妒和谗害。既然安禄山是自己倚重的边将，谗害安禄山就有悖于打造大唐辉煌事业初衷，就是对朝廷边防政策的破坏。据说刚开始有人提醒他安禄山可能有野心时，他只是不相信、不重视。后来有人说安禄山要谋反，他对这种行为开始进行批评，你们不要怀疑安禄山了，这么多年，他不是一直老老实实的吗？但仍有人不顾大体反映安禄山的问题，而且说的人越来越多，玄宗不胜其烦，干脆把反映问题的人绑了，交给安禄山去处理。安禄山处理问题的方法很简单，用刀把那人的脖子一抹了事。

这办法很有效，没有人再敢提安禄山要反了。诗人李白于天宝十一载（752 年）曾到过幽州，时值深秋，他说“十月到幽州”，看到的景象是“戈铤若罗星”，意思说安禄山的防区旌旗蔽野、刀枪耀日，一片杀机。他感到朝廷把东北防务交给这样一位坐拥强兵的蕃人将领，大有痛失国土的感受，所以他说：“君王弃北海，扫地借长鲸。”但李白是经历了几年起初感觉比较好，后来很快就不太愉快的翰林供奉的生活后，才从朝廷中被排斥出来，对上层的内幕和国家的形势有比较清醒的了解，他不敢回长安向玄宗汇报，因为已经有人被玄宗送给安禄山，砍了脑袋。

后来，李白在赠给当时一位叫韦良宰的江夏郡长官的诗作中回忆说，他当时“心知不得语，却欲栖蓬瀛”，他想找个安全的地方去隐居。而且他说：“弯弧惧天狼，挟矢不敢张。揽涕黄金台，呼天哭昭王。无人贵骏骨，騄耳空腾骧。乐毅倘再生，于今亦奔亡。”（《经乱离后天恩流夜郎忆旧游书怀赠江夏韦太守良宰》）他说自己空有替朝廷除害之心，但不敢有什么动作。时无燕昭王那样重贤礼士的君王，自己像一匹千里马无人赏识。在这个充满危险的时代，不要说我是一个写诗的人，就是战国时代的英雄乐毅重生，也一样三十六计走为上。

但是安禄山不会因为玄宗不相信他会反就不反了，他终于打出了反叛的大旗。不过他的旗号是杀宰相杨国忠，而不是反皇帝李隆基。他告诉他的部下，他接到了玄宗皇帝的密旨，命他率兵去长安杀杨国忠，杨国忠是皇帝身边的奸臣，他的光荣而重大的使命是“清君侧”。这个策略可能是他身边几位高明的谋士高尚、严庄之流制定的。安禄山要反，当地有一位叫李克的老寿星曾加以劝阻，他的理由是“师出无名必败”（《姚汝能安禄山事迹》卷中），安禄山和他的谋士们便要找个光明正大的理由，有个借口才能号令三军。不管人们是否相信，你反对出兵，就是违反皇命，就犯杀头的罪，谁敢不听！而且安禄山告诫他的将士们，军令如山倒，对出兵之事只能服从，不准议论。谁妄言军事，有扰乱军心者，不仅自己要掉脑袋，而且“斩及三族”。

现在，玄宗终于接受了这个很难令他置信的事实，与贵妃一起沐浴温汤的滑腻感觉顿时烟消云散，骊山的冬寒袭上心头。本来玄宗对国家的形势感觉很好，这样一个强盛的唐朝，一个如花似锦的国家，怎么说乱就乱起来呢？现在这种飘飘然的感觉被愤怒、懊悔、惶乱所取代，他所面对的是一股滚滚铁流正汹涌而来。

（二）仓促防御战

天宝十四载（755年）十一月，安西节度使封常清入朝觐见，至骊山。玄宗问以讨贼之策，封常清信心十足地说：“天下太平日久，人们望风畏惮。但事有逆顺，势有奇变。如果皇上允许我驰马至东京，开府募兵，北渡黄河，计日取安禄山之首献于阙下。”——我可以算好日子，把安禄山的头给陛下提来。

封常清可能在西域打了太多的胜仗，过于自信了。后来的事实证明，他不但没有提着安禄山的头来见玄宗，自己的头反而被自家人砍了。

他这一番豪言壮语像一针兴奋剂，使忐忑不安的玄宗皇帝顿时感到一丝宽慰，此时此刻，他最想听到的就是这句话。他立刻任命封常清为范阳、平卢节度使，填补安禄山叛乱后朝廷在这两地的权力真空，这当然在实际上只能算虚职。封常清当天乘驿马上路，赴东京募兵。十日内得六万人，断河阳桥，做守御的准备。

十一月十九日，安禄山至博陵城南，何千年等执杨光翙见安禄山。安禄山斥责杨光翙依附杨国忠，杀杨光翙示众。安禄山派安忠志率精兵驻守土门，委任张献诚代理博陵太守，而后继续南下。至藁城，常山郡太守颜杲卿兵少将寡，力不能拒，与长史袁履谦前来迎接安禄山，安禄山赐颜杲卿金紫——即金印紫绶，以其子弟为人质，令颜杲卿仍为常山太守。又命其部将李钦凑率兵数千守井陉口，以防备河东路兵马东出，越太行山，切断来路。颜杲卿在返回常山郡城的途中，指着身上穿的安禄山赐给的衣服说："我们不该穿这种衣服啊！"袁履谦明白他的意图，暗中与颜杲卿谋划起兵讨击安禄山叛军。

二十一日，玄宗从骊山返回长安，他做的第一件事，就是杀正担任太仆卿的安禄山的儿子安庆宗。这安庆宗与皇室联姻，娶了荣义郡主，也算是皇亲国戚，但他在长安充当了安禄山的内线。同时，玄宗赐其妻荣义郡主自尽，因为她连自己的丈夫也没有监督好。玄宗给安禄山下了最后一道诏书，严厉斥责安禄山的叛逆行为，但允许他洗心革面，只要停止行动，回到朝廷，朝廷既往不咎，也算给他最后一个机会。安禄山也回了一封信，措辞非常傲慢，差点儿把老皇帝气死。

玄宗开始布置防御和反攻。安思顺任朔方节度使，掌握着西北劲旅朔方军。考虑到安思顺与安禄山的特殊关系，先解除了他的兵权，调他入朝任户部尚书，其弟安元贞为太仆卿。此前安思顺曾告诫过玄宗，说安禄山有异志，请朝廷提防，所以玄宗不因安禄山叛乱株连安思顺。以朔方节度右厢兵马使、九原太守郭子仪接替安思顺，为朔方节度使。这成为郭子仪崭露头角的开端。

以右羽林大将军王承业为太原尹，加强西线防御；又任命程千里为上党长史，置河南节度使，任命卫尉卿张介然担任，领陈留等十三郡，以加强东线防御。这是唐朝在内地设置的第一个节度使，河南（今洛阳一带）成为在内地设置的第一个大军区。凡叛军进军途经之地，各郡都置防御使，这也是内地各郡置防御使的开端。唐朝的军事格局一日间发生了全盘变化。

玄宗的布置兼顾了东、西两线，其目的是拒安禄山于东都洛阳之北，并防止叛军西进。接着组织对叛军的反攻，第二天，他任命荣王李琬为元帅，右金吾大将军高仙芝为副元帅，统诸军东征。高仙芝是唐朝名将，在西域屡立战功。玄宗拿出内府钱帛，在京师募兵，编制十一万人，号称“天武军”，希望在十日内集合完毕。但这一意图没有实现，高仙芝统兵出征时，所将飞骑、彍骑及新募兵、边兵之在京师者全数仅五万人，说明他并没有招满十一万之数。而且，这些新兵都是平时养尊处优、游手好闲的市井子弟，缺乏基本的训练。因此，高仙芝统率的军队不能构成反击的力量，仍然只能处于守势。

十二月一日，高仙芝带着这群乌合之众从长安出发。部队出潼关，至陕郡。玄宗又派宦官监门将军边令诚为监军。陕郡即今河南陕县，处潼关与洛阳之间，过去皇帝往来于东、西两京，这里是重要的中继站和补给站，洛阳与长安之间的陆路运输、黄河漕运都以此为中转。但周围无险阻，不具备军事防守的意义。玄宗的意图很明显，高仙芝的部队是作为封常清的后援部队派出的。职责不是守潼关，也不是守陕郡，而是东征。高仙芝在这里是临时驻扎。

第二天，安禄山率军自灵昌郡渡过黄河，灵昌郡的治所在今河南滑县。此时，天寒地冻，叛军用绳子连接破船及草木，横断河流，一夜间结冰如浮桥，于是顺利过河，直逼重镇陈留郡（在今河南开封东南）。安禄山的叛军，不论步兵，还是骑兵，都是散漫不成队列。因此，人们只看到遍地胡兵，不知其数量多少。叛军烧杀抢掠，所过之处，鸡犬不留。张介然刚到陈留没有几天，叛军就兵临城下。守军登城，望叛军声势，都胆战心惊，人无斗志，无法组织防守。十二月五日，陈留郡太守郭纳献城投降。

安禄山入陈留北郭（外城为郭），儿子安庆绪来到安禄山的轿子跟前，说看到城门上贴着朝廷处死安庆宗的告示。听说安庆宗被杀，安禄山放声大哭，说："我替朝廷除害，有什么罪？却杀我的儿子！"这当然是说给旁人听的，他比谁都清楚，玄宗为什么要杀他的儿子。杀了安庆宗，其实也是揭穿安禄山奉命讨贼的谎言。当时陈留郡投降的将士近万人，夹道迎接安禄山入城，安禄山却把这些放下武器的士兵全部杀掉，并斩张介然于军门，以泄失子之忿。

安禄山率军向荥阳进发，荥阳守军士兵都未曾见过战斗场面，登上城墙，听到鼓角震天，心胆俱裂，不少人从城头上掉了下来。史书上用"自坠如雨"来形容，不免夸张，但也说明荥阳的守军其实是不堪一击的，因此安禄山轻而易举地拿下了荥阳。

其时，叛军声势益振，安禄山命田承嗣、安忠志、张孝忠为前锋，继续西进，向东都洛阳进发。洛阳城南有伊阙，北有邙山、黄河，西有潼关，东面在荥阳和洛阳之间，最险要的地方是武牢关。武牢，通常叫作虎牢，唐时避李渊的爷爷李虎的讳，改称武牢。虎牢在今河南荥阳汜水镇，相传周穆王获得一只猛虎，装在笼子里，养在这里，故称虎牢。城筑在大伾山上，形势险要，为军事重镇。

封常清的目的是挑鞭过黄河，并不是守洛阳。因此已经从洛阳东出，来到这里。而且，即便从防守洛阳的角度考虑，也不能驻兵不前。因为总不能等敌人兵临城下，再与敌人交战，那就大大被动了。他率兵到武牢，这里在洛阳以东约一百五六十里处。要不是叛军打来，他还可能继续东进，然后渡河北上，迎击叛军。但没有想到敌人进军这样迅速。荥阳离武牢只有几十里，叛军攻下荥阳西进，两军在武牢相遇了。封常清招募的兵士只是一群乌合之众。你想，这些新兵只用了十来天的工夫就走上了前线，哪有时间进行操练？封常清纵有天大的本事，这么短的时间，也不可能把一群没有经过战阵的市井商贩，训练成有战斗力的精兵啊。两军一交锋，叛军以铁骑横冲直撞，唐军大败。叛军的精骑第一次发挥了“坦克加飞机”的威力。

封常清整顿余众，向西撤退，虽在一个叫葵园的地方利用部队里一批来自中亚粟特称为“柘羯”的战士，进行了一下抵抗，但仍不能阻挡叛军精骑的进攻。唐军退至洛阳上东门内，进入了洛阳外城，上东门是外城东面三门最北的一门。在这里唐军继续与叛军交战，结果又败。十二月十二日，叛军呐喊着从四门攻入城中，东都失陷，安禄山纵兵抢掠，繁华的东都第一次遭受破坏。

讲到这里，我们需要把唐朝东都洛阳城的结构布局说一下。唐代东都洛阳与西都长安一样，有外城、皇城、宫城，但又有一个东城即含嘉仓城，是长安没有的。洛阳城的布局也与长安城有不同之处：长安外城在南，皇城和宫城在北；洛阳外城在东，皇城和宫城在西，在宫城和外城之间有东城，因为它在宫城东，故名。含嘉仓城在东城北、宫城东。宣仁门是洛阳东城东面的一门，敌人进入外城后，封常清退守宣仁门，目的是保住东城和宫城。东城很小，过了东城就是宫城。结果他没有守住。从这里往西去就是皇苑，即东都苑，帝王贵族游玩和打猎的风景园林，这里畜养禽兽，种植花木。东都皇苑的位置也与长安不同，长安皇苑在宫城北，称北苑；东都皇苑在宫城西，称西苑。西苑面积很大，“东抵宫城，……周一百二十六里”，四面皆长一二十里，或数十里(《唐两京城坊考》卷 5)。封常清守不住宣仁门，便经东城、宫城，进入东都苑。苑周围有墙，洛阳已陷，只好推倒皇苑西墙撤离。

东都就这样失陷了，它周围那些险要地形都成了摆设。

在东都，唐朝有好几个权力机构：一是河南府，相当于东都洛阳市政府，长官称河南尹；二是东都留守司，即皇帝不在时朝廷分司机构，长官称留守；三是河南道，各道有采访使，采访使通常由留守兼任，采访使下有僚佐，称判官、支使、推官、巡官。河南尹达奚珣投降了安禄山。东都留守，此时由李憕担任，他告诉御史中丞卢奕说：“我们肩负国家重任，既然无力拒贼，那就只能为国捐躯了！”卢奕答应与他一起殉国。李憕集合几百名残兵，要与叛军决一死战，这仗已经没法打了，拼一个是一个吧。

那些残兵一听李憕的训话，都吓蒙了，就这几个老弱病残，还要跟安禄山的虎狼之师作战，什么叫以卵击石，这现成就是嘛！我们可不跟你一起去玉石俱焚。谁还管什么舍生取义的道理，都扔下李憕散去了，留下李憕一个人独坐府中。卢奕倒是有气节操守，他先派妻子和儿子怀揣御史台大印，走偏僻小道去长安，防止落入敌手，自己身穿朝服坐在御史台衙门里，坚守岗位。此时他手下的人也都走光了。

安禄山驻兵闲厩，即东都的御马厩，皇家养马的地方。安禄山部下骑兵数量众多，所以驻屯此处。然后派人到东都留守司衙门生擒李憕、卢奕和河南采访使判官蒋清，几个人被押解过来，安禄山一看，都是视死如归的主儿，也不多问，全都杀害。

洛阳，为叛军所有，安禄山实现了他的第一个战略目标。从范阳到洛阳一千六百里，叛军仅用了三十三天，便占领了作为唐朝东都的这座重要城市。安禄山的部队是以每天六十里，即两驿的路程行进的，即便在没有遇到任何敌军、连续行军时，也需要大约二十七天左右。这样一边打一边前进，只用了三十多天，说明他的部队一路上没有遇到实质性的抵抗。只是陈留郡、荥阳郡制造了一点儿小麻烦，封常清制造了一点儿大麻烦，但都没有阻挡安禄山进军的步伐，只是稍有拖延而已。

诗人李白，此时正在庐山隐居，听说洛阳失陷的消息，非常痛心，留下了千古流传的诗篇《古风 · 其十九》，其中有云："俯视洛阳川，茫茫走胡兵。流血涂野草，豺狼尽冠缨。"

自范阳起兵以来，很多人都认为安禄山败不旋踵，可是事实却与人们的想象大相径庭。唐朝郡县望风瓦解，叛军则势如破竹；安禄山稳扎稳打，朝廷则仓促应战。这些都助长了安禄山的骄慢，而令天下人失望。天宝十五载（756年）正月一日，安禄山鼓动东都一些僧人、道士、耆老、名士上表劝进，即请安禄山登基当皇帝。安禄山并不推辞，接着便即皇帝位，国号大燕，自称雄武皇帝，建元曰圣武元年，置丞相以下百官，封其子安庆绪为王，以达奚珣为侍中，张通儒为中书令，高尚、严庄为中书侍郎，其余文武皆有封官，以范阳为东都，免其百姓终身租赋，署范阳城东隅私第为潜龙宫。一个被唐朝称为“伪朝”的朝廷建立起来，一个出身互市牙郎的胡族混血儿黄袍加身。

（三）河北反水与战局的延宕

封常清从东都败走，到了陕郡，太守窦廷芝已投奔河东，陕郡的官吏和百姓都逃光了。他见到驻扎此地的高仙芝，建议退守潼关。他的理由是，敌势凶猛，陕郡无险可守，对于长安来说，潼关是目前唯一的屏障，可是无兵驻守。高仙芝的部下同样是一群乌合之众，在这无险可守之地不堪一击，万一被击溃，贼兵破关而入，那么长安就危在旦夕。不如引兵进入潼关，作防守之计。封常清对叛军的精骑心怀余悸，在西域的长期战争中，他还没有遇到如此凶猛的骑兵。后来他给玄宗的奏章里谈及与敌人的战斗，称“率周南市人之众，当渔阳突骑之师”（《旧唐书·封常清传》）。高仙芝听从了他的建议，率军急速回撤，奔赴潼关。

高仙芝与封常清的做法，是从整个战局考虑，并没有考虑到自己的身家性命。为什么这样说呢？因为不经过朝廷允许，便撤回潼关，与玄宗整个战略部署不符，擅自行动不说，还丢掉潼关以东的大片地区，这个罪责谁来承担？两位将军都以大局为重，关键时刻没有顾惜个人利益。这让他们付出了生命的代价。当封常清为高仙芝分析敌情时，监军使边令诚便已经准备向朝廷打小报告了。监军使作为“天子之耳目”，他们的职责就是替皇上监视将帅。

叛军的骑兵不久就追上来，唐军狼狈奔走，人马互相践踏，死者甚众。幸好后撤及时，不然很可能被吃掉，潼关也会落入敌手。敌人追至潼关，高仙芝已命部队做好了守城的准备，贼兵不能入城而去。这时，朝廷向诸道征调的援军都没有来到，关中人心惶恐。正好安禄山陷洛阳后，忙着登基称帝，潼关又有高仙芝的部队把守，朝廷因此获得了一点喘息的机会，各路兵马逐渐会合。

在这一短暂的停滞中，双方都进行了新的战略部署。

东南各道，一直受到安禄山的关注。江淮地区乃财赋重地，得之则切断了唐王朝的财路。失去东南各道，唐王朝即失去了战争的物质基础，就无法与叛军进行长期的较量。因此，安禄山任命张通晤为睢阳太守，与陈留长史杨朝宗率一千多骑兵东进，以扩大战果、控制东南，但进展很不顺利。虽然唐朝郡县官员有的望风而走，有的畏逼投降，但有东平郡太守嗣吴王李祇、济南郡太守李随起兵抗拒，那些不投降的郡县都打着吴王的旗号，与叛军周旋。单父县尉贾贲率官吏百姓向南进攻睢阳，杀掉了张通晤。伪河南节度使李庭望奉安禄山之命，欲引军东进，听闻后不敢继续进军而撤还。安禄山向东南扩展的企图遭受挫折。

玄宗做了各种防御的布置以后，开始考虑退路。玄宗知道派到前线去的部队都不经打，万一溃败，如何是好？不能不做最坏的打算。他命永王李璘为山南节度使，江陵长史源洧为副使；颍王李璬为剑南节度使，蜀郡长史崔圆为副使。二王皆不出阁，节度使事由源洧和崔圆主持。这实际上出于杨国忠的策划，源洧和崔圆都是杨国忠的亲信，其目的是预先安排长安失守时的退路。玄宗做了令太子监国、御驾亲征的打算，但因杨氏兄妹的阻挠没有实现。他们都以皇上的安全为由，实际上是担心太子掌握朝政。

这时，安禄山放慢了进军的脚步，战事出现了短暂的停滞。原因是安禄山突然发现后方局势不稳。河北诸郡反水，使安禄山感到有腹背受敌的危险。安禄山自陈留引兵西向，在进犯潼关的途中，听到这个消息。

安禄山大军过后，河北各郡起兵，抗拒叛军。首倡者为平原郡太守颜真卿，呼应者是其堂兄、常山郡太守颜杲卿，还有河北诸郡县效忠唐朝的官吏。颜真卿是著名的书法家，这是大家都知道的。起初，颜真卿觉察到安禄山将反，早就利用霖雨天气，修城墙、挖城壕、检阅丁壮、储备军粮，做好防御的准备。安禄山以为颜真卿不过是一介书生，没有把他看在眼里。安禄山起兵，命颜真卿以平原郡和博平郡的守军七千人防守黄河渡口，颜真卿立刻派司兵参军李平走偏僻小道至骊山，把这一重要消息上奏，玄宗才确信安禄山已反。听说河北郡县皆望风瓦解，玄宗感叹道：“河北二十四郡，难道就没有一个忠贞之士吗？”李平告诉他颜真卿正在组织义军抗击叛军时，玄宗大喜，说：“我还没有见过颜真卿呢，他能做出这样壮烈的举动，实在难能可贵！”颜真卿派亲信，把朝廷通缉安禄山及其叛党的文书传达到各郡，各郡纷纷响应。

此时河北诸郡纷纷起义，抵抗叛军。饶阳太守卢全诚闭城自守，不接受安禄山派来的新任太守；河间郡司法参军李奂杀掉安禄山任命的长史王怀忠；李随派游奕将訾嗣贤渡黄河，杀安禄山任命的博平太守马冀。他们各有数千或上万人的兵马，共推颜真卿为盟主，军事上皆禀颜真卿之命而行。

后方局势不稳，安禄山派张献诚率上谷、博陵、常山、赵郡、文安五郡团结兵围攻饶阳。这种团结兵，又叫团练兵，是临时组建的地方武装，相当于现在说的民团、民兵。团结兵有的是农忙归农、农闲训练，缓则为农、急则为兵；有的是边军为了防秋御敌，从来自民丁的兵募、防丁、屯丁中抽调出来，临时组建成军。团结兵战时的待遇是政府提供衣粮酱菜，即必要的生活品。安禄山为了扩充兵马，除了发展他的三镇正规军之外，还有很大一部分非正规军，以备急用。他的大军已经进入河南，河北发生反水，他便调团结兵应急。

安禄山派其金吾将军高邈赴幽州征兵，还没有回来。颜杲卿假托安禄山的命令，召安禄山井陉口守将李钦凑，让他率众赴郡领犒赏。李钦凑不知是计，来到常山郡，颜杲卿派人携酒食妓乐去慰劳，把李钦凑及其党羽都灌了个大醉，他们砍下李钦凑的头，收其甲兵，将其余党全部捆起来，第二天斩首示众，解散井陉口守军。不久，高邈从幽州回来，将至藁城，颜杲卿派冯虔将其擒捉。南境守军来人，告知何千年从洛阳来，颜杲卿派崔安石、翟万德骑马至醴泉驿，把何千年活捉。高邈与何千年同一天被押解到常山郡。前面我们已经说过，高邈和何千年都是安禄山的高参。

常山郡和平原郡就在安禄山大军经过的地方，是自范阳至洛阳的必经之地。两郡归顺朝廷，等于切断了安禄山的叛军与老巢的联系，切断了其归路。常山郡在今河北正定，从太行山东出，过井陉口就是常山郡，井陉口守军的瓦解，更给安禄山的根据地河北地区造成极大威胁。

井陉口又称井陉关、土门关，故址在今河北井陉县北井陉山上。现在井陉县西有故关，那是井陉西出之口。井陉口是太行山区进入华北平原的隘口，自古以来为军事要地，古时候穿越太行山脉有八条通道，称“太行八陉”，即轵关陉、太行陉、白陉、滏口陉、井陉、飞狐陉、蒲阴陉和军都陉。陉，字面的意思是山脉中断的地方。八陉向来是河北平原进入山西高原的交通要道，井陉为其中最重要的道路之一。战国时有“天下九塞”之说，即大汾、荆阮、冥扼、方城、崤、井陉、令疵、句注、居庸，“险阻曰塞”，井陉为九塞之一（《吕氏春秋 · 有始览第一》）。公元前 229 年秦国大将王翦率兵攻打赵国，公元前 205 年汉将韩信进军赵地，公元 396 年拓跋魏伐后燕，皆出兵井陉。数百里井陉道非常险要，史载“井陉道狭，车不得方轨，骑不得成列”。（《元和郡县图志》卷 13）

通过井陉口西出，便是河东道，今山西一带，河东道本来在安禄山之手，因为安禄山兼任着河东节度使。但河东节度使驻节太原，安禄山长期不在太原，太原尹、北京副留守杨光翙是杨国忠的亲信，河东叛军军力集中在北部，当叛乱发生后，郭子仪、李光弼统率的朔方军已经进入河东地区。进入河东地区的官军，可以过东陉关，沿桑干河谷地东进，直逼范阳；官军如果从井陉口过太行山，便直逼河北常山郡，等于把范阳和洛阳之间的驿道拦腰切断。安禄山知道此地的重要，因此专门安排一支部队驻扎在这里，把守井陉口，想不到被颜杲卿轻易占据了。

被俘的何千年向颜杲卿献计，说："这里招募的士兵都是乌合之众，难以临敌接战。只能作防守之计，深挖战壕、高筑城墙，不要与敌军交锋。等朔方军到，合力并进，传檄赵、魏，断燕、蓟臂膀。现在应该放出风声，说李光弼率步兵、骑兵一万出井陉，派人以此劝说张献诚，告诉他'你所率领的大多是团练兵，无坚甲利器，很难对付李光弼统帅的山西精兵'，张献诚一定解饶阳之围而去。"颜杲卿采纳了何千年的建议，张献诚果然撤围退兵，其团练兵随之溃散。颜杲卿派人进入饶阳城，慰劳守城将士。并派人巡行诸郡，于是河北诸郡纷纷响应，归顺朝廷，各郡兵力加在一起达二十余万。当然，这么多人都是乌合之众，且散在各郡，很难从总数上判断其战斗力。这何千年没有给安禄山出好主意，为颜杲卿倒是提供了一条妙计。这也说明安禄山手下的将军们，有的是以利相合，并无气节、忠贞可言，他们一开始就不是死心塌地追随安禄山的。

依附安禄山的，此时只有范阳、卢龙、密云、渔阳、汲、邺等六郡。

颜杲卿暗中派马燧至范阳，劝说贾循归顺朝廷。贾循接受了马燧的建议，但没有及时定计举兵。其别将牛润容知道这件事，派人密告安禄山。安禄山派韩朝阳至范阳，说要与贾循密谈要事，把贾循诱至住处，派力士用弓弦缢杀，并诛灭其族，以别将牛廷玠掌握范阳军事。史思明、李立节统帅蕃、汉步骑万人进攻博陵、常山。马燧逃入西山，隐士徐遇把他藏起来，才免于一死。一个月后回到平原郡，后来马燧在安史之乱和其后对叛乱藩镇的战争中，屡立大功，成为唐朝名将。

颜杲卿、颜真卿兄弟的行动，极大地干扰了安禄山的进军计划，在很大程度上分散了叛军兵力。安禄山本来打算亲自统军进犯潼关，行至新安，得知河北局势有变，半途而返。他派猛将蔡希德率兵万人，自河内北击常山。对于安禄山来说，常山郡无论如何是要夺回的，不仅它是范阳和洛阳间的要道，同时还因为井陉关在此地。

安禄山不仅要堵住井陉口，防止唐军东进，而且企图进占河东地区。以郭子仪为首的朔方军在与叛军的战斗中，取得一系列重大胜利，也直接威胁到叛军的后方，牵制了安禄山的进军行动。

安禄山派大同军使高秀岩进犯振武军城，朔方军不仅击败了叛军，而且乘胜攻取了静边军城。叛军大同兵马使薛忠义率军企图夺回静边军城，郭子仪派朔方军左兵马使李光弼、右兵马使高睿、左武锋使仆固怀恩、右武锋使浑释之等迎战，大败薛忠义，把他七千骑兵全部活埋。朔方军进围云中郡，郭子仪派别将公孙琼岩率二千骑兵进攻马邑城，攻下马邑，打开了东陉关通路。唐代马邑治所大同军城，在今山西朔州东北。从此沿桑干河谷地向东北，可直捣范阳。

安禄山向河东地区进军的计划遭遇破产，河东唐军有出太行山东进的动向，直接威胁到叛军的老巢。这一系列战事令安禄山对北线更加感到不安，因此不能专心西向。

（四）高仙芝、封常清：出师未捷身先死

封常清、高仙芝都是当时名将。高仙芝是高句丽人，父亲叫高舍鸡，在河西节度使下从军，立下许多战功，被提拔为四镇十将、诸卫将军。高仙芝英俊潇洒，善于骑马射箭，勇猛果断，很小就跟随父亲到了安西，因为父亲的功劳被授予游击将军。二十岁就被封为将军，与父亲军衔相当。开元末年，被提拔为安西副都护、四镇都知兵马使。高仙芝统兵安西时，有两次著名的远征。天宝六载（747 年），他奉命远征小勃律，大获全胜。勃律是西域国名，在今克什米尔地区，分大勃律和小勃律，大勃律在今巴控克什米尔的巴尔提斯坦，小勃律在今巴控克什米尔的吉尔吉特。大小勃律本来都是唐朝属国，小勃律王娶了吐蕃赞普公主，依附吐蕃，背叛唐朝，所以高仙芝统军征讨。

天宝九载（750 年），他率兵讨伐石国，俘虏石国国王而回。历史上有名的怛罗斯之战，唐军就是由他指挥的。石国是昭武九姓国之一，在今乌兹别克斯坦塔什干一带。唐高宗时，昭武九姓国皆内附，玄宗时由于新崛起的大食（即阿拉伯）人向东扩张，

昭武九姓国开始出现离心倾向，所以高仙芝出兵石国。石国王子跑到大食求救，大食出兵干预，于是唐朝与大食在怛罗斯（即今哈萨克斯坦江布尔）兵戎相见。由于高仙芝部下的葛逻禄人叛变，导致唐军大败，数万兵马只有几千人撤回。据说，中国的造纸术就是通过唐军俘虏传入阿拉伯地区的。此后朝廷又任命他为河西节度使，不久改任右羽林大将军，回长安。安禄山反，朝廷任命荣王李琬为征讨元帅，任命高仙芝为副元帅，继封常清之后出潼关进讨安禄山叛军。

封常清是蒲州猗氏县（今山西临猗南）人，外祖父犯罪流放安西，在安西边防军中戴罪立功，封常清从小跟外祖父在西域。后来他先后在节度使夫蒙灵察、高仙芝手下从军打仗，表现出杰出的军事指挥才能，屡立战功，被提拔为安西副大都护、摄御史中丞、持节统安西四镇节度、经略、支度、营田副大使，知节度事。这次回京朝见玄宗，适逢安禄山叛乱，朝廷任命他为范阳节度使，赴东都组织抗敌。安禄山叛军的声势大大出乎封常清的预料，因此一败再败，当他逃奔到陕郡时，遇到高仙芝领兵东征，因此劝高仙芝固守潼关。

高仙芝与宦官边令诚也是老搭档了，当年高仙芝远征小勃律，边令诚就做监军。战争最危险时，边令诚胆怯，高仙芝很照顾他，让他留守后方。这次高仙芝东征，玄宗又让边令诚任监军使，边令诚多次以私事相托，高仙芝大多没有听从，边令诚怀恨在心。入朝奏事，边令诚极言高仙芝与封常清逗留失机，招致惨败。他说：“封常清夸大贼军声势，动摇了军心；而高仙芝丢弃陕郡数百里之地，盗减军士粮赐；又擅自撤兵，退守潼关。”封常清基于和叛军交战的亲身体会，分析敌我双方态势，提出退保潼关的建议，本来是合理而高明的，却被边令诚诬以动摇军心；高仙芝退保潼关，也是明智之举，也被加上失地丧师的罪名。至于盗减军粮这个问题，更是莫须有的诬陷。但玄宗却听信一面之词，勃然大怒，派边令诚带着敕令，赴前线处斩高仙芝和封常清。

起初，封常清连续失利，特别是丢失东都之后，自知败军之罪甚重，难逃一死。但他派了三拨人赴朝廷，向玄宗陈述贼军形势，希望使朝廷了解敌情，玄宗连面都不见。玄宗肯定生了封常清的气，当初你大言不惭，可是结果呢？跟叛军打起来，连个还手的机会都没有，还派什么人奉表陈情啊！封常清只好亲自赴朝廷汇报军情，行至渭南县，遇见边令诚，接到玄宗的敕书，敕令削其官爵，回到高仙芝军中，白衣自效。

封常清知道自己必死无疑，但仍草写遗表、分析战况，企图使朝廷对当前的形势有清醒的认识。当时朝廷中议论，很多人以为安禄山狂悖——他发动叛乱，是得了精神病，是癫狂症，不自量力，连他的部下都不会跟他走的，过不了几天就会被杀死，所以朝廷不必担忧。封常清便是针对这一派轻敌之论而言，可谓赤胆忠心，至死不悔。

边令诚来到潼关，先召见封常清，宣示玄宗敕旨。封常清将遗表交给边令诚，请他转交皇上，然后接受死刑，陈尸于苇席之上。高仙芝自军中而还，至衙署厅堂，边令诚召集了一百多名手持长刀的兵士跟随身后，见到高仙芝，冷冷地说：“对于高将军，皇上也有恩命。”高仙芝急忙退下，拜伏于地，边令诚宣读了玄宗的敕令。高仙芝说：“我遇敌而退，死是应该的。可是上有天、下有地，说我盗减粮赐，那真是天大的冤枉啊！”这时不少士兵聚集在堂前，都大呼冤枉，其声震地。边令诚命刽子手在士卒大呼声中杀了高仙芝，以将军李承光临时统率其军。

原河西、陇右节度使哥舒翰因病在京中寓所休养，他与安禄山、安思顺兄弟素来不和，势同水火。玄宗想借他的威名，命他统军出征，拜他为太子先锋兵马元帅，率兵八万以讨叛军。敕令天下诸道四面进兵，会攻洛阳。哥舒翰以病重为由坚决推辞，玄宗不答应。以田良丘为御史中丞、充行军司马，起居郎萧昕为判官，蕃将火拔归仁等率各部落兵从征。加上高仙芝的部下，号称二十万，驻扎在潼关。哥舒翰病重，不能理事，军政全都委托田良丘，而田良丘又不敢专断。命王思礼为骑兵头领，李承光为步兵头领，二人争执地位高低，无所统一。哥舒翰军法严明，却不体恤士卒，士气低落、缺乏斗志。为了鼓励哥舒翰的斗志，加大哥舒翰的威望，朝廷加哥舒翰为左仆射、同平章事——以宰相身份兼潼关守军司令、前线总指挥。

潼关仍在唐军手中，但战火正一天天向潼关逼近。

（五）安禄山的困境

河北不稳成为安禄山最大的心事，常山郡地处范阳与洛阳间的驿道上，井陉口在辖境内，乃河东道与河北道之间的交通重镇，因此常山郡历来为兵家必争之战略要地。如果常山郡落入唐军之手，郭子仪麾下的西北劲旅朔方军便可通过此道进入河北，安禄山的根据地就有覆没的危险。他命令史思明等人迅速出兵，夺回常山郡，以防事态继续扩大。

颜杲卿派儿子颜泉明等人献李钦凑首级和何千年、高邈等叛将赴长安，行至太原，太原尹王承业把颜泉明等人留在太原，又把颜杲卿的奏表换掉，由王承业重新写了一道表，把击败乱军的功劳大多揽在自己身上，诽谤和诋毁颜杲卿，另外派人送到朝廷。

颜杲卿起兵才八天，各种防守的准备都没有做好，史思明、蔡希德已率兵进至常山城下。颜杲卿向王承业告急，王承业窃取了颜杲卿的战功，希望颜杲卿兵败城陷，于是拥兵不救。颜杲卿日夜苦战，粮尽矢绝，城破被俘。王承业派的人到长安，递上请功的奏表，玄宗非常高兴，封王承业为羽林大将军，手下封官拜爵者上百人，并召颜杲卿到长安，担任卫尉卿。但朝廷的使节只走到半路，常山郡已经失陷。

颜杲卿被押至洛阳，面对安禄山的威逼利诱，他不为所动，还把安禄山一顿臭骂。安禄山大怒，下令把颜杲卿和袁履谦等人捆在中桥的柱子上，一刀一刀给剐了，其景象惨不忍睹。洛水东西贯洛阳外郭，河上有三桥，右为天津桥，左为浮桥，中间一桥称中桥，是洛阳城内交通枢纽，叛军就是在桥上行刑的。颜杲卿一门三十多人被安禄山残忍杀害，他的儿子颜春明也在这场灾祸中惨死，后来颜真卿为他写了祭文，这篇祭文的稿本至今犹存，成为书法史上的不朽作品，题为《祭侄文稿》。书迹多处涂改，笔墨淋漓，流露出颜真卿悲愤难平的心情，是颜氏最见性情的作品。

玄宗决心与安禄山在洛阳决战，他认为收复东都无论在政治上，还是在战局上都意义重大。他命令围攻云中郡（今山西大同）的郭子仪撤军，回到朔方郡，分派更多的兵力，另选良将统兵出井陉关，平定河北、进取洛阳。郭子仪推荐了李光弼，朝廷任命李光弼为河东节度使，郭子仪从朔方军中分出一万人，交李光弼统领。郭子仪至朔方，又选出更多的精兵，进至代郡（今山西代县），增援李光弼。

安禄山杀了颜杲卿，郭子仪又主动撤云中郡之围，朔方军主力回归朔方，河北的局势才令安禄山稍微有点放心。但他知道唐朝正在向洛阳集结兵力，延缓时日，洛阳将成为战争的中心，自己将处于被动挨打的地位。现在他需要的是迅速扩大战果，以洛阳为中心，向东南、南、西三个方向展开，乘胜消灭或驱逐洛阳四周的唐军，扩大统治地盘。当然最重要的是西向长安，攻陷长安则是标志性的胜利。

玄宗力图遏止安禄山的进攻，并极力想把叛军挤压在洛阳周围，然后调各地兵马聚而歼之。在这种情况下，朝廷新设南阳节度使，由南阳太守鲁炅担任，让他统领岭南、黔中、襄阳等地子弟兵五万人驻扎叶县城北，以防备叛军南下。子弟兵属团结兵的一种，是没有被纳入军额的地方武装。叶县即今河南叶县，在南阳东北约二百里处。这样在安禄山南下路上组织起了防御。

在叛军西进的要道，哥舒翰驻兵潼关。安禄山派儿子安庆绪率军进攻潼关，被哥舒翰击退。

朝廷加颜真卿户部侍郎兼平原郡防御使，又加李光弼为魏郡太守、河北道采访使。在河北，颜真卿和李光弼渐成安禄山的腹背之患。

饶阳太守卢全诚很会用兵，史思明围攻饶阳二十九天，饶阳仍坚不可摧。这时李光弼所率蕃汉兵步骑一万多人、太原弓箭手三千人出井陉关，至常山郡。常山团练兵三千人杀叛军，活捉安思义出降。安思义向李光弼建议：把部队安置在城中，及早做防御的准备，等到时机成熟，胜券在握，然后出兵。李光弼听从他的建议，赦免了安思义，移军入城。

果如安思义所料，史思明听说李光弼攻陷常山郡，立刻撤饶阳之围，进军常山。第二天天刚亮，他的先遣队已至常山，接着史思明便率大军赶到，前后共计两万多骑兵，直抵城下。李光弼派五千步兵从城东门出战，贼兵紧堵城门不退。李光弼命五百弓弩手从城墙上一齐射箭，贼兵才稍微退后了一点儿。李光弼乘这个时机，派出一千名弓弩手，分成四队，轮番发射，使贼兵根本没有还手的功夫，只好收军聚集在大道之北。李光弼又派出五千士兵，在道南树起枪阵，在滹沱河两边布署。贼兵多次以骑兵进攻，企图与李光弼的军队短兵相接。李光弼的弓弩手发箭射击，贼兵人马中箭者大半，才停止进攻，等待步兵的增援。

弩是用机栝发箭的投射掮弃，这种兵器上安装有弩牙、弩机。弩牙是弓上钩弓弦的机栝，弩机是装置在弩的后部的机件，青铜制。一般弩机四周有“郭”，“郭”中有“牙”，可钩住弓弦。“郭”上有“望山”作为瞄准器，现在叫“准星”。“牙”下连结有“悬刀”，现在叫“扳机”。发射时把悬刀一扳，就是扣动扳机，“牙”就缩下，“牙”所钩住的弦就弹出，有力地把箭射出。这种弩要比拉弓射箭射程远，命中率高。弩创始于战国，后来不断有所改进。李光弼的部队里配备有为数不少的弓弩手。步兵对付骑兵，最忌短兵相接，而要在远距离消灭骑兵，最好的武器就是弓弩，弓弩是最先进的远程武器，李光弼充分利用了这种武器对付敌人的精骑。他的办法是集合数百上千的弓弩手，成排如雨点般地密集发射，形成弓林箭雨，阻止敌人的进攻，于射程之内把敌人的骑兵射杀。从前面历次战斗的情况可知，叛军的骑兵惯于横冲直撞、践踏官军，而不善骑射。遇上李光弼的弓弩手，敌人“坦克加飞机”似的骑兵队失去了优势，这些弓弩手发挥了反坦克火箭弹和打飞机的高射炮的威力。

一种先进的兵器投入战场，常能扭转战局。在这之前，我们还没有见过李光弼的这种战术，他充分发挥了弓弩的作用，这可能是朔方军在与突厥人的战争中摸索出的战术。敌人的骑兵失去了优势，只好调步兵增援。

附近的村民告诉李光弼，敌人的五千步兵正自饶阳赶来，昼夜行军一百七十里，已经到了九门县城南的逢壁，可能在那里休息。李光弼便派步兵和骑兵各二千，偃旗息鼓，沿河岸行进。至逢壁，敌人正在吃饭，于是挥兵掩袭，将五千敌军全部消灭。史思明听说这个消息，觉得失去了进攻的能力，退入九门城。这时常山郡下属的九个县，七县皆附官军，只有九门、藁城被敌军所据。

李光弼和颜真卿在河北的活动，成为安禄山弥漫在心头的阴云。

自攻克常山郡之后，李光弼入城坚守，史思明率军围攻，双方相持达四十多天。史思明切断常山郡粮道，常山城中马草吃光了，有的战士用草垫子喂马。李光弼派五百辆车去石邑城取草，赶车的人都身穿甲衣，又派一千弓弩手护卫，结成方阵前行，贼兵惧怕李光弼的弓弩手，不敢抢夺。蔡希德引兵攻石邑，被张奉璋击退。

李光弼派人向郭子仪告急，郭子仪亲自统军出井陉关，至德元载（756 年）四月九日至常山郡，与李光弼会师，蕃汉兵加在一起共十多万。十一日，郭子仪、李光弼在九门县城南与史思明展开决战，史思明大败，收拾残兵奔赵郡。史思明又从赵郡逃到博陵郡，博陵郡已经投降官军，史思明把这些郡官统统杀死。

河朔一带的百姓饱受贼兵残害之苦，纷纷组织武装自卫。贼兵所至之处，百姓们结营屯守，多的有两万多人，少的也有万人规模，抗击贼兵。及至郭子仪、李光弼的部队来到，他们都争着为大军效力。郭子仪和李光弼乘胜攻打赵郡，只用了一天功夫，守城的叛军就顶不住了，投降了唐军。李光弼围攻博陵，史思明统众坚守，连攻十天，没有攻下。由于粮草不济，郭子仪和李光弼收兵班师常山郡，史思明收拾几万散兵紧随其后。郭子仪选骁骑轮番与之挑战，一连三天，把敌人吸引到行唐县，贼兵疲累，放弃追击，向后退走。郭子仪则乘机反击，击败敌人于沙河县。

常山郡是敌人必争之地。蔡希德到洛阳，安禄山又让他率步骑兵两万人回师北上，与史思明会师；又命牛廷玠调发范阳等郡兵一万多人，增援史思明，共五万余人，其中同罗兵、曳落河占五分之一。我们前面说过，曳落河是安禄山最嫡系的部队，也被派来争夺常山。

郭子仪到恒阳，史思明尾随而至。郭子仪采取了深沟高垒以逸待劳之计：敌人进攻，就防守；敌人撤退，就追击。白天炫耀兵威，夜晚出兵偷营。类似“敌进我退，敌退我进，敌驻我扰，敌疲我打”的十六字方针，使敌人不得休息。如此过了几天，郭子仪与李光弼认为敌人已经疲倦，可以出战了。第二天，唐军和敌人在嘉山展开决战，大破敌军，斩首四万级，俘虏一千多人。史思明奔逃中从马上摔下，头盔不知道掉到哪里，露着头髻，光着脚徒步逃命。傍晚时才拄着断枪回到军营，投奔博陵。李光弼引兵包围了博陵，军威大振，河北十余郡都杀贼守将而降。安禄山部下往来河北之地的，都不敢白天赶路，而轻骑夜行，大多为官军捕获。那些家在渔阳、范阳的将士都心动神摇，士气低落。

安禄山本来轻视东南方向的战局，那里是唐军防守最薄弱的地区，他本想一支兵马鼓噪而下，可能势如破竹，但没有想到这一路唐军坚守各城，竟然像铁桶一般，特别是一个名叫雍丘的小县城，成为他向东南发展的巨大障碍。

谯郡太守杨万石举郡投降安禄山，又逼原真源县令张巡任谯郡长史，派他向西迎接叛军。张巡行至真源县（今河南鹿邑县），这里是老子李耳的家乡，有玄元皇帝庙。张巡率真源县官吏百姓，哭于玄元皇帝庙，起兵讨贼。真源县官吏百姓乐于跟从他的有数千人，张巡挑选一千名精兵西至雍丘。

原来，雍丘县令令狐潮举县降贼，敌人任命他为将领，派他到襄邑，东击淮阳救兵，打败了淮阳兵，俘虏一百多人，拘押在雍丘。淮阳兵暴动，杀死了看守他们的人，令狐潮扔下妻子不管，只身逃走。令狐潮带领叛军精锐部队来攻雍丘，张巡拼力死战，击退了敌人，自称吴王先锋使。

肃宗至德元载（756 年）三月二日，令狐潮与贼将李怀仙、杨朝宗、谢元同等率四万余众忽至城下，大家都非常畏惧，没有坚守的信心。张巡说：“贼兵精锐，所以轻视我军。如果出其不意向他们发起进攻，他们一定惊散。要让敌人的势头受到点儿挫折，然后才能守住这座城。”他派一千人登上城墙，自己亲率一千人，分成数队，打开城门，突然杀出。张巡身先士卒，直冲敌阵，敌人受到这意外的攻击，纷纷躲避，遂退走。

第二天敌军又进至城下攻城，绕城设百辆发石车，发石击城，城楼和城垛全被摧毁，张巡就在城墙上树立木栅，抵挡敌人的进攻。敌兵像蚂蚁一样攀附着登墙而上，张巡命士兵捆起蒿草，灌入油脂，点燃后投向敌人，敌人不能登城。张巡用兵灵活，有时利用敌人松懈时，突然出兵，发起进攻；有时乘夜从城上把士兵缒下，杀入敌人的军营，六十多天中大小三百余战。战士们吃饭时也不解甲，受伤了裹住伤口继续战斗，敌人最终败走。张巡乘胜追击，俘敌二千多人而还，军威大振。

在叛军四面受阻之时，安禄山产生了畏惧之心。他把高尚、严庄喊来，骂道：“多年来，你们一直叫我反叛，说是万无一失。

现在大军进逼潼关，几个月过去了，不能前进一步。北归的路已经断绝，唐军四面包围，我所有的只是汴州、郑州等数州而已，万全何在？从现在起，你们不要再来见我了！”高尚、严庄害怕，好几天不敢露面。

眼看四面进展都不顺利，安禄山与诸将考虑放弃洛阳而归范阳，但计议未决。

潼关在官军手中，安禄山进退两难。

潼关，决定着安禄山的命运，也决定着朝廷的命运。安禄山的出路在此，朝廷的安危亦系于此。很快，双方都盯住了潼关。老将哥舒翰正躺在潼关，一边养病，一边思虑着战守。

长安沦陷：国破山河在

至德元载（756年），实际上在上半年唐人仍在使用天宝年号，这一年为天宝十五载。六月，潼关失守，战局迅速逆转。玄宗西幸，长安沦陷，叛军嚣张一时。

（一）潼关失陷，其因何在

潼关，在今陕西渭南潼关县城北，古为桃林塞之地，“塞”就是边塞、要塞，边界险要之处。这里西接华山，南靠秦岭，北临黄河，东面山峰连接、崖绝谷深，只有一条小道通过。地势险要，有“一夫当关，万夫莫开”之称，历来都是关中防御的大门。此地当秦、晋、豫三地要冲，所以有“鸡鸣闻三省，关门扼九州”之说。

潼关最早建造的确切时间已不可考，据说起初叫冲关，因为远望黄河自北直冲而来，故名。现在我们如果站在潼关故址北望，看到的场景是黄河劈开秦晋之间的群山，滔滔而来，南下直扑华岳，至此陡折向东，转折处小于九十度，隔河与风陵渡相望。后因此地西有潼水，改名潼关。东汉光武帝建武年间曾修建潼关，在函谷关西五十公里处，作为辅助函谷关的第二道防线。函谷关在三国魏正始元年（240 年）废弃，潼关便成为关中东面的主要门户。

这个由山川自然组成的军事要塞，历来被誉为“三秦锁钥”。古人曾慨叹：“人间路止潼关险！”人们把潼关同“天下第一关”的山海关相提并论，云：“畿内之险，唯潼关与山海为首。”（《潼关卫志·地理志》）作为军事要隘的潼关，自古以来一直是兵家必争之地。据考历史上与潼关有关的重大战事有三十多次。战国后期，秦国从魏国夺取潼关之后，开始击灭六国的大业。诸侯联兵仰关攻秦，秦人开关迎敌，九国之师逡巡而不敢进。东汉末年，马超、韩遂十部皆反，屯兵潼关。公元 211 年，曹操亲自率军与马超夹关而战，曹操以沙筑墙用水浇灌，一夜冰冻成垒，马超兵败西逃。公元 536 年，东魏攻西魏，西魏拒守潼关，东魏兵不得进，西魏军潜出禁谷，出其不意，全歼东魏军。这些是唐朝之前的故事。

唐朝末年，公元 880 年，黄巢起义军由洛阳进军潼关，宦官田令孜率兵十万镇守潼关，起义军由禁谷潜入，夺取潼关，直捣长安。明朝初年，徐达攻破潼关，从而安定陕甘。20 世纪三十年代，日寇侵华，占领山西后数月，抵风陵渡，隔黄河远望古城，垂涎潼关长达七年，黔驴技穷之后滥施轰炸，但始终望而却步。四十年代初，日寇陷洛阳、过陕县，直抵灵宝，距潼关仅约十公里，仍望关生畏，终未敢进兵关中。解放战争时期，陈赓、谢富治兵团在潼关一带打败国民党军，开辟了豫陕鄂根据地。这些是哥舒翰兵败潼关以后的事。

哥舒翰兵败三年后，诗人杜甫途经潼关，守关的将士指着潼关，向杜甫描述："连云列战格，飞鸟不能逾。胡来但自守，岂复忧西都。丈人视要处，窄狭容单车。艰难奋长戟，万古用一夫"。——老先生您看，那险要的地方，山路狭窄，只能容一辆车通过，连长戟都挥舞不开，自古以来，就是"一夫当关，万夫莫开"。

哥舒翰统兵驻守潼关，并不是玄宗的本意，玄宗的目的是决战洛阳。哥舒翰看重的却是潼关易守难攻的形势和坚守潼关对长安安危的重要意义。哥舒翰毕竟是一员老将，经验丰富，虽然病体沉重，对敌我双方的力量对比却有清醒认识。他不敢贸然轻进，而是固守潼关，没有出关东向。

安禄山叛军已有四面受围的态势，只要唐军守住潼关，阻止叛军西进，而后郭子仪统率的朔方军出井陉口、进入河北，切断叛军归路和后勤补给，或出东陉关直捣范阳；各地勤王兵马四合，把叛军挤压在洛阳一带，叛军便成瓮中之鳖，有不战自溃的可能。而且以地形的险要和哥舒翰的兵力，足以牢牢守住潼关。但是遗憾的是潼关还是被叛军攻破了。

战争从来就不仅仅是军事问题，有时不是被对方击败，而是自己打败自己。唐朝内部的矛盾和统治阶级之间的钩心斗角，使优势转化为劣势，有利转化为不利。原来，唐兵没有守关，而是出关迎敌，从而丧失了有利的条件。唐兵为什么冒险主动出关呢？

起初，朔方节度使安思顺知道安禄山反叛的阴谋，利用入朝的机会上奏玄宗。安思顺是安波注之子，安波注是安禄山养父安延偃的弟弟，因此与安禄山应该是名义上的堂兄弟，虽然并没有实际上的血缘关系。安思顺此举颇有大义灭亲之义，实际上更有可能是为了洗刷自己，害怕日后被牵连进去。及至安禄山发动反叛，玄宗以安思顺曾经举报过安禄山，所以不治他的罪。而哥舒翰平常与安禄山、安思顺有矛盾，派人携带伪造的安禄山给安思顺的信，在潼关城门擒获，献给朝廷，又陈述安思顺七项大罪，要求玄宗杀掉安思顺。玄宗现在倚重哥舒翰，不能不接受他的请求，将安思顺和他的弟弟太仆卿安元贞处死，家属流放岭南。杨国忠知道安思顺无罪，但不能相救，又由安思顺的下场想到自己，对哥舒翰的做派感到了畏惧。

这时，天下都认为是杨国忠骄纵召乱，人人都对他恨之入骨。而且，安禄山起兵又以诛杨国忠为名，于是杀杨国忠以谢国人，用汉挫七国之计的想法便产生了。西汉景帝时，吴王刘濞操纵七个诸侯国反叛朝廷，他们提出“杀晁错，清君侧”的口号。结果，汉景帝就杀了晁错，目的是让七国退兵。朝廷里有人想杀杨国忠，但苦于找不到机会。王思礼私下劝说哥舒翰，让他抗表请诛杨国忠，哥舒翰不干。所谓“抗表”，就是上表朝廷，用强硬的态度提出要求。这种要挟朝廷的办法，哥舒翰不愿接受。王思礼又请带三千人马，把杨国忠劫持过来，至潼关杀掉他。哥舒翰更不许，他说：“那造反的就不是安禄山，而是我哥舒翰了，我不能承担这样的罪名。”

杨国忠有一班智囊，专门出谋献策。有人告诫杨国忠：“现在朝廷重兵在哥舒翰之手，哥舒翰如果率军西指，要求皇上杀您，宰相岂不是很危险吗？”杨国忠很害怕，他上奏玄宗：“潼关大军虽盛，却没有后继的军队，万一失守，京师安危令人担忧，请选三千监牧小儿，在苑中训练。”玄宗答应了。这里的“小儿”不要理解成小孩子，当时在监牧、五坊和禁苑负责警卫的士兵，统称为“小儿”。监牧是皇家养马场，五坊是皇帝饲养猎鹰猎犬的官署，分雕、鹘、鹞、鹰、狗五坊，禁苑就是皇苑。这些地方都有卫士，这些卫士称“小儿”。

杨国忠令李福德等人率领这支由“监牧小儿”组织起来的军队。李福德是剑南军将，杨国忠的亲信。另外又招募一万人屯守灞上，命亲信杜乾运为将，名为防御贼兵，实际上是防备哥舒翰。哥舒翰听说在他背后又部置一支人马，立刻感受到一种威胁，这哪是防御安禄山，分明是防备我哥舒翰呀！他担心受杨国忠谋害，上表请求将灞上守军隶属潼关。朝廷没有理由不答应，他哥舒翰是前线总指挥，一切要听他的调遣。六月，哥舒翰召杜乾运到潼关，说有个重要的军事会议，但杜乾运一到，就找个借口把他杀了。杨国忠听说，更加不安。

玄宗得到一个情报，说叛将崔乾祐在陕郡，只有不到四千人的兵力，都羸弱不堪，又无防备——这是安禄山的诱敌之计。玄宗便遣使催哥舒翰出战，进兵收复陕郡和洛阳。哥舒翰上奏，说：“安禄山久习用兵，现在刚发动叛乱，岂能无备！这一定是用羸师当钓饵，引诱我军出关，如果出兵，正掉进他的圈套。而且贼兵远来，利在速战。官军据险以扼其进路，利在坚守。何况贼兵残虐百姓，失去人心，兵势日蹙，将发生内变，乘其内变，可不战而擒。我们的目的是成功，不在乎时日的长短！现在各道征兵还大多没有会集，请暂等一时。”哥舒翰是见惯风浪的老鲸，眼前晃动的诱饵岂能迷惑住他。

当此之时，朝廷上下和哥舒翰幕府中，皆有持战守不同意见者。哥舒翰的分析是对的，天下有识之士大多看到了这一局面。李萼虽然年轻，向颜真卿分析形势，也指出了这一点。极善用兵的郭子仪和李光弼也向朝廷上言：“请引兵北取范阳，倾覆叛军巢穴，把贼党的妻子作为人质，招降安禄山党羽，敌人一定内乱。潼关大军应该固守以逸待劳，拖住敌人，把他们拖得疲惫不堪，但不可轻易出关交战。”无论是郭子仪等人进军范阳，倾覆敌人巢穴，还是玄宗调集各地兵马会战洛阳，眼下都需要固守潼关。

可是杨国忠怀疑哥舒翰在谋害自己，极力主张哥舒翰出战。他告诉玄宗，敌人没有防备，哥舒翰逗留不进，将会失去战机。玄宗虽然曾是一位英明果敢的人，但他过去经历的战斗不过是宫廷政变而已，实际上他做了几十年太平天子，对眼前这样大规模的战争，他缺乏应对的经验。特别是东都失陷，令他有点儿惊惶失措。他迫切地想夺回洛阳，并与敌人在洛阳决战，所以也不主张哥舒翰逗留潼关。他认为杨国忠说得对，一次又一次地派中使督促哥舒翰出战。中使就是皇帝派出去执行任务的宦官，他们带的是皇帝的命令，谁敢不听？哥舒翰无奈，抚胸恸哭，引兵出关，有种率羊群闯狼窝的感觉。

至德元载（756 年）六月七月，唐军东出潼关百余里，与崔乾祐军相遇于灵宝县西原，这里南边靠山，北边是黄河，战场就在七十里长的狭隘道路，崔乾祐据险以待。第二天，官军与崔乾祐军展开决战。崔乾祐把精兵埋伏在险要处，哥舒翰与田良丘浮舟中流观察军事形势，他们看到崔乾祐兵少，便催诸军前进。这时哥舒翰甚至怀疑起自己原来的判断，对叛军的力量和声势可能估计过高了，也许朝廷的情报更准确，想到此他甚至对战事产生了一丝乐观情绪和某种胜利的幻想。

王思礼等率精兵五万居前，庞忠等率十万人继后，哥舒翰又命三万人登黄河北岸的高地观望，鸣鼓以助军威。崔乾祐派出的士兵不到一万人，而且三三两两，散如列星，或疏或密，不成阵势，有的前进，有的后退。官军远望着叛军的阵容，都感到好笑。崔乾祐整饬精兵，在那些散兵游勇般的士兵之后布阵。双方刚交手，前方的贼兵便放倒军旗做出要逃跑的样子，官军放松了警惕，不加防备。及至散兵退尽，片刻间埋伏的精兵突然出现，他们登到高处，向下滚落木头、石块，砸死官军无数。道中狭窄，唐军士兵密集，枪槊都挥舞不开。

哥舒翰以马驾毡车为前驱，想以战车冲击敌阵。此时已过中午，东风迅急猛烈，崔乾祐把几十辆草车堵塞在唐军毡车之前，纵火焚烧，火焰和烟气熏得官军士兵都睁不开眼睛，以致自相杀戮。看到前面浓烟翻滚，兵士们以为贼兵在烟中，聚弓弩而射，直到日暮，箭射光了，才知道并无贼兵。崔乾祐命同罗精骑绕过南山，从官军后尾发起进攻，官军首尾骇乱，不知所备，于是大败。官兵们有的扔掉盔甲，逃窜藏匿到山谷间；有的互相拥挤掉进黄河淹死，叫喊声震天动地。

这时，敌人的骑兵出现了。敌人以骑兵践踏官军——叛军的精骑又展示了雄威，官军不少士兵死于马蹄之下。史书上描写叛军以骑兵践踏官军的场景，用了“蹂躏”一词（《资治通鉴》卷218），蹂躏的本义就是践踏，但这种践踏包含有任意凌辱、摧残的意义，让我们想象到当时叛军的骑兵，是怎样耀武扬威踩踏官军士兵的。骑兵又一次在战场上发挥了“坦克兵”的威力。官军后军见前军败退，都不战自溃，黄河北岸高地上的兵士，看到前沿阵地上战败的场面，也纷纷逃散。

哥舒翰也只好寻找求生之路，麾下数百骑兵跟着他奔逃，他们在首阳山西边渡过黄河入关。这时败兵如潮，潼关外有三条壕沟，都有两丈宽，一丈深，人马坠落其中，一会儿就把壕沟填满了。后来的人就踩着这些人过了壕沟，能够进入潼关的士兵仅八千余人。六月九日，崔乾祐进攻潼关，城中守兵无多，叛军顺利入城。

哥舒翰守不住潼关，来到关西驿，贴出告示，召集逃散的士兵，想重新夺回潼关。他手下的蕃将火拔归仁等人来了，他们率一百多名骑兵包围了驿站。火拔归仁进来，告诉哥舒翰：“敌人马上要追来了，请您赶快上马。”哥舒翰上马出驿，火拔归仁率众将叩首于马前，劝哥舒翰说：“将军率二十万大军，一战便全军覆没，有什么脸面再见皇上啊！而且军败必诛啊！您没有看到高仙芝、封常清的下场吗？请您带着我们东行，投降安禄山吧。”哥舒翰与安禄山是老对头，当然不同意，想下马。火拔归仁等人把哥舒翰的脚系在马肚子上，连同那些不愿投降的将军们，都捆起来一块儿挟持东行。迎面一支兵马，是贼将田乾真率军追上来，大家就跪地投降。

他们都被送到洛阳。安禄山攻破潼关，解除了眼前的困境，现在又看到老仇人成为自己的俘虏，扬扬得意，问哥舒翰："你过去常常看不起我，现在服了吧？"哥舒翰拜伏在地，回答说："臣肉眼不识圣人，现在天下未平，李光弼在常山，李祗在东平，鲁炅在南阳，陛下如果不杀我，让我每人发一封信招降他们，不几天各地就会平定。"安禄山大喜，封哥舒翰为司空、同平章事。而对火拔归仁说："你这人背叛主人，不忠不义，该杀！"命令手下人把火拔归仁斩首示众。哥舒翰发信召降诸将，将军们不买账，都回信骂他、斥责他。安禄山知道他没用了，就把他囚禁在苑中。

潼关失陷后，河东、华阴、冯翊、上洛各郡防御使都弃城而走，各地守军皆逃散。

潼关失守，战局立刻逆转。安禄山绝处逢生，长安危在旦夕。

固若金汤的潼关成为叛军长驱直入的通途。

（二）马嵬坡兵变，谁是主谋

玄宗密切关注着潼关方面的形势，他知道一旦潼关失守，长安便向叛军敞开了大门。既然手中的几个王牌将军都不能挡住安禄山的进攻，下一步棋该怎么走呢？剩下的选择要么就是坐守长安，等待各地勤王兵马的救援，但长安已无充足兵力，坐守无异于束手就擒；要么就是弃城而走，那么走向何方？但他对潼关的险要和哥舒翰的用兵心存侥幸，潼关的消息成为他最后的一线希望。

那时军事报警的信号是烽火，边塞之地大约每隔三十里，设一处烽火台。每天入夜放烟一炬，称为平安火。唐代诗人姚合诗云：“沿边千里浑无事，唯见平安火入城。”（《穷边》）安史乱起，特别是叛军占领了洛阳，所以在东、西两都之间，也启用了烽火报警。只要在初夜时分，从前线一路传来的烽火正常燃起，就说明平安无虞。

玄宗最关注的就是平安火，这天哥舒翰遣部下告急，当晚平安火不至，一个不祥念头便涌上他的心头：潼关完了。这时他才真正产生恐惧之感，召宰相商议对策，宰相们的意见是“三十六计，走为上策”，为了保证皇上的安全，车驾只能暂时离开长安“巡幸”——从京城逃出去，找个安全的地方避难。那么驾幸何地呢？杨国忠首先提出驾幸剑南以避贼。

剑南就是剑南道，唐太宗贞观元年，即公元627年置，以在剑阁之南得名。剑阁，古地名，在今四川剑阁县北。这里有大小剑山，山间有栈道，栈道也称阁道，所以称为剑阁。那时全国分十道，当时的“道”为监察区，并无治所。至玄宗时，全国分十五道，剑南是其一，各道置采访处置使。治所在益州，即今四川省会成都。辖区相当于现在四川涪江流域以西、大渡河流域和雅砻江下游以东；云南澜沧江、哀牢山以东，曲江、南盘江以北；贵州水城、普安以西和甘肃文县一带。

在从关中入川的途中有剑门山，又叫梁山，东北、西南走向，长达七十余公里，主峰大剑山在今剑阁县北。剑门山七十二峰，峭壁中断，两崖相嵌，形似剑门，故名。这里南齐置南安县，西魏改普安县，武则天时置剑门县，属普安郡。大剑山东有小剑山，大、小剑山峰峦连绵、重峦叠嶂、隘路如门、地势险要，为古代戍守要地，有“剑门天下险”之称。西晋作家张载有一篇名文，称《剑阁铭》，说此地“一人荷戟，万夫趑趄”。三国时，诸葛亮在此主持凿设栈道，成为川陕间主要通道。蜀将姜维曾退屯剑门以拒魏军的进攻。唐朝于此置关，名剑门关。李白《蜀道难》诗中所描写的艰险的蜀道，就是指经此地自关中入蜀的道路。

朝廷要迁到剑南去，七十多岁的玄宗皇帝，就得经行艰险的蜀道。

看来玄宗对逃离京城，感到面子上过不去，对于幸蜀也有畏难情绪，所以并没有立刻批准这一计划。杨国忠又召百官廷议——我说最好让皇上到剑南躲一躲，如果大家觉得不妥，还可以想出别的办法嘛。结果“众皆惶惧流涕，唯唯不对”——大家都唯唯诺诺，说什么都行，就是拿不出别的主意。这个时候，还让大家说什么好呢？一想到要让皇上避蜀，走崎岖的山路，走比上青天还难的蜀道，颠沛流离，这让老臣们心里多难受啊！何况皇上驾幸剑南，我们这些老臣，我们的妻室儿女，我们的国家、朝廷怎么办啊？于是大家就在朝堂上呜呜咽咽地流泪，无计可施。当天玄宗还是没有拿定主意。

这时长安已经人心大乱，百姓惊扰奔走、不知所措，城里一片萧条。为了说动玄宗采纳幸蜀之议，杨国忠甚至派韩国夫人、虢国夫人入宫，劝说玄宗。

大乱来临，人人自危，都在担心着个人的命运，各谋去就，也有人欲乘乱以逞己意。杨国忠的心态由最初的得意很快变成担忧，又进而变成恐惧。眼看官军抵挡不住安禄山的铁蹄，万一朝廷要和安禄山讲和，或者为了堵塞安禄山之口，舍卒保帅，那做替罪羔羊的除了自己，还会有谁呢？西汉时发生“七国之乱”，作乱的吴王刘濞等人提出“清君侧”的口号，他们要杀晁错，汉景帝为了让叛乱者退兵，就杀了晁错。如果皇上也动了这个念头，岂不危险了吗！

杨国忠的担心不是多余的，好在玄宗始终信任杨国忠，但朝廷中其他人就不得而知了。

安禄山虽以诛杀杨国忠为名兴兵，而杨国忠却没有想到安禄山进军如此迅速，他甚至幻想安禄山会被部下所杀，叛军不战自乱。及至安禄山陷洛阳、寇潼关，他深感情况不妙。落入安禄山之手，被杀自是无疑，而杨国忠平日里在朝中不孚众望，仅凭贵戚身份得上宠幸，得罪不少人，亦不能不防备会有人乘乱下手。实际上，龙武大将军陈玄礼就“欲于城中诛杨国忠”，也有人劝哥舒翰，要求朝廷处死杨国忠。

正如有人替杨国忠所分析的那样：“今朝廷重兵尽在（哥舒）翰手，翰若援旗西指，于公岂不危哉！”在“天下以杨国忠骄纵召乱”的舆论越来越强烈之时，他不能不产生性命之虞。现在他一方面极力开脱自己的罪责，说：“人告禄山反状已十年，上不之信。今日之事，非宰相之过”；一面极力劝说玄宗幸蜀，那是他的老巢，也是他的退路。杨国忠遥领剑南节度使——剑南大军区的司令员，那里安插的都是他的亲信，他虽然不在剑南，但在剑南的那些僚佐都是他任用的。“自以身领剑南，闻安禄山反，即令副使崔圆阴具储偫，以备有急投之。”杨国忠悄悄准备资粮器具，情况紧急时便逃奔蜀中。

第二天，百官入朝者不到十之一二，玄宗决定西幸。但他深知此行关乎长安局势，因此放风要御驾亲征。虽然他知道也不会有人相信，因为没有可用之兵，皇帝亲征岂不是空话，但需要制造一种假象。他派京兆尹魏方进为御史大夫，兼置顿使，置顿使是负责皇帝出行途中食宿的临时职务。魏方进安排入蜀途中事宜，声称剑南节度大使颍王李璬将亲赴剑南道，令本道做好接应准备。他自己当夜移幸大明宫，以便于次早出城。当晚，命陈玄礼整顿六军，厚赐钱帛，选取闲厩马九百余匹，做逃离长安的安排。

玄宗之所以决定幸蜀，是由蜀中的各种有利条件决定的。首先，朝廷弃城而去，叛军有可能追赶流亡的朝廷，蜀道艰险，有剑门关险要的隘口，少量兵马足以阻止叛军的追击。其次，蜀中富庶，逃至成都可以过上比较优裕的生活。再次，成都是一个盆地，四围皆高山峻岭，远离各敌对政权的侵扰，比较安全。剑南又是十大藩镇之一，“剑南节度西抗吐蕃，南抚蛮獠”，统天宝、平戎等六军，屯益、翼等十三州，“治益州，兵三万九百人”（《资治通鉴》卷 215）。有这样的军力，朝廷的安全没有问题。最后，从成都东下，还可走长江水道，再北上中原。就像杜甫诗中所说的“即从巴峡穿巫峡，便下襄阳向洛阳”（《闻官军收河南河北》）那样，有回旋的余地。这些条件决定幸蜀比往其他几个方向逃命要好，比如经河西走廊逃到西域去，或出峣关逃到襄阳去，等等。

所以玄宗幸蜀应该是经过三思的，当然也是杨国忠迫切希望的。

天宝十五载（756年）六月十三日黎明，玄宗与杨贵妃、贵妃姊妹、皇子、皇妃、公主、皇孙、杨国忠、韦见素、魏方进、陈玄礼及亲近宦官、宫人出延秋门逃出长安。皇妃、公主、皇孙不在宫内的，皆弃之不顾。延秋门是长安禁苑的西门。长安禁苑在皇城西北，出大明宫向西就是禁苑。当玄宗经过左藏大盈库时，杨国忠建议纵火烧掉，以免粮食为乱军所得。玄宗有些难过，他说："乱军进入长安，找不到粮食，一定会搜刮百姓，不如留给他们，以免给百姓增加负担。"

当天还有官员入朝，至宫门还听到报时的漏声，禁卫军侍卫宫禁，仍然戒备森严。但当宫门开启，宫人乱出、内外扰攘，都说不知道皇上到哪儿去了，局势顿时大乱。王公、士民四出逃窜，城外的百姓则争着进入宫禁和王公府第，盗取金宝，有的人竟骑着驴子登上大殿，还有人纵火焚烧左藏库。负责留守长安的崔光远和边令诚率人救火，又募人代理府、县官分守各处，杀十余人，局势才稍微安定下来。崔光远派儿子去洛阳见安禄山，交涉献城事宜，负责掌管宫禁锁钥的边令诚向安禄山献上了宫禁钥匙。

却说玄宗出城，过便桥，杨国忠派人焚桥以断乱军追路。玄宗说："官吏、百姓都避贼求生，何必要断大家的逃生之路呢？"命高力士留下，率众灭火。又派宦官王洛卿先行，告谕沿途郡县，安排行途食宿。到了吃饭的时候，队伍来到咸阳县望贤宫。想着王洛卿已经安排好饭食等着呢，可是到处找不到王洛卿，原来他和县令已经逃走了。宦官征召百姓供应，官吏百姓没有人响应。

到了正午玄宗还没吃上饭，杨国忠亲自去买了点胡饼献上。

百姓们听说皇上遇难，有来见玄宗的，玄宗放下架子，问他们："卿家有饭否？不择精粗，只要有只管拿来，给卫兵和孩子们充饥。"这时百姓们争献粝饭，杂以麦豆，皇孙们争着用手抓着吃，一会儿便吃光了，仍感到没有吃饱。玄宗付了饭钱，慰劳百姓，看到皇上落到这个份儿上，百姓们都忍不住哭出声来，玄宗也掩面而泣。

百姓中有一位名叫郭从谨的老者很痛心，他说："安禄山包藏祸心，由来已久，曾有人诣阙揭发他的阴谋，可是陛下常常把检举的人杀掉。使安贼得以逞其奸逆，造成陛下今天颠沛道途。自古以来，先王总是延访忠良以广聪明，就是为此啊。我还记得当年宋璟为相，数进直言，天下赖以安宁。但后来在廷之臣以言为讳，只知道阿谀取容，因此阙门之外的事情，陛下皆不得而知。草野之臣早就知道会有今天，但宫门九重深如海，区区之心无路上达。如果事情不是落到眼下这一步，我哪有机会见到陛下，当面向您讲这些话呢？"玄宗说："这都是我用人不明，追悔莫及呀！"

尚食——负责安排皇上饭食的官员送来御膳，玄宗命先赐从官，然后才吃。又令军士散至各村求食，约定未时集合前行。这支队伍快到半夜时来到金城县，县令也已经逃走了，百姓们也都闻风脱逃，而饮食器皿俱在，士卒们拿来可以自己做饭吃。这时随从的士兵也有不少人逃走了，甚至内侍监袁思艺也不知去向。馆驿中没有灯，黑灯瞎火，大家贵贱不分，互相枕靠着睡在地上。王思礼将军从潼关赶来，玄宗才知道哥舒翰被擒和潼关失陷的详情，于是任命王思礼为河西、陇右节度使，即令赴镇，集合散兵，以俟东讨。

六月十四日，玄宗一行来到马嵬驿。马嵬驿在兴平县城西北，距长安百余里。这个地方叫马嵬坡，西晋时有一位叫马嵬的人曾在此筑城，故名。马嵬坡在自长安入蜀的驿道上，马嵬驿是大道上一个普通的驿站。如果不是玄宗入蜀路经此地，它可能早就从历史的记忆中消失了。到了这里，连续奔逃，又不得安稳食宿的将士们都又饿又累，一种愤怒的情绪正在积聚。前两天一直在担心叛军追来，逃生的念头压倒一切，大家都顾不了许多，只管克服困难前行。现在距长安已远，没有听说被追击的消息，那种蕴蓄已久的窝火便需要找一个突破口，喷发出来。

从军士们怨声载道的口气中，陈玄礼觉察到一种可以利用的情绪。他本来在未离长安时就想杀掉杨国忠，没有得逞，现在他感到机会来了。史载“陈玄礼以祸由杨国忠，欲诛之，因东宫宦者李辅国以告太子，太子未决”。“太子未决”不是太子不想杀杨国忠，杀杨国忠是太子李亨早就有的想法。我们知道，杨国忠与太子早就是不共戴天的仇敌，现在太子随大驾西行，要往杨国忠安排的剑南行进，他感到自己是在一步步走向死地。到了剑南，一切都只能听任杨国忠摆布，不要说太子的地位难保，连生命也操于杨国忠之手。

从两个人的矛盾来看，入蜀途中若不能解决杨国忠的话，太子就等于自投罗网。因此，太子做出“未决”的姿态，已经是默许了陈玄礼的主张。此时，以陈玄礼、李辅国和太子为核心的政治集团已经形成，杀杨国忠只是找一个机会罢了。但是由于陈玄礼的纵容和激怒，兵士们早已弯弓待发。

在玄宗随行的队伍中，有二十余位吐蕃使者，他们也跟士兵们一样，吃了上顿没下顿，到了吃饭的时辰，肚子里饥肠辘辘，他们拦在杨国忠的马头，要求供应饭食。杨国忠还没有来得及回答，忽然有士兵高喊："杨国忠与胡虏谋反！"立刻便有人放箭射去，射中了杨国忠的马鞍。杨国忠慌忙奔跑，刚跑到马嵬驿西门里，便被追上来的军士杀死，并乱刀分尸，有人用枪挑着他的头走到驿门外示众。

杨国忠的儿子户部侍郎（主管经济、财政的衙门副长官）杨暄，及贵妃的姐姐秦国夫人、韩国夫人也被杀死。魏方进刚说了一句"你们怎么敢杀宰相！"，也立刻被狂怒的军士杀死。韦见素听到外面吵嚷，从驿站走出来，想打听一下出了什么事，被乱兵打得头破血流，幸好有人喊了一声"这是韦相公，不要伤他！"，他才捡了一条命。接着，哗变的军士们把整个驿站包围了起来。玄宗听到外面喧哗，问发生了什么事，左右回答说："杨国忠谋反，士兵们把他杀了。"玄宗知道在现在这种情况下，杨国忠还能谋什么反，不过是个借口罢了。但落难的天子已经不能左右当前的局面，何况自己的生命也掌握在这些禁卫军手中，措置不当，后果不堪设想。他拄着手杖、穿着麻鞋，走出驿门，慰劳军士，并令收队，军士皆不应。

玄宗令高力士去征求大家的意见，陈玄礼回答说："杨国忠谋反，贵妃不宜陪侍皇上，希望陛下割恩正法。"玄宗说："这事我自已处置。”走进驿门，倚杖倾首而立。他一动不动，却掩盖不了内心的无奈和愤激。杨贵妃的娇媚、种种恩爱都在他心中浮现，许多激烈的念头都在脑海里翻腾。贵妃从不干涉朝政，杀死她，她就太无辜了。而且，身为国君，连爱妃也不能相保，这也让玄宗大失面子。他就这样想着心事，却想不出任何应急之策。

京兆府的司录韦谔走到玄宗跟前，说：“现在众怒难犯，祸乱就在眼前，愿陛下速决！”看着玄宗犹豫不决，韦谔扑通跪下，叩首流血，求玄宗当机立断。玄宗说：“贵妃常居深宫，哪里会参与杨国忠的谋反？恐怕她根本就不知道呀！”高力士说：“贵妃确实无罪，但将士们已经杀了她的哥哥，如果贵妃仍在陛下身边，岂敢自安！愿陛下深思，将士安则陛下安矣。”玄宗只好命高力士把贵妃领到佛堂，缢杀之。又把尸体抬到驿站的院子里，召陈玄礼等人进来检验。玄宗当时没有立皇后，因此，贵妃便是实际上的第一夫人，第一夫人就这样死于兵变中。

陈玄礼等人验尸后，免胄释甲，叩首请罪。玄宗慰劳诸位，让他们晓谕军士，以安军心。陈玄礼等人高呼万岁，再拜而出，整顿队伍做前行的准备。杨国忠的妻子裴柔、幼子杨晞、虢国夫人母子都乘乱脱逃，至陈仓，被县令薛景仙率吏士捕获，无一免死。

这场兵变，史称马嵬驿兵变。马嵬驿，一个普通的驿站，因此被载入史册，千百年来在人们的记忆中不曾磨灭。《辞海》有“马嵬坡”的词条，这样解释：“唐安史之乱，玄宗从长安西奔成都，缢死杨贵妃于此。”若没有这个事件，辞书上不会开列这个词条。

杨贵妃的墓至今还在。当时将她的尸体草草掩埋，玄宗回长安后，想隆重迁葬，遭到大臣反对，只好密令中官改葬，现在看到的，应该是迁葬后的墓。关于杨贵妃，有不少传说，比如说玄宗后来自蜀返京，路过此地吊唁，“到此踟蹰不能去”。玄宗曾想迁葬，但挖开墓后，却是一座空坟，由此使人对杨贵妃的死产生了怀疑。有人说杨贵妃其实逃到了日本，后来又有杨贵妃成仙的传说。贵妃有一只袜子，被一位老太太捡到，老太太很有经济头脑，凡想一瞻贵妃此袜者，需交参观费，她因此发了一笔小财。民间还传说，用杨贵妃墓上的土搽脸，可使皮肤变白。

在这场兵变中，太子始终没有出面。他在这场兵变中的作用非常微妙，有人说他其实是兵变的主谋，但也有人否认这种说法。有人认为主谋是陈玄礼，有人认为主谋是高力士。我们认为太子是后台，陈玄礼和李辅国是主谋。后台是主心骨，没有后台，谁也不敢贸然行事；而主谋是策划者，太子不一定参与策划，只要有他的支持和首肯就行了。

太子与杨国忠的矛盾由来已久，当安禄山叛军攻克陈留，玄宗欲御驾亲征，留太子长安监国，玄宗告诉宰相说：“我在位已五十年，对政事已经厌倦，去年便想传位给太子。正好碰上水旱相连，不想以实情严重的年头留给子孙，想等到好年景再让位。没想到逆胡突然发动叛乱。我当亲征，使太子监国。叛乱平息之日，我就要退位，享受高枕无为的生活。”

一说让太子监国，杨国忠便非常害怕，回家后告诉韩国夫人、虢国夫人和秦国夫人说：“太子很早就厌恶我们家专横，如果一日得天下，我和姊妹们立刻就会死于其手。”兄妹们从来没有这样为难过，一起痛哭失声。杨国忠派三位国夫人入宫，劝说杨贵妃吹枕头风，贵妃衔着一口土请命于玄宗，于是玄宗收回成命，取消了令太子监国之议。衔土是一种表示，意思说如果您不听我的意见，我就去死了，死了不就归于黄土了吗。这件事充分说明，太子与杨家的矛盾已经到了水火不容、势不两立的地步。到了蜀中，哪还会有太子的好日子过。他默许了陈玄礼诛杀杨国忠之谋，有了这个后台，陈玄礼等人才敢放手去干，而具体的操作则由陈玄礼、李辅国等人见机行事。

第二天，玄宗将从马嵬驿出发，随行的朝臣只剩了韦见素一个人。置顿使魏方进已经被杀，玄宗任命韦见素的儿子韦谔为御史中丞，担任置顿使，让他先行安排沿途的食宿。将士们都说："杨国忠谋反，其将吏皆在蜀，不可往。"有人建议去河州、陇州，有人建议去灵武，有人建议去太原，有人建议还长安。玄宗决意入蜀，但又担心与众人之意相违，不肯明言。韦谔还没动身，他说："回长安，应当有防御敌人的准备，现在兵力这么少，不能回长安。不如先到扶风郡，再从长计议。"扶风在入蜀途中，玄宗很满意，大家都觉得是个万全之策，于是继续西进。

这时意外的事情发生了，队伍正要出发，忽然出现无数百姓，他们跪在路旁，请玄宗留步，说："宫阙是陛下居住的地方；陵寝是陛下的祖墓。现在舍弃这些，想到哪里去呢？"玄宗按辔未动，停了很长时间，令太子留下宣慰父老，自己却不愿久停，骑马而去。父老们向太子说："至尊既不肯留，我们愿意率子弟从殿下东向破贼，收复长安。如果殿下与至尊皆入蜀，中原百姓将群龙无首。”不一会儿，百姓就聚集了好几千人。

太子不同意，他说：“至尊远冒险阻，我要朝夕陪伴他，怎么忍心离开他的身边。即便留下，我也要当面向父皇辞行，根据父皇的意愿再做决定。”说着便流下泪来。建宁王李倓、宦官李辅国都拉着马笼头，劝太子留下。李倓是太子第三子，宫人张氏所生，英毅有才略，善骑射。他说：“如今逆胡犯阙，四海分崩，不顺从百姓的意愿，何以兴复唐室！如果殿下与至尊一起入蜀，贼兵烧绝栈道，那么散关以东广大地区非我所有，等于拱手授贼。那时人心相背，不可复合，想再回到这里，就没有机会了。不如收西北守边之兵，把郭子仪、李光弼的军队从河北调回，与他们并力东讨逆贼，克复两京，削平四海，使社稷危而复安，宗庙毁而复存。那时扫除宫禁，奉迎至尊回朝，这才是大孝啊！何必朝夕陪侍，区区为儿女之恋。”

太子的长子、广平王李俶也劝太子留下，百姓们一起簇拥马前，太子不能前行。太子派李俶把这里的情况告知父皇。玄宗等太子久不至，派人去看，使者回来讲了当时的情况，玄宗说：“这是天意！”就分后军二千人及飞龙厩马随从太子，而且告谕将士们：“太子仁孝，可奉宗庙，你们好好辅助他。”又告诉太子：“你要努力，不要挂念我。我待西北诸胡一向不薄，你可得其用。”太子南向大哭，玄宗宣旨欲传位给太子，太子不受。

这个劝留的场面，我们怀疑是太子导演的一出戏。连玄宗临别时说的一番话，也有作伪的可能。这些都不过是太子李亨为自己灵武即位找点根据、尽量减轻点“不孝”的罪过而已。马嵬坡兵变后，蜀地既不可去，父皇亦不可随，但他也不能自己提出分行的意见，只好发动群众，这样才有了玄宗已前行，而太子被百姓“挽留”的事件发生。发动兵变是一步险棋，但终于走赢，太子思忖着事变后的计划。杨国忠虽死，但他的余党尚在蜀中，前行仍有危险，而且随父皇而行，不管走到哪里，总是处在玄宗这棵大树之下，无法施展身手，应该考虑新的路线和方向。

于是玄宗决计入蜀，太子分兵北向，玄宗的时代即将走向尾声。

（三）太子北上与灵武即位

玄宗西去，走向偏远的蜀中，在空间上倒是远离了战乱的旋涡，但在政治上也越来越远离中心。与此同时，肩负重任的太子越来越走向政治的前台。但摆在他面前的是金瓯残缺的乱局，需要他“待从头、收拾旧山河”，平息叛乱、中兴王室。动乱的现实开始考验这位久处深宫的太子。

太子没有随玄宗西去，但不知道该向何处。建宁王李倓分析形势，建议北上赴朔方。他认为可去的只有三个地方，就是西北地区的三个大军区，即河西、陇右和朔方。论距离，河西、陇右最近，但哥舒翰统帅的河西、陇右行营兵马，在潼关之战中失败投敌。对于陇右、河西的人来说，父兄子弟大多在贼军中，有可能产生异心，随时会发生意外。除了河西、陇右，朔方军距此路途较近，而且兵马强盛，应该是最稳妥的去处。从这里赴朔方，路上也较安全，一是河西行军司马裴冕为河西留后，他出身士族，家中世代为官，对朝廷不会有二心。二是贼兵进入长安，正忙着抢掠，顾不上扩大地盘，所以路上比较安全。趁这个机会赶快到朔方郡，再从长计议兴兵讨贼的重大行动，这是上策。

大家都认为这个主意好，于是护卫太子北上。太子一行赶到渭水岸边，遇到从潼关败退归来的散兵，都误以为对方是安禄山叛军，便混战起来。及至发现大水淹了龙王庙，自家人在杀自家人，双方都已经死伤很多。

一场误会之后，太子收拾余众，找到水浅的地方，乘马涉渡渭水，那些无马的战士又哭着跑散了。太子从奉天北上，一夜赶了三百里路，兵士、物资大多失散了，跟随左右的不过几百人。至新平郡，太守薛羽害怕叛军打来，弃郡逃走，被捉回处死。到安定郡，太守徐毂也逃走了，同样被捉回杀掉。直到彭原郡乌氏县，才有彭原郡太守李遵出城前来迎接，并送上衣服、干粮，招募到几百名士兵。当天至平凉郡，这里有唐朝一个大型的养马场，太子检阅监牧马，挑选出几万匹战马，又招募到五百多人，兵势才稍有起色。

安禄山不断派出所谓“宣慰使”，到各地“安抚”百姓，宣示对这些地区的占领，但不断遭到各地人民的抵制。敌人委派的宣慰使薛总到扶风，百姓康景隆率众击杀之，打死敌人二百多人。陈仓县令薛景仙率兵杀死叛守将，夺回扶风郡，统兵守城。这些都说明，对唐王朝来说人心可用。

安禄山没有想到，玄宗这么快就逃出长安，他命令崔乾祐兵留潼关。他大概觉得既然皇帝已离开长安，匆忙地进入长安也没有太大必要，所以直到十天后，才派孙孝哲率兵入城，任命张通儒为西京留守，崔光远为京兆尹，派安守忠领兵屯于西京苑中，维持长安治安，并镇守关中。孙孝哲很受安禄山的宠幸和信任，特别专权，常与严庄发生权位之争。安禄山让他监督关中诸将，张通儒等人都受孙孝哲的管制。孙孝哲为人豪侈，喜欢杀人，贼党对他畏之三分。

安禄山下令搜捕百官、宦者、宫女等，每抓到几百人，就拢成一批押送洛阳。那些扈从玄宗入蜀的大臣，家留长安的，全家诛戮，连婴儿也不放过。陈希烈因罢相失职，对玄宗有怨言；张均、张垍也怨恨没受到玄宗重用，都投降了安禄山，其中张垍还是玄宗的女婿。安禄山任命陈希烈、张垍为宰相，其他朝廷官员都授以官职。

于是叛军声势大盛，向西以兵威胁汧、陇，南侵江、汉，北方占领半个河东道。安禄山手下的将军们，大多粗猛有余，才略不足，又无远见。占领长安以后，以为天下已经到手，日夜狂饮，忙于听乐观舞、糟蹋女人、抢掠财宝，没有向西扩展之意。

唐朝方面的变化，至少有两种情况，都是安禄山没有想到的。一是玄宗很快放弃长安，离京入蜀；二是太子分兵北上。玄宗远去蜀中，客观上起到了麻痹叛军的作用，皇帝跑到四川去了，一时半会儿唐军没有反攻的可能，所以他们比较放心，这就容易产生松懈。假如玄宗没有逃向西南，而是沿着太子北上的路线，到灵武去，叛军肯定紧追不舍。因为玄宗目标太大，他的行动吸引着敌人的目光，而且从长安出兵至灵武，道路通畅，离开长安的流亡朝廷很可能逃不掉叛军的追击。当玄宗一行人越走越远时，客观上掩护了太子悄悄北上的行动。所以安禄山十多天才派兵进占长安，之后又放纵士兵抢掠，这使玄宗和太子获得了喘息之机，玄宗安然西行进入蜀中，太子北上也没有遭受追击逼迫之患。

平凉郡在朔方军辖区，朔方节度使郭子仪统兵东征，他的几位幕僚留守灵武郡。灵武郡治所回乐城，在今宁夏灵武西南，是朔方节度使所在地。朔方留后杜鸿渐、六城水陆运使魏少游、节度判官崔漪、支度判官卢简金、盐池判官李涵等人听说太子驾到平凉，便谋划接应。他们的看法是：平凉是一座孤城，又无军事防御设施，不是安稳之地；灵武城防坚固、兵甲充足、粮草丰裕；如果把太子迎接到灵武，北面召集各城守军，西面调发河西、陇右的精骑，南向平定中原，正是千载难逢的时机。他们派李涵去面见太子，奉上笺奏，而且统计朔方兵马、武器、粮食、布帛及军需之数，一并献上。

李涵来到平凉，劝太子赴灵武，太子非常高兴。河西行军司马裴冕被任命为御史中丞，也来见太子，同样劝太子到灵武，太子接受了他们的建议。杜鸿渐是开元时宰相杜暹的儿子，李涵是皇室后裔，出于永安王李孝基一支，皆出身名门。杜鸿渐请魏少游建房舍，安排好太子的食宿，自己与李涵一起去奉迎太子。他们在平凉北境见到太子，杜鸿渐向太子陈述方略："朔方乃天下劲兵所在，吐蕃请和，回纥内附，四方郡县都坚守城池，抵御叛军，期待着朝廷中兴。殿下到灵武，组织起平叛大军，从灵武长驱大进，光复两京，而后向四方发出讨贼的檄文，聚集人才，任用忠义之士，逆贼很快就会被消灭，中原指日可定。”太子看到了希望。

七月九日，太子至灵武。魏少游建造豪华的宫室，帷帐都模拟长安禁中，饮食备山珍海味。太子认为太奢侈了，命令全部撤除。太子的行为受到史官们的好评，认为太子之所以能够建立收复两京的中兴之功，正是因为有这样艰苦奋斗的精神。

裴冕、杜鸿渐等人向太子上奏，请太子遵照玄宗在马嵬驿时的嘱咐，即皇帝位，太子不答应。裴冕等人说："将士们都是关中人，日夜思归，之所以历尽艰辛跟殿下来到这沙漠边塞，是希望获得一点儿功名，有所晋升。如果一旦离散，就不能再召集来。希望殿下尽量满足将士们的要求，为国家社稷着想！”他们反复五次上奏，太子才勉强答应。

七月十二日，太子李亨即皇帝位于灵武郡城南楼，群臣舞蹈以相庆贺，太子却流涕唏嘘，悲不自胜。于是尊玄宗为上皇天帝，大赦天下，改天宝十五载为至德元载，这一年为公元 756 年。新即位的皇帝后世称为肃宗，当年四十五岁。他任命杜鸿渐、崔漪为中书舍人，裴冕为中书侍郎、同中书门下平章事，即宰相。这几个人都在一个非常时期，由藩镇幕府僚佐而一跃成为朝廷重臣。

肃宗对灵武附近的地方体制和官员进行了一些调整，改关内道采访处置使为关内节度使，把它的治所迁到安化，任命前蒲关防御使吕崇贲担任；提拔前陈仓县令薛景仙为扶风郡太守，兼防御使；任命陇右节度使郭英乂任天水郡太守，兼防御使。

新朝廷建立起来了，但这时，塞上精兵都经过挑选，随郭子仪等人东征，只剩下一些年老体弱的人守边，文武官员不到三十人。唐肃宗君臣白手起家，建立朝廷，制度草创，武人骄慢。大将管崇嗣在朝堂上，背对新君而坐，旁若无人、言笑自如。监察御史李勉上了一道奏章，弹劾管崇嗣，说他目无君长，把他拘禁。肃宗考虑到情况特殊，赦免了他，而皇帝的权威也因此树立起来。肃宗叹息道："有了李勉，朝廷才有了尊严。"十来天的时间，来灵武归附新朝廷的人越来越多。

肃宗开始招揽人才，扩充兵马。原随从安禄山造反的一部分同罗、突厥兵，本来听安禄山之命驻守在长安苑中，他们在酋长阿史那从礼带领下，盗窃御马后逃至塞上，阴谋连结各游牧部落，割据边境地区。肃宗派人去慰问和拉拢他们，不少人投靠了朝廷。侍御史吕諲、右拾遗杨绾、奉天令崔器都陆续来投奔，肃宗任命吕諲、崔器为御史中丞，杨绾为起居舍人、知制诰。

肃宗命河西节度副使李嗣业统兵五千赴灵武，李嗣业与节度使梁宰谋划，暂且缓发军队，想观察一下局势再做定夺。绥德府折冲段秀实斥责李嗣业："哪有君、父告急而作臣下和儿子的却安然不动，李将军自称大丈夫，可今天的态度和行为却不是大丈夫的表现，倒是小儿女的见识。"李嗣业非常惭愧，就告知梁宰如数发兵，并让段秀实当自己的副手，亲自带领五千人到了灵武。

肃宗又征兵于安西，安西行军司马李栖筠挑选七千精兵勤王，他集合队伍，向战士们申明忠义之理，然后派他们赶赴灵武。郭子仪等人率朔方军五万自河北撤出，也回到灵武。灵武军威开始强盛，人们看到了中兴帝业光复两都的希望。肃宗任命郭子仪为兵部尚书、同中书门下平章事；任命李光弼为户部尚书、太原尹、北京留守，并同中书门下平章事，皆为宰相，其他职务不变。李光弼派景城、河间两郡的军队五千人赴太原。

回纥可汗、吐蕃赞普相继派出使节至灵武，请协助唐朝平叛。肃宗设宴招待来使，赠送礼品，打发他们回去。回纥是北部草原民族，隋朝时称韦纥，游牧于鄂尔浑河和色楞格河流域。为了反抗突厥的压迫，与仆固、同罗、拔野古等部族结为联盟，总称回纥。唐朝天宝年间，破东突厥，回纥建政权于鄂尔浑河流域，仍以游牧为生。互动范围东起大兴安岭，西至阿尔泰山，最盛时曾达中亚费尔干纳盆地，他们的首领称可汗。回纥的骑兵骁勇善战，后来入援唐朝，在平定安史之乱中发挥了重要作用。吐蕃是在青藏高原建立的政权，首领称赞普，相当于皇帝。唐太宗时，文成公主入藏嫁松赞干布，唐蕃关系和好。但自唐高宗时唐朝与吐蕃关系破裂，长期交战。安史之乱发生，吐蕃乘机北上，占领了西域和河西、陇右，并在唐中后期威胁唐西北、西南边境。此时赞普也派人前来，请助唐平叛，真实用意令人生疑。

平叛的力量正在灵武积聚。

平叛成为唐代政治生活的中心话题。

玄宗正奔波在入蜀的途中，不知道太子即位的消息。七月十五日，他们到了普安郡，剑门关所在地。到了这里，玄宗松了一口气，对平叛做了新的布置，他下了一道制书："以太子李亨充天下兵马元帅，领朔方、河东、河北、平卢节度都使，南取长安、洛阳。以御史中丞裴冕兼左庶子，陇西郡司马刘秩代理右庶子；永王李璘任山南东道、岭南、黔中、江南西道节度都使，以少府监窦绍为王傅、长沙太守李岘为都副大使；盛王李琦任广陵大都督、江南东路及淮南、河南等路节度都使，以前江陵都督府长史刘汇为王傅，广陵郡长史李成式为都副大使；丰王珙任武威都督，河西、陇右、安西、北庭等路节度都使，以陇西太守邓景山为王傅，并兼都副大使。凡所须兵马、甲仗、粮衣、杂物等，皆由当路供给。各路原节度使虢王李巨等人仍依前任使。这些由亲王担任的节度使、节度都使可以自署官属及本路郡县官，任命后告知朝廷。”

李琦、李珙等人并不出阁任职，只有李璘赴镇。朝廷置山南东道节度使，领襄阳等九郡；升五府经略使为岭南节度使，领南海等二十二郡；升五溪经略使为黔中节度使，领黔中等郡；分江南为东、西两道，江南东道领余杭等郡，江南西道领豫章等郡。李璘任节度都使，节度都使是统领数道节度使的大使，他总领山南东道、岭南、黔中、江南西道四道。李璘未来的谋反引发了统治阶级内部一场激烈的斗争，这是后话。

在这之前，各地听说潼关失守、皇上离京，都不知道玄宗到了哪里。这道制书送到各地，人们才知道皇上所在。

玄宗来到巴西郡，太守崔涣迎谒。玄宗与他交谈，很喜欢他，房琯又向玄宗举荐他，玄宗当天拜崔涣为黄门侍郎、同中书门下平章事，以韦见素为左相。玄宗还在不断完善他的“流亡朝廷”，幻想着遥控全国的政局，唐朝两日并出。常言说“天无二日，国无二主”，这种局面不会持久。

玄宗经长途跋涉，来到益州，停銮成都，从官及护驾禁卫军士兵只剩一千三百人。

肃宗即位三十天后，灵武方面派的使者来到成都，奉上尊玄宗为太上皇的表奏。据说，玄宗很高兴，他说："我儿上应天心，下顺民意，承继大统，组织平叛，我没有后顾之忧了。"于是下了一道制书："从今天起，我下的制敕称为'诰'，臣下向我上的表疏上一律称我为'太上皇'。四海军国大事，先上奏皇帝李亨，听他的安排，然后告我知道。等到克复首都长安，我就不再过问朝廷和国家的任何事务。"他以皇帝身份最后一次召集身边的大臣，命韦见素、房琯、崔涣等人奉传国玉玺和宝册至灵武传位。玉玺是皇帝的大印，这我们都知道，宝册又是什么东西呢？宝册又叫玉册、玉策，是帝王祭祀告天的册书。祭天是皇帝的职责，拥有宝册，也是皇帝身份的象征。

后来，肃宗离开灵武，驾临顺化郡，韦见素、房琯等人从成都赶到，见到肃宗，奉上玄宗的传位宝册。肃宗不肯接受，他说："因为中原动乱，暂且总统百官，哪敢乘动乱之机袭取皇位！"大臣们都坚决奏请，肃宗不答应，把宝册放在别殿，早晚都去礼拜，就像侍奉父皇一样。因为韦见素曾依附杨国忠，所以肃宗对他很冷淡，有意疏远他。房琯有大名气，肃宗对他很敬重。房琯每次见到肃宗，议论当前的政局，雄辩滔滔、慷慨激昂，说得肃宗为之动容，因此军国大事多与房琯商议。房琯也以天下为己任，知无不为，其他宰相都拱手避之，让他三分。可房琯不过是纸上谈兵的高手，并无将略，他统兵打仗，与叛军进行的第一次大规模交锋，便一败涂地。

（四）李泌出山

肃宗久处深宫，既缺乏执政经验，又缺少军事谋略。多亏身边来了一位智囊，使他避免不少失误，这位智囊就是京兆人李泌。

李泌字长源，这个人极具传奇色彩。他的儿子李繁写过一本书，叫《邺侯家传》，记载他的事迹，颇多神话和夸张成分。按照李繁的描写，李泌几乎是一个亦仙亦凡的人物，“数与灵仙接，言举不经”——多次与神仙打交道，言语行为都很异常。以至于欧阳修、宋祁等人著《唐书》时，认为“繁言多浮侈，不可信”（《新唐书·李泌传》），不敢采纳他的材料，只好“掇其近实者著于传”，选一些比较可信的材料写入他的传中。

据说，李泌是西魏八柱国之一李弼的六世孙，八柱国是八位柱国大将军的省称，李渊的祖父李虎也是八柱国之一。李泌年幼时就以聪明多谋著称，是个神童，七岁就会写文章。玄宗曾下令凡是能讲佛、道、孔子的人均召集到皇宫里，互相辩论。其中有一位叫员俶的孩子，居然高据讲坛、论辩滔滔，底下那么多年长的人都辩不过他。玄宗很吃惊，问他：“你认识的孩子，还有像你这样的吗？”小员俶跪下说：“臣舅舅的儿子李泌。”玄宗派人骑马把李泌接来。李泌来到，玄宗正和大学问家张说看人下棋，玄宗就让张说测试他。张说让他用“方圆动静”来形容下棋，李泌请张说举个例子，张说就说：“方若棋局，圆若棋子，动若棋生，静若棋死。”李泌应声赋曰：“方若行义，圆若用智，动若骋材，静若得意。”张说看这个孩子才思如此敏捷，立刻向玄宗道贺，认为皇上得到了一位“奇童”。

玄宗特意吩咐其家人，好好培养这个孩子。宰相张九龄尤其喜欢他，经常把他叫到自己的卧室里聊天。张九龄与严挺之、萧诚是好朋友，严挺之讨厌萧诚的圆滑世故。张九龄却认为萧诚“软美可喜”——圆滑可爱。李泌说：“张宰相，您的为人我很佩服，但您对萧诚的态度，我不敢恭维。您凭借正直敢言，从布衣百姓升至宰相，难道喜欢那种圆滑世故的人吗？”张九龄对小孩子有这般见识很吃惊，感谢李泌的提醒，从此称他为“小友”。

李泌是肃宗儿时的小伙伴，玄宗让他和当时尚为忠王的李亨来往。长大之后，李泌成了博学之士，喜欢研读《易经》，常游嵩山、华山，向往神仙不死之术。李亨被立为太子，李泌也已年长，曾向朝廷献上他写的《复明堂九鼎议》。玄宗读了这篇文章，想起来这孩子早惠，召他到禁中讲《老子》，他讲得很有条理。玄宗欣赏他的才华，想任命他担任官职，他不接受。玄宗只好让他待诏翰林，供奉东宫，以布衣身份与太子交游，太子称他为“先生”。

这人好像很早就精通世故一样，他有政治才能，却不愿意为官场所累，宁愿以闲云野鹤的姿态处世。至于政治，想涉足就干点儿，适可而止。在供奉东宫时，他写诗讥刺杨国忠、安禄山，杨国忠很恼火。杨国忠与太子有矛盾，忌妒李泌的才能，为了翦除太子羽翼，他上奏玄宗，把李泌流放到蕲春郡，即今湖北蕲春县。后来李泌归隐颍阳，肃宗从马嵬驿北上，立刻派人去颍阳请李泌出山，李泌来到灵武，两人见面，肃宗大喜。

李泌是一位奇才，对于缺乏政治经验的新天子施政，他的远见卓识发挥了重要作用。但他不愿意被官职所束缚，始终保持一种随时可抽身远引的姿态，不愿意做官。肃宗与李泌出行则骑马连辔，夜则对榻而眠，像当年为太子时一样。事无大小皆咨询李泌，对李泌言无不从，连进退将相也与李泌商议，比宰相还宰相。肃宗想让李泌担任右相，李泌坚决推辞，肃宗只好作罢。

建宁王李倓英勇果敢，有才华胆略。随肃宗北上，当时兵弱将寡，一路上屡逢寇盗，李倓亲自挑选骁勇之士，紧随肃宗前后。常常冒死血战，护卫肃宗。肃宗有时过了饭时还没吃上饭，李倓常常为此悲戚不已，军中敬佩他的忠孝果敢。肃宗即位后，考虑天下兵马元帅的人选，首先想到了他，想命他统领诸将东征。肃宗征求李泌的意见，李泌不赞成，认为元帅应该由广平王李俶担任。他向肃宗提出这样的问题：建宁王的确有元帅之才，但是广平王是长子，应该立为太子。如果建宁王为元帅，平叛胜利，他成就了大功，是不是就得让广平王把太子之位让给建宁王？

肃宗说："广平王是皇位继承人，何必看重元帅这个位置呢？"李泌说："眼下广平王还没有明确太子的身份。天下正值艰难之际，众心所向在于元帅。如果建宁王大功既成，陛下虽然不想立他为太子，那些跟随建宁王立功的谋臣将士肯干吗？远的说太宗、近的说太上皇，他们都不是长子，皆因有定天下之功而承大统。如果建宁王为元帅，平乱立功，那时陛下让谁为太子呢？"

李泌话中有话。唐初李世民是次子，在建立唐朝的战争中立了大功，他的部下鼓动他发动玄武门兵变，杀死太子李建成和弟弟李元吉，逼高祖下台，夺太子位，成为第二代皇帝；玄宗李隆基是睿宗第三子，诛韦后之党，拥立睿宗为帝，“除天下之祸”，“拯天下之危”，被立为太子，都是因为功大而取代了长子的地位。这种夺位或代立都伴随着血淋淋的教训。

李泌言外之意，告诫肃宗，立广平王为太子，以建宁王为元帅，可能发生与唐太宗、唐玄宗类似的宫廷喋血，这当然是肃宗不愿意看到的悲剧。肃宗领会了李泌的意思，任命广平王李俶为天下兵马元帅，诸将皆归广平王统制。建宁王李倓听说这件事，非常理解李泌的用意，他向李泌道谢，说：“先生之言，正合我的心意。”

议立天下兵马元帅，本来应该依据任人唯贤的原则。李泌却主张立才略不及建宁王的广平王，有政治上的深谋远虑。他从建唐以来的历史教训中，敏锐地觉察到废长立幼造成的一种潜在的危险。战争年代，天下兵马元帅立功的机会较多，容易树立威望，而当这种威望超过太子时，便会形成对太子地位的威胁。即便建宁王没有野心，当他的部下在平定天下中立了大功，必须由建宁王继大统，他们才能得到应有的奖赏，否则他们就会产生有功不赏之忧。他们都会窜掇建宁王去争夺太子的地位和皇位，他们会尽力把“黄袍”披到建宁王的身上。权力的争夺会酿成流血，会造成父子相残或兄弟相煎，历史上有血的教训。

肃宗与李泌视察部队，兵士们指着他们悄悄地说：“穿黄袍的是皇上，是圣人；穿白衣的是李先生，是山人。”山人就是隐士，没有官职的人。肃宗听到这种议论，告诉李泌说：“艰难之际，不敢让您屈尊为官，暂且穿上紫袍，以杜绝众人的疑虑。”按照唐朝服饰制度，不同品级的官员穿不同颜色的官服，二品、三品官穿紫色朝服。肃宗意思说，你看大家都认为你有本事，可是你摆出一副说走就走的架势，让众人不安。我也不让你做官，你穿上朝服，能起到安定人心的作用就行了。李泌不得已，遵命穿上了紫色朝服，来见肃宗谢恩。他没有想到这是肃宗的小聪明，肃宗见李泌“中计”，笑了，说：“既然穿上了朝服，岂能没有官称！”从怀里掏出拟好的敕书，宣布任命李泌为“侍谋军国、元帅府行军长史”。

李泌坚决推辞，肃宗说：“朕不敢任命您为宰相，而是暂以此职请您参与到平定内乱的大事之中。等到乱平，任凭您根据自己的志向选择去留。”李泌只好接受这个任命。朝廷置元帅府于禁中，李俶入府，则李泌在府；李泌入府，李俶也一定在府，实际上就是让李泌协助天下兵马元帅李俶处理军国重事。“侍谋军国”，在唐朝官制中并无此职，是肃宗为李泌特设的。而元帅府不是常设机构，只是战时的临时指挥中心，因此所谓“元帅府长史”也不是正式官职，而不过是临时差遣性质的职务。

李泌建议，许多事务肃宗不必过问，皇帝治国理政，哪能巨细无遗。他说：“将军们见到皇上，心情总是非常紧张，在陛下面前谈论军事，有时不能畅所欲言。万一小有差失，为害不小。让他们有事先与我和广平王进行探讨，等到意见成熟时，我与广平王奏闻陛下，再从容商讨，可行的去做，不可行的停止。”肃宗认为有理。这时军务繁多，每天从早到晚，四方奏报不断传来，肃宗让大家全部送到元帅府，李泌先打开阅览，如果有情况紧急的，或烽火报警的，重新封上，送往宫中。宫禁里，大门门侧放置轮盘，夜里闭门，外面有急切文书，就放在轮盘上，旋转轮盘向内传入宫中。如果不是紧急文书，就等到天亮再传递。宫禁锁钥和符契，全都交广平王李俶和长史李泌掌管。

元帅府除元帅广平王李俶、长史李泌之外，还有行军司马李辅国。李辅国是宦官，在拥立肃宗为帝的行动中立功不小，成为元帅府重要成员。这是战时最高军事指挥机构，军国大计、平叛的军事行动就是在这个核心机关操纵下展开。李泌参与其中，许多重大决策出于他的谋划。

灵武军事力量主要是郭子仪统率的朔方军。为了扩大声势、壮大力量，肃宗想借用外夷兵力。特别是对付叛军的骑兵，非借助回纥的精骑不可。他封豳王李守礼的儿子李承彩为敦煌王，与仆固怀恩一起出使回纥，向回纥借兵。又调发拔汗那国的军队，并请拔汗那国转告西域诸国，许诺给予厚赏，让他们随从唐朝安西边防军入援平叛。拔汗那是位于费尔干纳盆地的中亚国家，汉代时的大宛国也在这个地方，跟唐朝关系密切。

李泌向肃宗建议："先暂且驾幸彭原，等到西北入援的军队来到，再进至扶风郡接应他们。那时各地庸调绢也已经转运到扶风，可以满足军需供应。"肃宗接受了这一建议，于是离开灵武，向彭原进发。

太上皇赐张良娣七宝鞍，良娣是皇宫里嫔妃的称号。张良娣的奶奶窦氏是玄宗的姨妈，也就是肃宗的姨奶。玄宗的母亲窦太后庙号昭成皇后，去世很早，年幼的玄宗把姨妈当作妈妈一样，而姨妈对这个外甥也非常疼爱。所以玄宗对张良娣这位表侄女格外关照。

李泌对肃宗说："如今四海分崩，应当让天下人看到宫中节俭的风气，良娣乘此七宝鞍不太合适，请撤掉鞍上的珠宝，交给管理仓库的官吏，等到有人立了战功，作为奖品发给他。"张良娣就在阁中，听到李泌的话很不高兴，大声说："李先生跟我还是乡亲呢，对我何必这样苛刻呢？"肃宗说："先生是为国家着想啊！"立刻命令把七宝鞍上的珠宝全部撤掉。这时听到廊下传来建宁王李倓的哭声，肃宗很吃惊，把他喊来问话，李倓说："我一直担心祸乱难平，如今看到陛下从谏如流，相信用不了很久就能平息战乱，迎太上皇回长安，因此喜极而悲。"张良娣因此讨厌李泌和李倓，七宝鞍事件使张良娣与这两个人的关系蒙上了阴影。

肃宗和李泌一起聊天时谈到李林甫，说收复长安时，一定要挖李林甫的墓，烧掉其枯骨，撒掉骨灰。李泌说："陛下刚定天下，何必这样仇恨死去的人呢？他的枯骨知道什么呢？只能让大家看到陛下不够宽宏大量，这样做没一点儿好处。那些从贼者都是陛下的仇人，如果听到这件事，恐怕会打消他们悔过自新的念头。"肃宗不高兴，说："这个奸相活着时经常跟我过不去，不知道多少次想谋害我，那时我简直朝夕难保。我能够活下来，不过是一种幸运！李林甫也讨厌您，只是没有把您害死，您何必同情他呢？"

李泌回答说："我怎么不知道呢？太上皇临御天下近五十年，太平娱乐，一朝失意，远处巴蜀。南方偏远、环境恶劣，太上皇年事已高，听说陛下这一敕旨，我想他一定以为是因为韦妃的缘故，一定会心怀惭愧。万一感愤成疾，那陛下就有天下之大不能安君亲的恶名。”李泌的话没有说完，肃宗已经泪流满面，从台阶上走下来，仰天长拜，说：“朕没有想得这么深远，是上天让先生教导我啊！”与李泌相抱抽泣不已。

我们前面讲过，肃宗为太子时，太子妃韦氏是韦坚的妹妹，韦坚受李林甫迫害，被诬获罪，太子迫于李林甫的凶威，上表要求与韦妃离婚。李泌告诫肃宗，那是玄宗在位时的事，您痛恨李林甫，发掘其墓，会让太上皇误会您记恨此事，而这件事太上皇也有一份责任啊，那他就会感到惭愧，万一因此生了病，您就不好向天下人交代了。实际上，李泌在提醒肃宗注意搞好与太上皇的关系。因为至少肃宗这个皇帝的位置，必须得到太上皇点头，太上皇同意，才算名正言顺。太上皇虽然远在蜀中，却必须时刻注意不能触动这根敏感的神经。

一天晚上，肃宗又跟李泌说到张良娣。肃宗想立张良娣为皇后，以宽慰太上皇。如前所言，昭成太后是玄宗的母亲，玄宗幼年失母，把姨娘，也就是张良娣的祖母看作母亲一样。张良娣的祖母也非常疼爱幼年的玄宗，所以后来玄宗即位，就把她封为邓国夫人。邓国夫人的儿子张去逸生了张良娣，有这样几层关系，所以肃宗有上面一番话。李泌没有正面回答肃宗的话，他说：“陛下在灵武，因为群臣希冀得尺寸之功而践皇位，不是为一人之私利。至于家事，应该听候太上皇的旨意，也就不过半年几个月的时间，不必着急。”肃宗接受了他的建议。

李泌不乐意立张良娣为皇后，但此事敏感，弄不好既得罪张良娣，也会惹肃宗不高兴，所以请肃宗暂缓时日。并且这样做既给玄宗面子，也给肃宗一个台阶，两全其美。肃宗即位为帝，有一个暂时理政、平叛结束还位父皇的许诺，急于立太子，或立皇后，都是自打嘴巴，自己撕掉面纱。李泌比他明智，所以一再强调，立太子、皇后都是陛下家事，太上皇还在，就要等太上皇定夺，否则将落不忠不孝的骂名。

根据李泌的建议，肃宗整军离开灵武，经顺化，于至德元载（756年）十月至彭原郡，向长安逼近。此举标志着平叛的准备已大致完成，新生的肃宗政权着手光复大业，与安禄山叛军的交锋即将开始，第一个目标就是收复长安。

（五）抗战烽火

洛阳和长安虽然失陷，各地官军和民众自发的抗击叛军的行动一直没有停止。在肃宗北上灵武、精心组织平叛的同时，国家大部分地区仍控制在效忠唐王朝的军队之手。叛军所占领的地区不过河北、河南和关中部分地区，再继续扩张便遇到坚决的抵抗。叛军西进，仅至扶风，便被薛景仙击退，肃宗下敕改扶风郡为凤翔郡。安禄山遣其将高嵩带着敕书、缯彩至河西、陇右，诱降唐朝将士，大震关使郭英乂把他擒获杀掉。诗人杜甫的诗句准确地概括了这时的局势："国破山河在。""国"在古代汉语中指首都，当时杜甫被乱军抓获，拘留在长安，他目睹了长安乱离景象，看到昔日繁华的长安如今满目凄凉，痛苦地写下《春望》一诗，这句诗就是开篇第一句。

在古代中国，对于一个王朝或一个政权来说，宗庙、皇陵、帝都等常常是其存在的标志。然而一个国家、一个王朝兴亡成败的更重要因素是人心。唐王朝建立已经一百多年，推行了许多开明措施，政治、经济、国力、文化各方面都取得了辉煌成就，与此同时在广大人民心中也树起一座巨大丰碑。这一点，安禄山反叛势力无论如何都望尘莫及。虽然至玄宗时，政治上出现了严重腐败，经济上也存在不少危机，阶级矛盾也在激化，人民生活水平下降，甚至“朱门酒肉臭，路有冻死骨”（杜甫《自京赴奉先县咏怀五百字》），阶级矛盾已经激化，天下有强烈的不满。但安禄山叛军所至残灭，让人民看到这是一个更凶残、更缺少理性和正义的邪恶势力，因此人心仍然倒向他们心目中的大唐王朝。

各地的官吏、百姓们以忠义自许，纷纷投身于打击叛军的斗争之中。甚至在皇帝逃离京城，无人组织和号召，叛军势力十分猖獗之时，他们也在自觉地、自发地拿起武器，与叛军展开殊死的搏斗。说“国破山河在”，不仅是说广大国土还为唐朝所有，而且在很大程度上是说人心还在，包括诗人杜甫在内的广大人民和唐朝官兵拥护朝廷的心态还非常坚决，平息战乱光复唐朝的信心还非常坚定。虽然在大乱中有人贪生怕死，逃跑藏匿；有人变节投敌，甘当鹰犬，但不是主流。因此，人心不死！首都沦陷，不代表这个国家、这个政权已经灭亡。

杜甫的诗还用“烽火连三月”概括当时的战乱局面，意思是说一直以来战事接连不断，一方面说明叛军在不断扩大战果，另一方面也反映各地抗击叛军的斗争没有中断，这句诗极好地概括了当时国家的形势。当时的战事主要发生在河北、河南、关中等地，各个战场战事激烈。

先看河北方面。本来河北节度使李光弼一直在围攻博陵，听说叛军攻破潼关，便撤围南下。史思明率军紧追不舍，被李光弼击退。李光弼与郭子仪都引兵入井陉，留下常山太守王俌率景城、河间郡被称为团练兵的地方武装防守常山郡。平卢节度使刘正臣出兵袭击范阳，行至半路，遭到史思明的迎击，刘正臣大败，扔下妻子逃跑，士卒战死者七千多人。起初，颜真卿听说李光弼统兵出井陉，他便撤军回到平原郡，等待李光弼的命令。现在听说李光弼和郭子仪又统兵入井陉，回了河东，颜真卿开始准备河北方面的军事行动。

河北诸郡将士仍然在为朝廷守城，常山太守王俌看到贼势复炽，想投降叛军，他手下的将军们很恼火，在打马球的赛场上，纵马把他踩死。听说信都太守乌承恩麾下有朔方军三千人，众将派宗仙运率父老至信都，迎乌承恩镇守常山郡。乌承恩说自己为信都太守，只能守境保土，没有朝廷的诏命不敢擅离职守。宗仙运劝他说："常山地控燕、蓟，路通河、洛，有井陉之险，足以扼敌人咽喉。如今皇上车驾南迁，李光弼收军退守晋阳。王俌太守暂统后军，却想举城降贼，众心不从，结果他身首异处。将军您兵精气肃，远近莫敌，如果以家国为念，移镇常山，与李光弼首尾呼应，那么将建立不朽的功业，谁也无法与您相比！如果犹豫不决，不肯离开信都一步，又不做防御的准备，一旦常山失陷，信都郡岂能独自保全！”乌承恩不听。

宗仙运又说：“将军不采纳我的意见，一定是担心兵力不足。眼下民不聊生、兵荒马乱，老百姓互相结聚，屯据乡村。如果悬赏招募，不到十天就能招兵十万。与您手下三千朔方将士掺杂使用，大功可成。假如舍弃要害之地，却把驻守一个无险可守的信都当成万全之计，就好比倒持剑戟以授人，必败无疑。”宗仙运对形势分析得如此透辟，无奈乌承恩是粗人，不识大体，始终拿不定主意。后来，史思明反攻河北，迅速夺取河北诸郡，乌承恩投降。

这个月，史思明、蔡希德率上万人南攻九门县。到第十天，城中伪降，在城墙上埋伏了甲兵。等到史思明登上城墙，伏兵四起，忽然向他发起进攻。史思明从城墙上摔下去，砸到鹿柴上，左胁受伤，夜奔博陵。鹿柴是一种军事防御设备，就是把带枝杈的树木植在地上，以阻止敌人的进攻。史思明就是掉到了这些枝枝杈杈上，侥幸没有摔死。颜真卿派人用蜡书形式把贺表送到灵武，蜡书是把书信封在蜡丸中，以防泄露。肃宗任命颜真卿为工部尚书，兼御史大夫，依前充河北招讨使、采访使、处置使，并送去即位大赦诏书，也用蜡丸封好送达。颜真卿把赦书发到河北诸郡，又派人送到河南、江淮各地。这样各道才知道肃宗灵武即位的消息，以死效命朝廷的决心更加坚定。

再看河南方面。安禄山的猛将李庭望率蕃、汉兵两万多人东袭宁陵、襄邑。当夜幕降临时，他们在雍丘城三十里处安营扎寨。正在雍丘组织抗敌的张巡率三千人持短兵乘夜偷营，大破敌军，杀死敌人大半，李庭望收兵连夜逃走。敌将令狐潮、王福德又率步兵、骑兵一万多人进攻雍丘，也被张巡杀得大败，被迫撤军。

在敌人占领的两都，拥护唐朝的官员、百姓在和敌人进行着心理上和人格上的较量。

过去，唐玄宗每次举行宴会，都先设太常寺坐部伎、立部伎表演雅乐，接着再表演鼓吹、胡乐、教坊和各府县的散乐、杂戏，还以山车、陆船载乐往来；又让宫人出场表演霓裳羽衣舞；还训练上百匹舞马，让它们口衔酒杯上前祝寿；又把犀、大象牵上场，有的跪拜，有的舞蹈。安禄山看到过这些表演，特别喜欢。攻下长安后，命部下搜捕乐工，运载乐器、舞衣，驱赶舞马、犀、象等到洛阳。在大燕政权的都城洛阳，安禄山也模仿当年玄宗，举行盛大宴会招待“群臣”，地点选在凝碧池，凝碧池在东都皇苑最东边，是皇苑内风景最好的地方。隋朝大业年间，筑西苑时在苑内造海，名积翠池，周十余里，其中造蓬莱、方丈等山，高出水百余尺，台观殿阁，环绕山上。唐时改名凝碧池，除楼阁外，池中有亭，名凝碧亭；有桥，名凝碧桥。

宴会上安排了盛大的乐舞场面，表演各种乐舞。这个活动没有组织好，尤其没有做好演员们的心理调节工作。那些梨园弟子都怀着故国之思，常常悲戚流涕，贼兵手按刀剑，紧盯着他们。在这样如临大敌般的看押下，谁还有良好心态进行表演？乐工雷海青忍不住悲愤，把手中的乐器摔到地上，向着蜀郡方向放声大哭。空气顿时像凝固了一样，安禄山大扫其兴，盛怒之下，他命令手下人把雷海青捆在试马殿前的柱子上，把这位有正义感的艺人肢解了。

诗人王维本来任给事中，门下省正五品官，没有能跟玄宗逃出长安，为叛军俘获。他的名气太大了，安禄山命人把他押送到洛阳，强迫他做官。他不干，服药取痢，伪称喑疾——又是拉肚子，又是装哑巴。安禄山把他软禁在菩提寺，不经他同意，就宣布了对他的任命。另一位诗人裴迪来看他，告诉他凝碧池演出的惨况，他听说雷海青之死，听说那些歌手一发声皆一时泪下，心情悲伤，手头又没纸笔，就口占一诗，即《凝碧池》："万户伤心生野烟，百官何日再朝天。秋槐叶落空宫里，凝碧池头奏管弦。"这首诗当时流传很广，连北上灵武的肃宗都知道了。后来收复洛阳，许多陷贼为官的人都判了刑。唯有王维，不仅没有给予处罚，反而受到朝廷重用，让他做了尚书右丞，正四品下，升了半级，世称"王右丞"。

叛军占领下的长安十分混乱。叛军进入长安后，安禄山指使孙孝哲杀霍国公主及王妃、驸马等于崇仁坊，把他们的心都挖出来，以祭奠儿子安庆宗。霍国公主是睿宗的女儿，也就是玄宗的妹妹。凡是杨国忠、高力士的朋党以及安禄山平素所讨厌的人都杀掉，杀了八十三人。叛党下手狠毒，有的把脑盖揭开，流血满街。至德元载（756 年）七月十七日，又杀皇孙及郡主、县主二十余人。太子、诸王之女往往被封为郡主，或县主。

安禄山听说玄宗离京后长安的百姓乘乱入宫，盗走不少府库财物，占领长安后，命部下展开大规模的搜查和掠夺。乱兵不仅搜查宫中器物，连老百姓的私产都一抢而光。安禄山又令府县推按，哪怕是涉及一些细小的物品都严加追查，大肆搜捕，一连十、十连百，株连无数，城中动荡不安，百姓们更加思念唐朝廷。

随从安禄山造反的同罗、突厥兵本来屯住在长安苑中，维持治安。七月二十二日，酋长阿史那从礼率五千骑兵，盗窃两千匹御厩良马逃归朔方郡。他们逃走后，长安的治安全面崩溃，官吏有的逃跑，有的藏匿，监狱里的囚犯无人看管，纷纷逃窜。京兆尹崔光远以为贼兵要逃走了，派吏卒把守孙孝哲的住宅，以防孙孝哲逃走。孙孝哲把此事告诉了安禄山，崔光远与长安令苏震只好率京兆尹所属府县官十余人逃出，至灵武。肃宗任命崔光远为御史大夫兼京兆尹，派他到渭北招集官吏百姓。任命苏震为御史中丞，苏震是苏诜的儿子，还是玄宗的女婿。崔光远逃走后，安禄山又任命了田乾真为京兆尹。

正在沉浸于皇帝逃走、唐朝已亡的胜利中时，忽然传来太子已经率兵北上的消息，对叛军来说是个意外，令人震惊。这种心理影响不可忽视。太子有多少人马、太子何时来打长安，这些都让叛军惊疑不定，却给百姓们带来了希望。自从太子离开马嵬驿北上，民间相传太子正在屯兵来取长安，长安百姓日夜盼望官军，有人不断地高喊:“太子大军至矣！”以此惊扰人心，一听到这种喊声，人们都竞相奔逃，长安市面上常常一跑而空。叛军只要一看到北方尘土飞扬，就以为太子率兵来攻长安，便惊惶、恐惧，乱作一团，想寻路逃生。

长安近郊的豪杰之士纷纷组织义兵，杀死安禄山任命的官吏，与官军遥相呼应。诛而复起，相继不绝，叛军无法控制局面。本来从京畿、鄜州、坊州至岐州、陇州都依附于叛军，现在局势动荡起来，长安西门之外都有忠于唐朝的人马活动，敌人兵力所及之处，南不出武关，北不过云阳，西不过武功。

东南广大地区仍是唐王朝的后方供应基地，通过大运河的漕运既然已经被叛军切断，朝廷开辟了新的航运路线，唐军的粮草供应问题得到了解决。这与朝廷任命了一位善于理财的官员有关，这个人就是第五琦。北海太守贺兰进明派录事参军第五琦入蜀奏事，第五琦向玄宗毛遂自荐说："眼下正值用兵之际，燃眉之急的问题是财赋，而财赋所出，江、淮居多。任命我一个职务，可使军资无缺。"玄宗任命第五琦为监察御史、江淮租庸使。按照第五琦的规划，江淮上缴的财赋有的运到蜀地，有的运到灵武，皆沿长江西上，从襄阳取上津道抵扶风，然后分路送达。扶风郡太守薛景仙努力维护此道的通畅，因此道途安宁。

有了各地的艰苦斗争和各种积极因素的发挥，唐王朝获得了喘息之机，新兴的肃宗政权迅速组织起反攻的力量，取得了与叛军角逐两京的主动权。

内忧外患：艰难的抗战

从潼关失守玄宗入蜀、肃宗北上，至至德元载（756 年）末陈涛斜兵败，各地抗战极其艰苦。

（一）陈涛斜之败：滑稽的战术

肃宗从灵武南下，经顺化郡（今甘肃庆阳）至彭原郡（在今庆阳西南），拉开了反攻的序幕。

至德元载（756 年）十月一日，出现了日食，天下人都为此惶惶不安。有人认为这种天象与天宝以来言路堵塞有关，为了回应上天示警，肃宗广开言路。过去，李林甫为相，规定谏官有事上奏，要先告诉宰相，然后再入朝上奏；御史上奏，奏章必须跟御史大夫连署。肃宗下敕取消了这些规定，又令宰相在政事堂轮流值日，负责政事堂执笔及秉承皇上旨意行事。这些都是有惩于李林甫、杨国忠专权造成的教训而采取的措施。

监察御史、江淮租庸使第五琦来到彭原，谒见肃宗，建议把江淮租庸交换成质轻而贵重的财货如绢帛之类，溯长江、汉水而上，运至洋川郡，再陆运至扶风郡以供应军需。肃宗采纳了他的建议。肃宗提拔第五琦为山南等五道度支使，第五琦推行榷盐法，在产盐区实行官营官销的专卖制度，朝廷的费用丰足起来。这些措施对于即将展开的战争，都是非常必要而且是及时的。

然而摆在唐军面前的安禄山叛军，并不是一触即溃的残军。安禄山久于用兵，手下有二十多万虎狼之师，还有一些久经沙场的将军，意味着朝廷的平叛不是轻而易举之事。

唐朝的反攻，在战略上有三种意见，分别以房琯、郭子仪和李泌为代表。房琯是宰相，他的主张是正面进攻，收复长安、洛阳，而后倾覆范阳；郭子仪主张迂回作战，出奇兵占领潼关，切断长安与洛阳的联系，然后收复长安，进而收复洛阳、范阳；李泌主张出兵远征范阳，对长安和范阳交互进攻，造成敌人首尾难顾，等敌人筋疲力尽时，全面进攻，进行决战，夺取胜利。肃宗倾向于房琯的意见，他急于收复长安，收复长安标志着唐朝对全国统治的恢复，朝廷也有了归宿，结束流亡政府的生涯。所以房琯一派的主张占了上风。

朝廷任命房琯为收复首都的前线总司令，他的具体职务是“持节、招讨西京兼防御蒲潼两关兵马节度等使”。房琯请求自选僚佐，肃宗也同意了。房琯选拔御史中丞邓景山为副使，户部侍郎李揖为行军司马，给事中刘秩为参谋。大军已经出发，又命兵部尚书王思礼为招讨副使。房琯把军务全部委托李揖、刘秩二人，这两个人都是书生，不懂军事，可是房琯向人吹牛皮说：“安禄山的曳落河虽多，也不抵我手下刘秩一个人！”

一群书生即将指挥一场与久经沙场的战将交锋的战役。

房琯把大军分为三军，派裨将杨希文率南军，自宜寿县（今陕西周至）进军；刘贵哲率中军，从武功县（今陕西武功）进军；李光进率北军，从奉天县（今陕西乾县）进军。李光进是李光弼的弟弟。三路兵马分进合击，兵锋直指长安。

这是肃宗起兵以来对叛军的第一仗，无论从哪一方面说，都具有重要意义。

房琯以中军、北军为前锋，十月二十一日，两军在咸阳县东叫陈涛斜的地方与贼将安守忠部下相遇。双方展开激战。

这里有一个问题，唐军进行的是收复长安的战斗，长安城高沟深，叛军完全可以凭险守城，为什么却在城外迎战官军呢？这可能有两方面的考量：一是客观上的原因，叛军是长期在东北地区与奚、契丹等游牧民族作战的部队，他们长于野战。而且叛军拥有精锐的骑兵，骑兵只有在平川旷野才能发挥威力，攻城和守城都不能发挥作用。因此在城外作战，他们也是发挥优势。二是主观方面的原因，叛军根本没有把唐军看在眼里，他们不是要守城，而是要把唐军吃掉。尤其那些胡兵蕃将，都有一种拼杀的劲头，没有以逸待劳的耐性，觉得大敌当前，不出战那是孬种。后来，唐军收复长安、洛阳，叛军都是与唐军在城外交战，战败后就弃城而走，不曾守城。

房琯和他的谋士们都是迂腐儒生，脑子里都像进了水一样。他们模仿春秋时代的战法，采用车战，因为战马不足，便用牛拉车。中间是两千辆牛车，两边是步兵、骑兵，齐头并进。“将军”们以为这些雄健的壮牛拉着战车横冲直撞过去，可能会像精锐铁骑一样势不可当。谁知敌兵顺风大呼小叫，那些驾车而未经过战阵的牛们便吓得止步不前。敌人又纵火烧车，官军士兵和牛、马大乱。敌人纵兵冲杀，官军大败，四万多人阵亡，活下来的只有几千人。

这次战斗有点儿类似哥舒翰灵宝之战，那时他用马驾车，直冲敌阵，结果呢？敌人在战车前纵火，就成功地阻止了唐军的进攻。房琯完全应该接受哥舒翰的教训，可是他不仅没有接受教训，反而更笨，用牛驾车不是比马驾车还更糟糕？这哪能不败！。

古代最早的战争当然是步战，例如原始部落间的军事冲突，那时既没有驯服的牲畜可用，也没有造车技术。据考古学者的研究，夏代开始有了战车，这种以马驾车的技术可能是从西北草原民族那里学来的。商周时期车战已经具有相当规模，春秋、战国时车战盛行，四马驾一车，每车三名战士，为一乘。当时形容一个国家的军事实力，就是看他们有多少战车，“万乘之国”就是军事强国。打起仗来，双方的战车冲到一起，车上的士兵互相击刺。屈原诗中“车错毂兮短兵接”(《国殇》)，就是对这种战争场面的描写。对于步兵来说，车战有一定优势，在地形有利的情况下，能够起到坦克车的作用，但缺点是不够灵活。

在中原地区与北方游牧民族的战争中，这种战车显得笨重，因为北方草原民族擅长骑射，机动灵活。因此从赵武灵王开始，学习胡服骑射，开始组织骑兵作战。秦汉时中原地区仍盛行大规模的步兵作战，但在与匈奴人的战争中，也发展起强大的骑兵。南北朝时盛行重装骑兵，至隋唐时轻重骑兵具有发展。在步兵、骑兵的装备都得到很大改进的情况下，车战就更显得落后。

哥舒翰是经验丰富的老将，房琯看到哥舒翰的前车之鉴，按说是应该知道车战的利弊的，为什么要采用车战呢？可能也是出于无奈，是没有办法的办法。因为他们都知道，敌人有强大的骑兵——渔阳突骑。而他们手下主要是步兵，在步兵没有优势时，这是他们想出的唯一对付敌人骑兵的办法。结果，他们的试验失败了，这为后来唐军对叛军的战争提供了教训。在后来的平叛战争中，就没有人再使用这种战术了。对付敌人的骑兵，比较成功的办法，我们看到的一是李光弼的弓弩排射的战法，二是请来了回纥的精骑——比渔阳突骑更精锐的骑兵。

十月二十三日，房琯又亲率南军与敌军交战，想挽回败局，又遭惨败，主将杨希文、刘贵哲都临阵投降。

这让我们想起战国时纸上谈兵的赵括，谈起兵法出口成章，但经不起实战的考验。房琯出师不利，这不能不极大影响官军士气。

肃宗听说遭到如此败绩，龙颜大怒，立刻要杀房琯。幸得李泌劝解，才免其一死。

这就是安史之乱中著名的陈涛斜之战。

陈涛斜之败，给刚刚振作起来的唐王朝当头一棒，人们的心头立刻布满阴云。诗人杜甫此时正被困在长安，他看到了那些得胜归来的叛军趾高气扬，忧国忧民的心情更加沉重，于是写下千古名篇《悲陈陶》：

孟冬十郡良家子，血作陈陶泽中水。
野旷天清无战声，四万义军同日死。
群胡归来血洗箭，仍唱胡歌饮都市。
都人回面向北啼，日夜更望官军至。

陈涛斜，又叫陈陶泽。彭原郡在长安西北，为肃宗驻跸之地，故云“都人回面向北啼”。

陈涛斜兵败之后，肃宗重新调整了前线指挥，任命薛景仙为关内道节度副使。

（二）河北反复

由于潼关失陷，叛军西指，朝廷原先会战洛阳的计划破产，郭子仪、李光弼率领的朔方军主力从河北撤出，经井陉口退入河东。只剩下颜真卿独力支撑，河北的局面立刻表现出敌强我弱的态势。

史思明率军反扑而来，至德元载（756 年）八月十日，攻入九门县城，接着攻陷藁城、赵郡，进围常山郡，仅十天时间，便攻入郡城，控扼井陉关要路和南北交通要道的军事重地常山郡，落入叛军之手。

史思明派其将康没野波率先锋军进攻平原郡，颜真卿知道敌众我寡，便放弃平原郡，渡过黄河南走。他想投奔肃宗，但陕郡、洛阳一带皆为敌占区，道路阻塞不通，他只好南奔荆州、襄阳。后来他听说肃宗到了凤翔，就从荆州、襄阳取上津道，北诣凤翔。肃宗任命他为工部尚书。

很快，清河郡、博平郡、信都郡等等也纷纷陷入叛军之手。

河北坚守最持久的是饶阳郡。

饶阳郡裨将、束鹿人张兴是一位大力士，力举千钧，而且又聪明机智，因此敌人围攻饶阳，一年没有攻下。及至各郡都已经陷入敌手，史思明调集各路兵马，共攻饶阳。此时外来的救援全部没有了，太守李系窘迫间赴火而死，城终于被敌人攻破。力士张兴被敌人俘虏，史思明很爱惜他的才略，劝他投降。

张兴说："我是唐朝忠臣，本来就没有投降的道理，现在也就是再活上半天工夫。我有一句话，不知道你愿不愿听？我想，这也可能是我活着说的最后一句话，但想说出来，哪怕你立刻杀掉我。"史思明说："那你说吧！"张兴问："皇上对安禄山如何？"史思明说："恩重如山。"张兴说："是啊，皇上对待安禄山恩如父子，朝廷大臣没有人能望其项背，可他不知道报答皇上的厚恩，却兴兵作乱，发兵攻打长安，造成生灵涂炭。大丈夫不能剪除凶逆也就算了，难道能面朝北当他的臣子吗？"史思明问："你什么意思？"张兴说："我有一个小小的计谋，将军能采纳吗？你之所以随从安禄山叛乱，不过是想求得富贵，就好像是燕子在帷幕上筑巢，岂能久安！不如寻找机会，杀死安禄山，为朝廷立一大功，那时可以转祸为福，长享富贵，岂不美哉！"

史思明勃然大怒，命令手下人把张兴四肢伸开，钉在木头上，用锯把他锯死。张兴至死骂不绝口。

敌人每破一城，城中的财物、妇女都被他们抢掠一空。至于男人，强壮的让他们肩挑背负运输军资，老弱病残年幼无力者都用刀枪挑着戏弄后杀死。安禄山起初只给史思明三千人，派他平定河北，现在河北都被史思明攻下，史思明部下的兵力大增，每郡派三千兵防守，再杂以胡兵坐镇，史思明自己回到博陵。

（三）太原保卫战

史思明在河北接连得手之后，便把注意力集中到河东方面。至德二载（757 年）正月，史思明从博陵郡出发，蔡希德自太行道出发，高秀岩从大同郡出发，牛廷玠从范阳出发，四路大军共十万人，合攻太原。

太原守将是李光弼，这时李光弼麾下精兵都奉命赴朔方，只剩下当地民团不足万人。史思明连战皆捷，骄兵气盛，以为太原唾手可得。他打算拿下太原之后，便乘胜前进，长驱直入，进军朔方、河西、陇右。李光弼手下的将军们都感到畏惧，商议修筑城防工事以防备敌人的进攻。

李光弼认为：太原城周长四十里，工程浩大，敌人马上就到而去修城，只会使自己还没与敌人交战却已经人困马乏。他不筑城，而率领士卒及百姓在城外挖战壕，加固守城阵地。又派人做砖坯数十万，大家都不知道干什么用。后来敌人在城外攻城，李光弼用这些砖坯在城内增修墙垒，城墙坏处立刻用这些砖坯补上，敌人始终无法找到突破口。史思明派人从山东运来攻城的战具，派三千胡兵护送，至广阳郡，李光弼派出的别将慕容溢、张奉璋拦路截击，把胡兵全部消灭，把攻城战具全部焚毁。叛军围攻一个多月，太原仍坚如磐石。其中原因除李光弼指挥有方之外，也与叛军不善于攻城有关。太原保卫战是如此，睢阳之战、南阳之战也是如此。一座中等坚固的郡城，叛军常常苦攻数月，甚至长达一年还攻不下，充分暴露出其不善城战的弱点。

李光弼悬赏军中，有一技之长的受赏，根据他们的特长加以任用，人尽其才。部队里有三位来自安边军的铸钱工，善穿地道。敌兵在城下仰面骂阵，李光弼派人把骂阵的敌兵拽入地道，拉入城中，然后推到城墙上杀掉。敌人心惊胆战，连走路时都紧瞅着地面。敌人搭云梯、修土山来攻城，李光弼挖地道等着他们，敌人走近城墙时便陷入地下。敌人逼近城墙，急攻不舍，李光弼造巨大的发石车，一发就打死二十多人。敌人死伤十分之二三，只好后退到几十步之外扎营，但把太原城包围得更加严实，铁桶一般。

李光弼派人诈与敌人约期投降，敌人很高兴，不加防备。李光弼派人挖地道，敌营地下全被挖空，用木头支撑着。到了约定的时日，李光弼整顿队伍在城墙上，派裨将率数千人出城，像是投降的样子，敌人都目不转睛地盯着这支队伍。突然营中地陷，敌人一千多人死于塌陷中，敌军乱成一团，官军鸣鼓进军，喊杀声震天，俘虏和斩杀敌人数以万计。

在李光弼与史思明相持不下时，安禄山死了，安庆绪命史思明归守范阳，留下蔡希德等继续围攻太原，敌人的攻势减弱下来。

二月十九日，李光弼率敢死队出击蔡希德，大破贼兵，杀敌七万多人，蔡希德逃走。

由于李光弼的坚守，敌人经河东西进，占领朔方、河西、陇右的计划破产。

（四）南阳失守

敌人向南线的进军有所进展。

山南东道节度使鲁炅奉命守南阳。南阳的重要性，在于它是襄阳的屏障。在叛军切断了运河漕运以后，江淮地区供应朝廷的财粮军需，经长江西上，襄阳是中转站。敌人要南下切断粮道，第一站就是南阳。继武令珣之后，叛将田承嗣又率兵围攻南阳。

肃宗派宦官将军曹日昇去南阳，传达朝廷旨意，曹日昇到了襄阳，敌人把南阳围得水泄不通，无法入城。曹日昇想骑马冲进城去。考虑到曹日昇是朝廷使节，万一有什么闪失，无法向朝廷交代，襄阳太守魏仲犀不答应。正好颜真卿从河北来到襄阳，说："曹将军置生死于不顾，目的是传达皇上的旨意，何必阻拦他呢？如果他进不了城，死在途中，不过失去一个使者；如果能进城，那么全城守军为国家而战的意志就会更加坚定。"

这时已是至德二载（757年）五月，城里的粮食已经吃光，一只老鼠价值数百文，饿殍满地。

曹日昇率十名骑兵，奋不顾身地驰向城门，高呼："朝廷信使到了！"

敌人忽然看到一支小分队一边高喊着，一边勇猛的扑向城门，不敢逼近。曹日昇入城，又替南阳守军至襄阳运粮，他带一千士兵把粮食运到城里，战士们那股拼死的劲头，让敌人不敢阻挡。

从去年五月起，敌人围攻南阳已经整整一年。鲁炅率众苦战，日夜坚守，兵疲粮尽。虽然曹日昇的到来鼓舞了士气，但毕竟守军已经丧失战斗力，运来的粮草也是杯水车薪。为了保全剩余的力量，五月十五日夜，鲁炅命人打开城门，率余众数千人突围而出，投奔襄阳。

田承嗣发现鲁炅弃城而走，率兵紧追，转战两天，不能取胜。及至鲁炅进入襄阳城，田承嗣才率军返回。

这一年，敌人想南侵江汉地区，由于鲁炅坚守南阳，扼其冲要，使江汉地区得以保全。因此，虽然最后南阳落入敌手，鲁炅的坚守对整个战局的影响却至关重要。襄阳是军事重镇，敌人没有足够的兵力南侵，战火始终没有烧到这里。

（五）雍丘抗敌

在进犯东南的过程中，叛军有得手处，但更多时候则是遭到顽强的阻击。

安禄山部下骁将之一尹子奇率五千骑兵渡河，占领北海郡（今山东潍坊一带），想继续南下，夺取江淮等财赋重地。这时回纥可汗派其大臣葛逻支统兵入援唐朝，两千回纥精骑为先遣军，忽然进至范阳城下。尹子奇听闻，担心范阳失守，立刻引兵北归。

安禄山派兵攻颍川郡。颍川城中守军很少，又没有粮草积蓄，太守薛愿和长史庞坚誓死守城，全力抗击敌人的进攻，绕城百里之内的房舍都被拆掉，树木都被砍伐，用来修筑防御工事，制作守城的器具。他们艰苦守城整整一年，救兵不至。安禄山又派猛将阿史那承庆增援，薛愿等人率兵又苦斗十五天，颍川郡终于被敌人攻破。敌人把薛愿和庞坚等人解送到洛阳，安禄山命人把他们捆起来，放在洛水边冰上，活活冻死。

敌将令狐潮和李庭望率兵进攻雍丘县，好几个月都没有攻下，便设置杞州，在雍丘城北筑州城，以断绝雍丘的粮食和援兵。敌人攻城的军队常常多达数万人，张巡手下守城的将士只有一千多人，可是每战必胜。

河南节度使虢王李巨驻守彭城郡，授予张巡先锋使的官职。在十二月一个月内，鲁郡、东平郡、济阴郡相继被敌人攻陷，敌将杨朝宗率骑兵、步兵共两万人，将袭宁陵县，切断张巡的后路。张巡就率雍丘守军至宁陵，以待敌军，在这里张巡第一次见到了睢阳太守许远。当天，杨朝宗率军至宁陵县城西北，张巡、许远率部与敌军交战，一日一夜打了几十个回合，大破敌军，杀死敌人一万多人，敌人的尸体塞满汴河，浮河顺流而下。残余的敌人连夜收兵逃窜。

朝廷任命张巡为河南节度副使。张巡认为将士们立了战功，派人到虢王李巨那里希望得到空名告身和赏赐物品，李巨只给了三十份折冲、果毅等级别很低的告身，没有赏赐的物品。张巡写信给李巨，责备他不识大体、不顾大局，但如石沉大海，竟无回音。

（六）永王璘事件

在平叛战争正处于艰苦阶段、前线战事十分紧张之时，统治者内部却还有心思进行权力斗争。皇位的保护和争夺，有时比对付叛军还重要。

永王李璘是郭顺仪所生，顺仪是皇宫里嫔妃的称号。郭顺仪早死，李璘从小失去母爱。据说是肃宗把他养大，当哥哥的李亨睡觉时常抱着他。李璘随玄宗入蜀，玄宗命诸子分别统领天下诸道兵马，谏议大夫高适曾劝玄宗放弃这种做法，以为这样做可能造成太子与诸王的矛盾，但玄宗不听。

李璘总领四道节度都使，镇守江陵。这时，江淮租赋像山一样堆积在江陵，李璘在这里招募勇士数万人，每天消耗的费用数以万计。李璘长于深宫，不谙世事。他的儿子李玚勇猛有力、好战，有薛镠等人为他出谋划策，以为天下大乱，只有南方安定富庶，李璘手握四道大兵，辖区方圆数千里，可以占据金陵，割据江南，像当年的东晋一样，建立一个偏安半壁江山的朝廷。

肃宗听到这个消息，担心李璘把事情闹大，下了一道敕书，命李璘返回蜀地，归觐父皇。李璘不听。

江陵长史李岘不想参与李璘的行动，他也担心一旦李璘举兵，永王与肃宗的矛盾必然发展成兵戎相见，李璘不是肃宗的对手，他不想陪李璘倒霉。他假托生病，来到肃宗所在地。肃宗又把高适招来，与李岘一起商议如何处置李璘。高适认为江东乃财赋重地，如果李璘有割据之心，危害甚大。而且他认为如果交兵，李璘必败无疑。

至德元载（756 年）十二月，朝廷置淮南节度使，领广陵等十二郡，任命高适担任此职；又置淮南西道节度使，领汝南等五郡，任命来瑱担任。让他们与江南东道节度使韦陟共同对付李璘。

本月二十五日，李璘擅自引兵东巡，沿江而下，军容甚盛。此时李璘并没有打出反叛的旗帜，没有暴露其割据江南的意图。许多人还以为他将引兵北上，参与中原的平叛。所以诗人李白应邀入幕，写下名为《永王东巡歌》的组诗，热情赞扬他的行动，幻想“南风一扫胡尘净，西入长安到日边”。

但是，按照玄宗的任命，李璘并没有进入江南东道的权力，何况肃宗已经下令命他返蜀归觐父皇，因此，吴郡太守兼江南东道采访处置使李希言立刻提出抗议，他以平牒形式发了一通文书给李璘。牒是一种公文、凭证，平级之间互相传达的文书，称为平牒。在这件公文里，李希言诘问李璘擅自引兵东下的目的，李璘看到一个地方官竟然以平等身份和贵为亲王的他说话，立刻大怒，分兵数路向对手出击。他命浑惟明率军进攻吴郡李希言，季广琛率军进攻广陵长史、淮南采访处置使李成式。李璘兵至当涂县，李希言派将军元景曜及丹阳太守阎敬之率兵抵御，李成式也派将军李承庆抵御。李璘击败阎敬之军，杀阎敬之示众，元景曜、李承庆都投降了李璘。

此事震动江淮，高适与来瑱、韦陟在安陆相会，结盟发誓讨伐李璘。

李璘与以肃宗为代表的新朝廷的矛盾终于发展到兵戎相见的地步。

第二年二月，李成式与河北招讨判官李铣会合，讨击李璘。李铣有数千兵，驻扎在扬子县；李成式派判官裴茂率兵三千，驻扎在瓜步，广张旗帜、虚张声势，在长江边排列成阵。李璘和儿子李玚登上当涂县城头，远望对方军势，脸上露出惧色。

在平叛的关键时刻，李璘的行为不得人心。李璘手下的大将季广琛对众位将领说："谋事在人，成事在天。我们跟从永王来到这里，但永王并没有当天子的命运，现在他反叛朝廷的阴谋已经败露，不如趁仗还没有打起来，早点考虑自己的后路。如果跟官军交战，死在战场上，就会永远背上逆臣贼子的恶名。"将军们都认为他说得对，于是作鸟兽散。

季广琛率部下逃奔广陵郡，浑惟明率众逃奔江宁郡，冯季康率众逃奔白沙镇。众叛亲离，李璘既忧虑又害怕，无计可施。当天晚上，江北的军队打出许多火把，火光映照到江水中，一个变成两个。李璘的士兵也以火把隔江相应，李璘以为对方已经渡过长江，急忙携家属与部下潜逃。第二天早上，没有看到对方有人过江，才又进城收兵，乘船而去。

李成式率赵侃诸将渡江至新丰陵，李璘派儿子李玚和将军高仙琦率兵进击，赵侃等人迎战，有人用箭射中了李玚的肩膀，李璘的部队便溃败下来。李璘和高仙琦收拾余众，南奔鄱阳郡，又整顿库物甲兵，想逃奔岭南。江西采访处置使皇甫侁遣兵追讨，活捉李璘，在路上把他悄悄地杀了，李玚死在乱军中。李璘败死，其党薛镠等皆伏诛。

皇甫侁派人把李璘的家属送到蜀中。

肃宗假惺惺地说："皇甫侁抓住了我的弟弟，为什么不送到蜀中见太上皇，却擅自把他杀了呢？"皇甫侁想讨好肃宗，却没有受到肃宗的重用。肃宗要除掉李璘，但又不想落一个不仁不义的骂名。

李璘和他儿子两个愣头青死了也就算了，在这次事变中，最令人叹息的，是他把唐代一位最可爱的人拉扯进去，此人就是令我们尊敬的大诗人李白。

李白当年到长安任翰林供奉，因为高力士、杨贵妃等人谗害他，过得很不舒服，就要求还山。玄宗觉得他"非廊庙器"——不是朝廷和官场上的料，批准了他的要求，"赐金放还"——给了他一笔钱，让他归隐。离开长安后，李白南北漫游了几年，最后决定好好炼丹，将来服食以后，成仙算了，离开这个令人烦恼的尘嚣。安史之乱发生后，他避乱南下。

他选择了庐山，这里有一个地方叫屏风叠，风景优美，是炼丹的好地方。据他自己说，求仙学道，他已经很有成就，已经要升入仙境了。有一位叫明星的仙人，"邀我登云台，高揖卫叔卿。恍恍与之去，驾鸿凌紫冥"（李白《古风·其十九》）。他驾着一只大雁就飞上了天空，他在空中看到洛阳被敌人占领，洛阳周围"茫茫走胡兵"，叛军简直像放羊一样，漫山遍野。眼看国家破亡、生灵涂炭，他感到很愤怒："白骨成丘山，苍生竟何罪？"——你们统治者互相残杀吧，老百姓有什么罪过，你们为什么杀了那么多百姓？这时候，他觉得解救人民的灾难，比他一个人成仙更重要。于是，他从天上又下来了。

就在这时，李璘率军东下，路过庐山。他正在招兵买马、壮大声势，一听说李白在这里，他就想有个李白多好啊，他一写诗，风传天下。就派人去请，李白可能一请就去了，他正找不到机会报效国家呢。现在李璘有一支大军北上平叛，这不正是施展身手的好机会吗？于是他就到了李璘的幕府。后来李璘兵败，朝廷说李璘谋反，李白说他是被逼的，李璘曾派人找他三次，像当年刘备三顾茅庐一样，他不得已才参加李璘的部队，这是有点儿替自己开脱。他在李璘幕府里写了一些诗，其中《永王东巡歌》组诗十一首，满怀豪情，一点儿也没有被逼和勉强的味道。

李白到底是个诗人，虽然经历了长安几年的宫廷生活，他的官场经验和政治觉悟还是不高。当时李璘招聘的人，有人觉得这李璘不地道，就拒绝入幕，如刘晏、崔祐甫、萧颖士等人。而一些应聘入伙的文士们呢，后来发现势头不对，这李璘不是北上平叛啊，他带领部队往东去干嘛呀？而且，朝廷已经命令他返蜀，他怎么不执行命令啊？他是要反了，逃吧！于是不少人趁还没出事儿的时候就逃走了，如鲍防、孔巢父等人。李白天真，他就一直跟着李璘走，直到李璘兵败了，他才想到逃命。那还逃得了！被抓后，以“附逆”处以死罪，关在浔阳郡（今江西九江）的大狱里。幸好他的夫人宗氏是老宰相宗楚客的孙女，有面子，到处奔走，救下了他一条命，朝廷把他流放夜郎（今贵州夜郎），半路上遇赦东还。

（七）不合时宜的议立太子事件

在战事最艰苦的时候，肃宗有些悲观，他问李泌：“敌人如此强大，天下何时可定？”李泌对叛军的形势进行了分析：“敌人把所掳掠的子女金帛，都运回范阳，这哪里是雄据四海的心胸！只有一些出身胡族的将军为他所用，为他效力的汉人只有高尚等几个人，其余都不过是被迫附逆罢了。我预料不过两年，敌人就能消灭，天下就太平了。”

他还提出了详细的平叛策略，大意是说：敌人的骁将只有史思明、安守忠、田乾真、张忠志、阿史那承庆等数人而已。命李光弼从太原出井陉关，进入河北；郭子仪领兵从冯翊进入河东郡，那么史思明就不敢离开范阳、常山，安守忠、田乾真就不敢离开长安。两军牵制他四员猛将，跟随安禄山的只有阿史那承庆。保持两京间道路通畅，以各地勤王之师驻扎扶风郡，与郭子仪、李光弼交互进击。洛阳是敌人的腹心，长安是敌人的首，河北是敌人的尾。敌人救首，就击其尾；敌人救尾，就击其首。让敌军奔波在长安、洛阳和范阳三地数千里之间，唐军则以逸待劳。敌人大军一到，我们就避其锋芒；敌人大军一去，我们则乘其疲惫而进击。明年春，命建宁王李倓任范阳节度大使，与塞北合兵进军，与李光弼南北夹击以取范阳，倾覆敌人的巢穴，敌人退无归路。然后各路大军从四面八方向长安、洛阳进击，造成瓮中捉鳖之势，安禄山必然束手就擒。朝廷并没有采纳这一策略，但这段话对正找不到北的肃宗起了鼓舞作用。

李泌对肃宗的匡弼，最重要的是平衡关系、化解矛盾、凝聚人心、团结抗敌，而议立太子事件则充分体现出了这种作用。

张良娣与李辅国相勾结，内外呼应、狼狈为奸，又都讨厌李泌。肃宗对张良娣和李辅国很感激，因为在他经历困难和即位为帝诸多事情上，这两个人都有功。当年由于李林甫的谗害，肃宗不得已与韦妃离婚，此后就是张良娣专侍。良娣聪明，百依百顺，又能说会道。他们跟随玄宗西逃，李辅国与张良娣窜掇肃宗分兵北上。当时兵弱将寡、情势危险，每晚睡觉，为了保护肃宗的安全，良娣总是睡在前边，防备发生意外。肃宗说抵挡贼人，不是女人的事。良娣则回应，如果发生意外，我以身挡之，能赢得一点点儿时间，您就多一分安全。所以，肃宗对张良娣有感激之心，张良娣就有了干政的机会，通过吹枕头风影响朝政。

有一天，肃宗与李泌闲聊，说："广平王担任天下兵马元帅已经一年多，现在想让建宁王统兵专征，又担心兵势两分。立广平王为太子，怎么样？"肃宗之意是立广平王为太子，古制"储君不征"，那么由建宁王李倓统兵出征就名正言顺了，而广平王心理上也不会不平衡。

议立太子是一个敏感话题，肃宗为什么这个时候提出要立太子呢？李泌是聪明人，他一听就知道这一定是张良娣和李辅国的主意。立太子是不合时宜的，为什么呢？我们知道肃宗灵武即位，按他自己的说法是艰难之际的权宜之计，并不是真的要当皇帝，为了平叛大计，他临时执政。所以玄宗派人把玉玺、宝册颁授给他，他坚决拒绝接受，意思是平叛胜利，他还要还位于父皇。不管心里是怎么想的，口号上就是这样。既然如此，那就不能急切地立儿子当太子，这样做是自打嘴巴，说明你那一套都是假的。李辅国和张良娣也知道这一点，他们之所以建议立太子，目的是挑拨肃宗、广平王和李泌的关系。还有就是立了太子，下一步就该立皇后，张良娣还急着当皇后呢。

他们让肃宗征求李泌的意见，可以达到这样的目的，李泌如果同意，那将陷肃宗于不义，肃宗的行为会遭到舆论的批评，那么肃宗自然会怪罪李泌；李泌如果不同意，可能会造成李泌和广平王的矛盾。还有，立广平王为太子，广平王将不再统兵出征，实际上架空了他。建宁王为统帅，有立功机会，将来太子的地位还将产生争夺，张良娣等人还有浑水摸鱼的机会。张良娣想把自己的儿子立为太子，就要动摇广平王和建宁王的地位。将欲取之，必先予之。肃宗糊涂，关键的时候他把自己的面纱都撕掉了，但李泌却不像他那样糊涂。

肃宗的心思对李泌来说是一道难题。李泌头脑很清醒，他说："我早就说过，目前军务急切，许多事情都需要立刻着手去办。至于议立太子，这是陛下家事。有太上皇在，陛下的家事就应该等着太上皇来定夺，不该自作主张。如果自作主张，那么就可能让后人对陛下灵武即位之事的意图产生误会。这一定是有人想在我与广平王之间制造矛盾。我如果赞成陛下的意见，那么于事体不合；如果不赞成陛下的意见，好像是我反对立广平王为太子。请陛下把这个想法告诉广平王，我想广平王也未必敢当。"

李泌从肃宗那里出来，遇广平王，把和肃宗的谈话讲给他听，广平王很是理解。广平王面见肃宗，坚决推辞，说："陛下尚未把太上皇迎回长安，臣哪里敢去做太子？希望等到太上皇还宫，再做决定。那我就感到非常幸运！"肃宗对广平王的态度非常赞赏，好言宽慰他。

李辅国本来是飞龙厩小儿，多少有点儿写字算账的知识，因此又被派到东宫做事，肃宗很宠信他。这个人表面上恭敬谨慎、沉默寡言，而内心狡诈阴险。他看到张良娣受到肃宗的宠幸，暗中依附于她，与她内外勾结。

建宁王多次向肃宗检举揭发他们二人的罪恶，他们也在肃宗面前诋毁他，说建宁王恨不得做元帅，想谋害广平王。肃宗听信张良娣和李辅国的话，把建宁王赐死。广平王和李泌对此都深感恐惧，广平王考虑除掉张良娣和李辅国，李泌制止了他。广平王大概就是听从了李泌的话，所以最终没有受到张良娣的陷害。

此时，安西、北庭边防军及拔汗那、大食诸国援兵已经进至凉州、鄯州。大食即阿拉伯。

肃宗便移驾保定郡（今甘肃泾川），至德二载（757 年）二月，又从保定移驾凤翔，继续向长安推进。

生死较量：安禄山遇弑后的战局

至德二载（757 年）春，安禄山死，叛军转入守势，战争进入相持阶段，唐军逐渐赢得主动，各地战场呈现出龙争虎斗互有强弱的态势。

（一）安庆绪弑父篡位

在安史之乱中，双方都曾丧失元首级人物。在叛乱势力一方，先后死去的是建立“大燕国”的安禄山、大燕国第二位君王安庆绪、第三任君王史思明、第四任史朝义。安禄山自称雄武皇帝，建年号为圣武；安庆绪建年号载初、天成；史思明自称大燕皇帝，建年号为应天、顺天；史朝义建年号显圣。当然，在唐朝的各种文书中，从来没有承认他们的合法地位。在作为二十四史的新、旧《唐书》中，这几位都有专门的传记。我们知道，凡被承认为帝的人，在正史中都列入本纪，可是他们却被列入《逆臣传》里，地位还在奸臣、叛臣之下，属于最罪大恶极的一类。在唐朝一方，先后辞世的是唐玄宗、唐肃宗，他们没有看到平叛的最后胜利。

这些人的死亡也有点儿有趣的话题，比如说叛乱一方的头领们都死于非命，而且都宿命般地死于自己人之手：安禄山是被自己的儿子安庆绪杀死的，安庆绪是被史思明杀死的，史思明是被自己的儿子史朝义杀死的，而史朝义的死据说也是他的部下杀死的，但比较可信的说法是自杀。唐朝一方至少都属正常死亡，玄宗高寿而终，基本上颐享天年，虽然晚景比较凄凉；肃宗岁数活得不够，主要是身体状况造成的，但他至少不是被部下谋害致死，比对方的下场和名声要好。玄宗和肃宗的死虽有先后，但也几乎是同时，前后仅相差十三天，父子俩也算是同时上路，像约好的一样。

首先离开人世的，是这场战乱的始作俑者安禄山，他死的时候年仅五十四岁，不是高寿，也没有享尽天年。

上天不保祐祸乱苍生的人，安禄山喜欢观赏梨园弟子的演出，欣赏那些舞马、舞象、驯犀的表演，上天偏偏剥夺了他享受爱好的权力。自起兵以来，他的两眼就越来越模糊，到至德二载（757年）正月，已经完全看不见东西。用现在的医学知识判断，他应该患上了白内障，那时候没有现在的手术条件，得了白内障，基本上可以宣布必然成为瞎子，对这个美好的大千世界，他没有机会用视觉去感知了。卧床时间太久了，他身上又长了大疮。

如果一个人不是生下来就是盲人，本来是好好的，后来一下子失明了，他的心情总有一段时间不能适应失明的痛苦，安禄山的性格因此越来越暴躁。自从他眼神越来越差后，左右使唤的人稍不如意，他就动鞭子抽，甚至杀掉。称帝以后，就深居宫中，将军们很难见他一面，有事都通过严庄传话。严庄虽然身居高位，也不免挨安禄山的马鞭子。

宦官李猪儿挨打最多，这个李猪儿，出身契丹部落，十来岁时就跟着安禄山，人非常聪明伶俐。安禄山当年处理他时，用刀子割掉他的生殖器，造成大出血，“流血数升”，几乎丧命。安禄山用火灰为他敷住伤口，小孩子昏死了一天才苏醒过来，从此做了宦官，并受到安禄山的信任。现在连他也常常被安禄山鞭打。因此，安禄山身边的人都感到危在旦夕，不知道什么时候，就会死在安禄山的马鞭之下。

安禄山有一个宠幸的小妾段氏，生了个儿子叫安庆恩，段氏想让安禄山立安庆恩为太子，取代安庆绪。安庆绪常常害怕被安禄山杀掉，但又想不出避祸的办法。严庄告诉安庆绪说：“有的事情是不得已而为之，机不可失！”其中的潜台词，安庆绪心领神会，说：“老兄有什么计谋，我还有不从命之理。”严庄又劝李猪儿：“你挨打的次数，还数得过来吗？如果这样下去，不搞点儿什么特别的举动，我们都死期不远了！”其中的潜台词，李猪儿也同样心领神会，他也答应与严庄配合。

如果一个人活着，这个世界上会有更多的人活得不安，那么肯定就有人想消灭他，让他早一点儿离开这个世界。安禄山的死期即将到来。

入夜，严庄与安庆绪手持兵器，站在安禄山帷帐外，防止外人进入。李猪儿持刀直入安禄山帐中，他杀人的经验不够丰富，先去砍安禄山的肚子，那不是要害处，因此给了安禄山挣扎的机会，这就迫使李猪儿还必须再下第二刀、第三刀。看到李猪儿杀人的恐怖场面，安禄山身边的嫔妃们都吓得蒙头盖脸，一动也不敢动。

安禄山看不见东西，为了防备有人害他，平时床头常放有一把刀。当他肚子上中了一刀后，立刻便伸手去抓那把刀，可是刀早被人事先拿走了。安禄山抓不到那把刀，便摇晃着帐竿喊道："这一定是家贼！"这句话对挽救他的生命已没有意义，但说明他至死头脑都是清醒的。严庄等人在安禄山的床下掘了个几尺深的坑，用毛毡裹上安禄山的尸体就地掩埋，告诫宫人不得向外泄露。

安禄山死了，从至德元载正月宣布称帝，到至德二载今年正月被杀，他正好做了整整一年的雄武皇帝。

第二天早上，严庄沉痛向外界宣布，安禄山大帝病重，立晋王安庆绪为太子。接着又宣布，皇帝病情加重，传位给太子。安庆绪即帝位，尊已没有生命的安禄山为太上皇，然后才公布安禄山的死讯。人死了不立刻宣布是死了，却说是病了，这种事在古代也不少见，特别是皇帝的死如果有引发动乱的风险，当事者常常这样做，这叫"秘不发丧"，例如秦始皇。后来史朝义的手下杀了史思明，史朝义也曾这样做。一般来说，这样做的目的都是为了局势的稳定，或另有企图。

这一年，安庆绪改元载初，称载初元年。安庆绪是个性格懦弱的人，说话语无伦次，严庄恐怕众人不服，不让他见人。安庆绪乐得终日饮酒作乐，像兄长一样对待严庄。他任命严庄为御史大夫、冯翊王，大小事都取决于严庄，厚加诸将官爵，让他们感到高兴。

（二）遍地烽烟

经过史思明的连续奋战，叛军又重新夺回了河北，但不久河北又不安稳。

安禄山的河北老巢，在东北方向受到安东方面的威胁。唐朝设有安东都护府，负责东北方面的羁縻州郡事务，治所在辽西郡城，今辽宁义县东南大凌河东岸。天宝年间都护通常由平卢节度使兼任。安禄山叛乱后，朝廷任命刘正臣为平卢节度使，统兵进击范阳。刘正臣从范阳失败归来，安东都护王玄志认为对自己是一个威胁，用毒酒把他毒死。安禄山任命其死党徐归道为平卢节度使，王玄志又与平卢镇将军侯希逸进攻平卢，杀死徐归道。王玄志又派兵马使董秦率兵乘苇筏渡海，与大将田神功合兵共攻平原郡、乐安郡，两郡都相继被攻下。河北又被打开了缺口。

郭子仪认为，河东郡居两京之间，得河东则威胁两京，收复河东也有利于收复两京。这时贼将崔乾祐守河东，郭子仪派人潜入河东，联系那些陷身敌营的唐朝官员，希望他们在唐军打来时做内应。

至德二载（757 年）二月，郭子仪率兵从洛交郡（即鄜州，今陕西富县）出发，东渡黄河，进兵河东郡，又分出一部分兵力南下，攻取冯翊。河东郡即蒲州，在山西西南地区，治所在今山西永济蒲州镇，辖境相当于今永济、河津、临猗、闻喜、万荣及运城西南部分地区。此地当晋陕间交通咽喉，历来为军事重地。冯翊即同州，治所在今陕西大荔县，辖境相当于今陕西大荔、合阳、韩城、澄城、白水等地，与河东郡隔黄河相望，紧逼潼关。郭子仪的用意是：兼取蒲州、同州，跨据黄河东、西两地，进取潼关、陕郡，把长安与洛阳间的交通切断，长安的敌人便成了瓮中之鳖。这与上述李泌的方案是不同的，朝廷没有采纳李泌的建议。

十一日夜，郭子仪率军攻打河东郡，唐兵里应外合，杀敌近千人，崔乾祐从城墙上缒下逃脱。崔乾祐曾在城北布置三千兵防守，他赶到城北，调发这里的守军攻城，自己率五千人埋伏在关城中，想夺回河东郡。郭子仪派儿子郭旰、仆固怀恩等人率军进击，敌人大败，崔乾祐焚烧渡桥，想阻断交通，官军踩着火苗前进，火被踩灭。崔乾祐放弃关城，率余众逃走，郭子仪统兵追击，又杀敌四千多人，俘获五千人。

崔乾祐逃到安邑县，安邑县属解州，治所在今山西运城东北安邑城。安邑人开门放他们入城，人才进去一半，城门忽然又关上了，入城者全被埋伏的士兵杀死。崔乾祐在后，所以没有进城，他又从白迳岭逃走，白迳岭在解县东。郭子仪平定了河东。河东郡落入唐军之手，潼关便暴露在唐军面前。潼关扼两京交通的咽喉，攻克潼关便可切断两京的联系，因此唐军像一把尖刀直插敌人背部，两京守敌都感到了威胁。

由于东西两京、潼关附近的陕郡都在叛军手中，因此叛军在潼关的守备空虚。占领冯翊和河东后，趁敌人增援部队未到，郭子仪派郭旰和兵马使李韶光、大将王祚渡过黄河，很容易就攻下潼关，杀敌五百人。安庆绪派兵救潼关，唐军立足未稳，敌人以优势兵力进击，郭旰等人大败，战死一万多人，李韶光、王祚战死，仆固怀恩抱着马头浮渡渭水，退保河东，潼关迅速易手。潼关是敌人必须夺回的，因为失掉潼关，便意味着长安陷入唐军包围之中。所以不论付出多大的代价，叛军都不会让唐军守住潼关。郭子仪占领潼关、切断两京敌人联系的企图落空了。

肃宗到凤翔十多天，陇右、河西、安西、西域勤王入援之师都来到凤翔会师，江淮庸调绢也转运到洋川、汉中。肃宗的使者从散关出发，与成都的太上皇通表互问，两地间信使往还，络绎不绝。长安人听说肃宗御驾将至，从敌占区归附朝廷的日夜不绝。诗人杜甫就是这时从长安逃出，投奔肃宗的。

说起杜甫，这些年也够艰难的。那一年参加选拔，因李林甫作弊，跟大家一起落选。此后在长安待了十多年，好不容易混上个右卫率府胄曹参军，一个管理兵器仓库的小官，去奉先县接老婆、孩子，还没有上任，安禄山叛乱发生了，玄宗逃走了，长安回不去了。他带着家人加入了逃难的队伍往北逃，从奉先逃到白水，又逃到鄜州羌村，听说肃宗在灵武即位，把家人安顿下来，投奔灵武，路上被叛军抓获，送到长安。在长安困了几个月，冒死逃出来。见到肃宗时，他的情况很惨，“麻鞋见天子，衣袖露两肘”（《述怀》）。正是用人之际，他被任命为右拾遗。

西来的各路兵马得到休整之后，李泌按照他先前跟肃宗的谋划，请求组织一支远征军，直捣范阳。根据李泌的设想，派建宁王率安西及西域兵出塞，会合塞外诸军进军东北，经灵州、夏州、胜州、云州、朔州，也就是过今陕西、甘肃、宁夏、山西、河北五省北境，至妫州（治所在清夷军城，今河北怀来东旧怀来）、檀州（治所在燕乐，今北京密云东北），从此南下，攻范阳之北——这是李泌早就构思的战略计划。肃宗却改变了主意，推测肃宗的心理，他的想法与李泌不同，他急着要回长安啊，要收复两京啊。当皇帝老在外面漂泊，算什么事呢？拿下长安就在眼前，数千里远征，那得多少时日？

李泌这种数千里远征的战略，的确是一种大胆的构思。一支劲旅直逼敌人老巢，可能会引起整个战局的改观。实施起来，可能会产生良好效果。但历史不能假设，后果如何，我们不能妄下论断。

四月，肃宗对最高军事指挥人选进行调整，任命郭子仪为司空、天下兵马副元帅，并命郭子仪统兵赴凤翔，谋攻长安。因为天下兵马元帅是亲王担任，在很大程度上是挂名，因此，郭子仪成为实际上的全军总司令。敌人发现郭子仪大军向凤翔靠拢，试图加以阻拦，在郭子仪赴凤翔经过的三原县北，叛军将领李归仁率五千重装骑兵进行拦截。

重装骑兵是战马和骑士都全副披挂的骑兵，南北朝时盛行，这种骑兵有护身之长，却有笨重之短，打胜了追不上逃敌，打败了又逃不脱对手的追击。因此隋唐时主要是轻骑兵，唐人有“欲将轻骑逐，大雪满弓刀”的诗句。郭子仪事先掌握了这一情报，他派手下的将领仆固怀恩、王仲昇、浑释之、李若幽、桑如珪等人埋伏在白渠留运桥附近。等到李归仁的骑兵进入埋伏圈，唐军突然杀出，李归仁的重装骑兵被全歼，他本人跳河游水逃脱。

郭子仪与王思礼的部队在西渭桥会合，进逼长安，驻扎在城西的潏水西岸。叛将安守忠、李归仁率军驻扎在京城西清渠，守卫长安。两军相持七天，官军没有行动。五月六日，安守忠率兵佯退，郭子仪不知是计，全军出动追击。敌人九千精锐骑兵一字摆开，成长蛇阵，当官军进攻时，蛇头和蛇尾变为两翼，向官军左右两侧包抄，官军大溃。判官韩液、监军孙知古都被叛军俘虏，军资器械全部丢弃。清渠之败，意味着唐军收复长安的战役又一次失利。为了防止敌人乘胜进攻，郭子仪引军退保武功，内外戒严。郭子仪到凤翔，因清渠之战失利自请贬官，朝廷任命他为左仆射。

（三）非常时期

战争年代，一切都脱离了正常的轨道。

仓库没有积蓄，朝廷只能用官职、爵位奖赏战功。将军们领兵出战，都带着空名告身，上自开府、特进、列卿、大将军，下至中郎、郎将，任凭将军们根据将士们打仗立功的情况随时任命，填写上名字。后来，需要奖赏的人越来越多，连空名告身也不够时，又任凭将军们用信牒的形式授予官职、爵位。所谓信牒，就是手写一个证明信，作为凭证，战后再补发告身。

官职、爵位都是虚的，各军都以各人的实际军职互相统摄，谁都不计较官职、爵位的高低了。清渠之败后，许多士卒逃散，朝廷担心这些散兵投降敌人，又以官职、爵位为诱饵，招集他们归队。于是官职、爵位越来越没有价值，在这战乱的年头，大家觉得还是钱更实用。不过比起实物来，钱也没有价值了。有人情愿用一个大将军的告身，去换一壶酒喝，觉得大醉一场也比当一个空名的大将军更值得。所有应募从军的人都穿着紫色的朝服，有人本来是朝廷官员的僮仆，现在穿上了金紫朝服，担任着空名的高官，却从事低贱的劳役。史书云：“名器之滥，至是而极焉”——官职、爵位之滥空前未有。

动乱的现实，给每个人心头蒙上阴影，在不能把握个人、国家的命运和前途时，人们不自觉地把希望寄托到宗教的力量上，就连朝廷里也是崇佛成风。

房琯身为宰相，清高散漫，正值国家多事之秋，却常常借口身体不适而不上朝，也不把自己的职责放在心上，每天和庶子刘秩、谏议大夫李揖高谈佛理、老庄，或者听门客董庭兰弹琴。董庭兰在房琯跟前有面子，许多人托董庭兰办事，董庭兰因此获得不少贿赂。最终，董庭兰因贪赃枉法受到御史台的弹劾，房琯也被罢免了宰相的职务。

肃宗也日益沉溺于佛理，在大明宫中设内道场，经常请数百名僧人在这里诵经，香烟缭绕，念经之声终日不绝。道场是佛教礼拜、诵经、修道的场所，皇帝设在皇宫内的道场称内道场。

我们知道，唐朝的统治者都是信仰道教的，因为他们说老子是他们的祖先，是他们的保护神。肃宗之前，只有武则天崇佛抑道，因为她要篡夺李唐政权，建立大周，所以故意反其道而行之。武则天下台后，中宗、睿宗、玄宗都是崇道的，特别是玄宗，要拨乱反正，特别推崇道教，几乎可以说就是道教皇帝。可是，眼看道教也好，老子也好，都没有保佑玄宗长生成仙，几十年的高居无为，反而造成这么大的乱子，这让肃宗觉得道教、老子也靠不住了，于是转而又乞灵于佛祖。从内道场里僧人们念诵的《仁王护国经》声音里，他的心理感到些许安慰。

在当下的非常时期，抵抗叛军、收复两京是首要任务，朝廷的政策也自然而然为了这个目标而倾斜。富平县人、将军王去荣因报私仇，杀死本县县令，论罪该判死刑。而这个人却善于使用投石车，因此肃宗下令特赦，免了他的死罪，让他以白衣的身份到陕郡效力。因为陕郡刚刚回到朝廷之手，又介居长安与洛阳两京之间，敌人一定会反扑而来，陕郡争夺战势不可免。肃宗想让王去荣戴罪立功，所以对他犯法杀人的事从轻发落。王去荣事件在朝廷引起一场很大的争论。中书舍人贾至没有把肃宗的赦罪诏敕及时发下，他上表加以反对，认为不应该因为王去荣有一技之长就赦免他的死罪。太子太师韦见素与大臣们进行了讨论，大家都支持贾至，坚决要求处死王去荣。但最终肃宗还是固执已见，赦免了王去荣。

但单纯依靠某一个人的某一项技艺是无法抵挡安史叛军的铮铮铁蹄的。七月十一日，敌将安武臣围攻陕郡，陕郡没有因为有王去荣善用发石车而得到保全，主将杨务钦战死，敌兵入城，展开了大屠杀，不分男女老少，全部杀光。一个王去荣岂能挽救危局！

（四）睢阳血战

安禄山死后，安庆绪即帝位，他任命尹子奇为汴州刺史、河南节度使。尹子奇率妫州、檀州及同罗、奚两部落兵共十三万，向睢阳进发。睢阳太守许远向张巡告急，张巡领兵从宁陵进入睢阳。张巡手下有三千人，与许远的部下会合共六千八百人。

敌人全军出动，逼近城门，张巡督促和鼓励将士们日夜苦战，有时一天能打上二十个回合，十六天之内活捉敌人将领六十多人，杀死敌人两万多人，士气倍增。许远虽为太守，而张巡只是从宁陵来支援睢阳的，但许远从战局考虑，将军事指挥权交给张巡，自己主要负责调集军粮、修造战具，居中应接。张巡出奇制胜，多次击退敌人的进攻，出城杀敌也屡获全胜。敌人见不能取胜，又怕张巡从后掩袭，乘夜撤走。睢阳保卫战取得了阶段性胜利。

睢阳是江淮地区的屏障，而江淮地区是朝廷的财赋重地，敌人要取得胜利，必然想切断朝廷的经济命脉，必定要竭尽全力拿下睢阳。张巡也清楚地知道自己肩头责任的重大，所以丝毫也不敢大意，精心做好迎敌的准备。一场血战不可避免。睢阳就是现在河南商丘，在叛军向东南发展、侵犯江淮的途中，睢阳地扼冲要。我们知道，后来北宋灭亡，康王赵构即位于归德，归德就是睢阳。后来，他又从归德撤往扬州。金兵经徐州南下，渡淮河，直指扬州，宋高宗的流亡朝廷便又逃往杭州。所以从睢阳南下，就是富庶的江淮地区。

至德二载（757 年）三月，尹子奇率大兵再攻睢阳。张巡杀牛犒劳士卒，然后全军出战。敌人远望张巡兵少，以为他以卵击石，都笑话他。张巡手执军旗，率众将直冲敌阵，敌军大溃，斩将三十多人，杀敌三千多人，追奔数十里。第二天，敌人又重新集结兵力，进到城下。张巡率军出战，一天一夜连打数十个回合，屡次击退敌人的进攻，但敌人的围攻始终没有停止。

为了尽快拿下睢阳，拔掉这颗南下途中的钉子，尹子奇不断向睢阳增兵，进攻也越来越猛烈。张巡在城中，半夜击鼓，制造整队出城打仗的假象。敌人在城外听到城中鼓鸣，严加戒备，不敢睡觉，直到天亮。白天，张巡让士兵们停止击鼓，睡觉休息。敌人建飞楼俯瞰城中，大街上不见一人，于是疲惫的敌人就解甲休息。他们以为张巡的部队也折腾一夜了，应该休息了，赶快趁机也睡上一觉。

这时张巡与将军南霁云、郎将雷万春等十余位将军各率五十名骑兵，打开城门，突然杀出，直冲敌营，一直杀到尹子奇的大帐旁，敌营大乱。张巡等人杀死敌将五十多名，敌兵五千多人。等到敌人列阵，两军对垒，张巡想射死尹子奇，但不认识他，就削草杆为箭，射中了一个敌兵，那人很高兴，以为张巡的箭射光了，就跑过去告知尹子奇。这下张巡找到了目标，他命南霁云射尹子奇，南霁云是一员猛将，箭法高超，一箭射中了尹子奇的左眼。大家冲过去，想活捉他，只是他跑得快，才没有成为张巡的俘虏。尹子奇收军退还。

七月六日，尹子奇又征兵数万，围攻睢阳。睢阳城内粮食已经吃光。起初，许远在城中积蓄粮食至六万石。虢王李巨命令把这些粮食分给濮阳、济阴二郡，许远曾极力抗争，李巨不答应。后来济阴得到这些粮食后，投降了敌人，睢阳城的粮食因而很快便吃光了，将士们每人每天只得到十合糜米，杂以茶、纸、树皮为食。合，容量单位，十合为一升，折合约 0.5914 市斤，这点儿粮食不要说他们还要养家活口，连自己都填不饱肚子。可是敌人的军粮供应却非常畅通。敌人兵败后继续征兵，兵员不断得到补充，而睢阳将士减员严重，并没有新兵可以征用。外援完全断绝，士卒消耗到只剩一千六百人，都是又饥又病，已经没有突围的能力。大军压城，张巡放弃了突围的打算，制造守城之具，抵御敌人的进攻。

敌人造飞云梯，这种梯下有四轮，顶端有两个辘轳，可以贴着城墙滚动上升，上面乘两百名精兵。敌人把飞云梯推到城下，想让梯上的士兵跳上城头。张巡事先在城边挖了三个大坑，等到飞云梯快到时，从一个坑中伸出一根大木，头上装有铁钩，钩住飞云梯，使它后退不得；另一个坑伸出一根木头，顶住飞云梯，使它不能前进；第三个坑中伸出一根木头，头上挑着铁笼，铁笼盛火，焚烧飞云梯，飞云梯被拦腰烧断，梯上的敌人全被烧死。

敌人又造钩车，钩城上的棚阁。所谓棚阁就是敌楼，在城上架木搭建，让守城的战士住进去，可蔽风雨。钩车碰到的地方，城上的棚阁全部崩塌。张巡把链锁固定在大木一端，链锁的头上固定一个铁环，用铁环套住铁钩，用革车把钩车的铁钩拉进城墙，把铁钩截掉，把车放走。敌人又造木驴攻城，张巡把烧化的铁汁浇下去，木驴被销铄净尽。敌人在城西北角用土袋、薪木铺成磴道，想踏着磴道上城。夜里张巡派人把松明、干草等易燃品投进磴道，一连十多天，敌人没有发现。张巡寻机出战，顺风持火，点燃那些易燃之物，焚烧敌人修建的磴道，烈火熊熊，敌人没法救火，大火烧了二十多天，磴道彻底毁坏。

张巡就是这样当机立断、出奇制胜，打得敌人胆战心惊，不敢再攻，他们在城外挖三道壕沟，并树立木栅防备张巡出城，张巡也在城中挖壕，防备敌人从地道入城。

经过半年多的艰苦战斗，至八月，睢阳守军只剩下六百人，张巡和许远分城而守，张巡守东、北两面，许远守西、南两面，他们都与士兵们一起以茶、纸充饥，日夜在城头巡守，不再下城。张巡还对攻城的敌兵进行策反，在城上向他们宣讲什么叫忠顺，什么叫叛逆，一个人立身处世，应该忠于朝廷，效命国家，前后有二百多人投降张巡。

睢阳的处境越来越艰难，但许叔冀在谯郡，尚衡在彭城，贺兰进明在临淮，虽都在睢阳附近，却都拥兵不救。张巡派南霁云率三十名骑兵出城，向临淮告急。南霁云等人骑马出城，来到临淮，贺兰进明不肯发兵，但他又想留下南霁云这员勇将。他请南霁云赴宴，南霁云心情激动，泣不成声，说:“我来临淮时，睢阳城的人断粮已经一月多了！您拥有强兵，眼看睢阳将陷，却没有分灾救患之意，哪里是忠臣义士的所作所为啊！”他咬下自己的一个手指，血淋淋地拿给贺兰进明看，表示自己求援之心切。在场的人都很吃惊，为南霁云忠义之举而感动，但贺兰进明无动于衷。南霁云看贺兰进明不发救兵，离开临淮，回睢阳复命。

贺兰进明不发救兵，首先是他嫉妒张巡、许远的功名，如果睢阳保卫战取得胜利，张、许的功劳就远远大于自己，这是他不愿意看到的。另外对于这些将军来说，军队是他们的命根，有了军队，才能受到朝廷的倚重；失去了军队，在朝廷眼中就没有价值。所以大家都想保存实力。同时他还另有苦衷。起初，房琯为相，讨厌贺兰进明，他任命贺兰进明为河南节度使时，又以许叔冀为贺兰进明的都知兵马使，两个人都兼御史大夫，级别一样高。许叔冀凭借自己手下将勇兵强，又与贺兰进明官位相当，不接受贺兰进明的节制，两个人互相猜忌。此时许叔冀就在不远的谯郡，贺兰进明害怕遭到许叔冀袭击，所以不敢分兵救睢阳。国难当头，人人自谋，这是唐朝平乱艰难的重要原因之一。假使万众一心，皆以国事为重，置个人利益于不顾，则乱即便不足速平，亦不至旷日持久。

十月，唐军大举反攻，攻克长安，并向东都勇猛进军。此时，睢阳的战斗进入最困难的时期。尹子奇长时间围困睢阳，城中粮食早已吃光，有人提议弃城而走。张巡与许远谋议，认为如果弃之而去，敌人一定长驱南下，那么江淮不复为朝廷所有。而且睢阳城中的守兵，皆饥饿疲累，一旦离城，很快就会被敌人追杀净尽。他们想到战国时的诸侯国，危难时尚且互相救援，何况睢阳周围不少将领如尚衡、许叔冀、贺兰进明、张镐等，相距不算太远呢！都是为大唐效力，怎么也要以大局为重，不可能不发兵相救啊。所以不如坚守，等待援兵。

这样他们就克服一切困难，死守睢阳。茶纸吃光了，就吃战马；马吃光了，就捉野雀、掘老鼠；雀鼠也吃光了，张巡杀死自己的爱妾、许远杀死自己的家奴给战士们吃。然后搜括城中的妇女，杀了充为军粮。妇女吃光了，杀城中的男子老弱不能打仗者。每个人都知道必死无疑，却没有一个人背叛，最后城中只剩四百人。十月九日，敌人从西南角登上城墙，将士们都饥饿疲病，已经不能战斗。睢阳终于失陷，张巡、许远被敌人俘虏，最后都被杀害。

面对叛军铁骑，其他的州郡转瞬之间便被攻陷，而睢阳却能依靠仅有的不到一万人对抗敌军十三万，而且屡屡获胜，不能不说是一个奇迹。我们也不得不承认，在历史的某个特定时刻，某个人的作用的巨大。张巡是一位奇才，当他初守城时，睢阳城中战士近万人，城中的居民也好几万。张巡只要见上一面，问过姓名，此后没有不认识的。前后跟敌人发生大大小小四百多次战斗，杀敌十二万人。张巡用兵，不按古代的兵法教将士们布阵，而令各军将领按照他们自己的主意指挥。在他看来，与叛军作战，战况变化无常，几步之外，情势就不相同，如果每事都要向主将请求命令，行事就来不及，那就是不懂兵法变化无穷的道理。

还有就是从守城开始，器械、甲仗都是从敌人手中夺来，而不曾自己打造。张巡推诚待人，从不疑神疑鬼，也不向战士们隐瞒什么。每次战斗，总是身先士卒，临敌应变，出奇制胜，计谋无穷。他号令严明，赏必信、罚必果，说到做到，与士兵们同甘共苦，所以他的部下都争着为他效命，蹈死不顾。

按说对于这样一个为国家鞠躬尽瘁的人，人们应该是发自内心的敬仰，也应该好好表彰，立为楷模才对，最开始朝廷也的确是这么做的。张巡死后，朝廷命中书舍人萧昕撰写《张巡诔》，表彰张巡的功绩和操行。至德二载（757 年）十二月十五日，肃宗在丹凤城楼宣布的大赦令中，对抗战守城牺牲的将士进行了褒扬，许远、张巡等人因坚守睢阳而死，得到了应有的追赠。

可对于张巡的褒赠，后来竟然有人提出异议，认为张巡守城不是功，而是过，与其坚持守城，造成人吃人的惨剧，那就不如弃城而去，保存生命。甚至有人认为张巡竟借战乱的机会吃人，简直罪不容诛。因此朝廷对张巡、许远等人的褒赠迟迟没有落实。张巡的友人李翰曾在睢阳围城中，亲眼看到张巡等人如何坚守睢阳的，他写了一篇《张巡传》，附在表疏中上奏朝廷，在这篇传和表疏中，他详细讲述了睢阳之战的经过，充分肯定了张巡的功绩。

朝廷把这篇传和表疏公诸于世，人们对张巡的诽谤才止息。张巡被追赠为扬州大都督，许远为荆州大都督，南霁云为开府仪同三司、后又赠扬州大都督，并赐予其子孙官职、爵位。睢阳还建了一座庙，祭祀张巡、许远的英魂，因为是两人的合庙，故称“双庙”。几十年后，文学家韩愈途经睢阳，双庙尚在，坐在船上的人还指指点点地议论他们的事迹，赞佩不已。

后来，有人对许远受到褒赠表示不满，他们认为当张巡等人被杀时，许远却被送往洛阳，可能是许远投降了敌人。而且敌人破城时，首先从许远防守的地方入城，因此许远很让人怀疑通敌。张巡的儿子受人挑拨，上奏朝廷，要求朝廷收回对许远的褒赠。许远的儿子也不能为乃父辩诬，一时间议论纷纷。这时韩愈站出来了，他写了《张中丞传后序》一文，精辟地分析了当时的形势，认为张巡、许远等人守城不仅无罪，而且意义重大，用他的话说是：“守一城，捍天下，以千百就尽之卒，战百万日滋之师，蔽遮江淮，沮遏其势，天下之不亡”，战争的胜利应该归功于他们的艰苦战斗。他还指出，攻击许远投降的论调不值一驳，就好像“人之将死，其藏腑必有先受其病者；引绳而绝之，其绝必有处。”城守不住了，敌人总有一个先入城的地方。如果从守城的地方判断守将是否投降，“与儿童之见无异”。总之，“小人之好议论，不乐成人之美”就是这样！韩愈的分析令人信服。

许远是睢阳太守，是最高长官，所以被押送去洛阳请功，并交安庆绪裁处。安史之乱中叛军抓获这个级别以上的唐朝官员大多如此，但他在押送途中，洛阳被唐军收复，安庆绪逃往邺城，许远被杀害。

张巡等人坚守睢阳达一年之久，前后经历过许多苦战，最后守节不屈，死于敌人的屠刀之下，这些都是不争的事实，然而朝廷的褒奖竟会遭到人们的非议，不得不说是一种悲哀啊！

光复两京：战乱并未结束

至德二载（757 年）九至十月，唐军先后收复长安、洛阳。如果按照李泌的建议，先捣毁叛军老巢范阳，战事可能不会拖延得像后来那样长久，但收复两京毕竟是一个标志性胜利。唐朝统治者追求的也是这样一种政治上的意义，因为两京的光复，同时也是朝廷恢复对全国统治的一种象征。

（一）收复长安、洛阳

至德二载（757 年）闰八月二十三日，肃宗犒赏众将，谋划攻取长安。

肃宗勉励天下兵马副元帅、收复两京的总指挥郭子仪说："成败在此一举！"郭子仪则向肃宗悲壮地表示："此行不捷，臣必死之。"

郭子仪认为回纥的骑兵战斗力很强，劝肃宗向回纥借兵。根据肃宗的要求，回纥怀仁可汗派儿子叶护和将军帝德等人率四千精骑来到凤翔。肃宗盛宴招待叶护，又赏赐大量钱物，凡是叶护想得到的，无不满足。

九月十二日，天下兵马元帅广平王李俶率朔方军、西域兵、回纥援军共十五万，号称二十万，从凤翔出发，浩浩荡荡，向长安进发。李俶与叶护结为兄弟，叶护非常高兴，称李俶为兄。回纥兵来到扶风，郭子仪留他们在扶风款待了三天，每天都举行宴会，让他们好吃好喝。叶护非常感激，宴会结束，立刻出发。朝廷每天供应回纥兵羊二百只，牛二十头，米四十斛。

九月二十七日，各路大军进至长安西郊，在香积寺北沣水东岸布阵。李嗣业率前军，郭子仪率中军，王思礼率后军。这香积寺是佛教著名古刹，净土宗祖庭之一。寺在长安县神禾原上，就是王维“古木无人径，深山何处钟”（《过香积寺》）的诗句所描写的地方。

收复长安的战争异常残酷。叛军也早已做好了大战的准备，他们在长安城外、官军的北面布置了十万人的兵力，摆好了阵势，并且首先发起了挑战，官军出兵迎击，逼近敌人的阵地。贼军齐头并进，向冲过来的官兵压来，官军退却。敌人乘此机会，呐喊着汹涌而来，官军惊乱，丢弃各类辎重无数。

李嗣业看到情势危急，脱掉上衣，手持长刀，赤膊立于阵前，他告诉大家：“今天要是贪生怕死，就会全军覆没。”然后大喊着向敌群中杀去，但见他手起刀落处，血光四溅，敌人连人带马被他砍死几十个，官军阵势人心才渐渐稳定下来。接着李嗣业展开反攻，他的前军各执长刀而进，全军像一堵移动的城墙般势不可当，李嗣业身先士卒，所向披靡。

原来敌人在阵东埋伏有精兵，想在官军过去后从后面包抄官军。侦察兵报告了这个情况，朔方左厢兵马使仆固怀恩为先锋，引导回纥兵向敌人的伏兵发起进攻，把他们全部消灭。回纥精骑展示了威力，敌人夹击官军的计划破灭，士气顿然衰落。

李嗣业的前军又与回纥兵会合，从敌人背后包抄过去，与大军前后夹击。从午时至酉时，即从上午十一点至下午七点左右，杀敌六万人，敌兵大溃，残兵败将逃入城中，许多人被挤入护城壕而死。

入夜，长安城里叫嚣声此起彼伏。仆固怀恩认为敌人要弃城逃走，向广平王李俶请命要率骑兵追击。可是李俶坚决地制止了他，让仆固怀恩回到自己的营房。仆固怀恩回去后又返回来，坚决要求出兵，一夜反复四五次，遗憾的是李俶始终没有同意他的要求。第二天天亮，谍报报告，叛军将领安守忠、李归仁、张通儒、田乾真等人都从长安逃走了。

长安——失陷一年零三个月的帝国首都光复了！起初，肃宗急于收复长安，所以与回纥约定：攻下长安的时候，土地、百姓归唐朝所有，黄金、丝帛及子女皆归回纥。所谓子女，即少年的男子和女子，大约一二十岁的年轻人。现在，回纥要按照事先的约定实施抢掠。广平王李俶赶快拦住了他们，他拜伏于叶护马前，说："今天刚收复长安，如果马上进行抢掠，东都城中的百姓听说后，都会帮助敌人固守洛阳，那么官军就难以收复东都了，希望打下洛阳后，再按照约定进行。"

叶护看到广平王跪在马前，大吃一惊，两个人都是王子，广平王年龄还大一点儿，怎么能让广平王跪拜自己啊。叶护也挺懂礼貌，赶快跳下马答拜，跪下来捧着广平王的脚——这是回纥的礼节。他同意先攻东都，再履行约定。广平王和仆固怀恩带回纥、西域兵从长安城南绕过，在浐水东岸扎营。广平王举行了入城式，带仪仗队和一部分唐军进入长安，百姓们不分男女老幼都夹道欢迎，他们欢呼悲泣，庆祝长安的克复。广平王在长安停留了三天，做好安抚事宜，任命虢王李巨为西京留守，而后从东门出城，率大军进攻洛阳。

敌人的西京留守张通儒等人从长安东逃，收集余众进守陕郡。对于东征的唐军来说，过了潼关，陕郡是进兵东都的主要障碍；对于固守东都的叛军来说，陕郡失守，便等于向唐军敞开了大门。因此安庆绪调出洛阳的全部兵马，由他的御史大夫严庄亲自统领，与张通儒合兵，想把唐军拒之于陕郡以西。叛军在陕郡布置的全部兵力达十五万。

十月十五日，广平王率兵至曲沃，回纥叶护派兵搜捕敌人南山山谷中的伏兵，然后驻扎在岭北。郭子仪等人率军与敌人在陕郡城西的新店相遇，敌人依山布阵，郭子仪的部队初战不利，敌人下山追击。这时回纥兵从南山出动，袭击敌人的背后，于黄尘弥漫处连发十余箭。敌人回头观望，有人惊呼：“回纥兵来了！”叛军对回纥的骑兵向来存畏惧之心，听到这一喊，顿时溃散，不可收拾。郭子仪的部队掉头回击，官军与回纥前后夹攻，叛军大败，僵尸蔽野。严庄、张通儒等人放弃陕郡东逃，自陕郡至洛阳的道路上，到处是敌人丢弃的兵器甲仗。广平王与郭子仪整军入陕郡，仆固怀恩等将领分道追击逃敌。新店之战杀敌九万人，俘虏一万人。

回纥精骑的声威已经达到令敌人闻风丧胆的程度。如果说安禄山的渔阳突骑具有坦克的威力，那么，善于骑射的回纥精骑则真的具有了“坦克加飞机”的威力。在冷兵器时代，弓箭是唯一的远程武器，北方草原民族自小骑马射箭，骑在飞奔的战马上，百发百中，所以中原地区的人称他们为“引弓之民”，形容他们的军事力量则以“引弓之民”多少来估量。唐军中引进了这样一支战力强大的部队，令敌人的骑兵遇上了克星。敌人是怎样判断“回纥来了”，就是因为回纥的骑兵“连发十余箭”，他们的箭射出来，特别疾速，带着哨音，所以叛军一听，就知道是回纥兵，心理已经崩溃了，于是不战自乱。

严庄先入洛阳，把新店之败告诉安庆绪，十六日夜，安庆绪率其部下从东都苑门逃出，奔往河北。临行，叛军杀了他们俘获的唐军将领哥舒翰、程千里等人。

十月十八日，广平王进入洛阳，失陷一年零十个月的东都光复了。回纥按照预先的约定，对洛阳实施抢掠，对此事的严重后果广平王十分担忧，但这是事先的约定，你没有办法阻拦啊。这件事也说明，唐朝统治者为了获得战争的胜利，是不惜牺牲人民的利益的。这时洛阳百姓自发搜集了上万匹罗锦作为犒赏，送给回纥兵，回纥才停止抢掠。

（二）李泌归山

九月二十九日，长安捷报传至凤翔，百官入觐，向肃宗表示祝贺。肃宗悲喜交集、泪流满面，当天派宦官啖庭瑶入蜀，把收复长安的消息告诉玄宗；命左仆射裴冕去长安，到郊庙告祭祖先，并宣慰百姓。同时让人在长安前线的李泌快马赶回凤翔，李泌来到后，肃宗告诉他："我已经上表请太上皇从成都返长安，并向太上皇表示，太上皇回朝廷，我就回到东宫做太子，尽臣子之职。"李泌认为唐玄宗是不会回长安的，因为如果按照奏表所说，那太上皇就不好意思返京了，因为返京似乎是为了恢复帝位。哪有儿子已经即帝位，收复了京城，做父亲的再坐享其成，君临天下，而让儿子退位做太子的呢？但奏表已经发出，没办法追回。

李泌想出一个补救的办法，让肃宗以群臣的名义写一道贺表，就说从马嵬驿事变后，百姓请太子留下，灵武群臣劝进即位，一直到现在收复长安，光复帝都、重修宗庙的大功已经告成，皇上一直思念太上皇，请太上皇尽快返京，让皇上能尽其孝心，奉养太上皇。肃宗立刻命中使奉表入蜀，并设宴与李泌痛饮，酒后同榻而眠。离开李泌，这肃宗大小事都欠妥当，这让我们知道肃宗并不是一位英明的皇帝，但他的好处是肯听从别人的意见。

到了十月，广平王收复东都的消息传来，肃宗派往成都的使者也回到凤翔，带来太上皇的诰书："只需给我剑南一道供吃穿就行，我不回去了。"这正是李泌事先所预料的，肃宗又担心又害怕，不知道该怎么办好。随后，携群臣贺表见太上皇的使者也回来了，说："太上皇最初看到陛下请归东宫的奏表，犹豫彷徨，连饭也吃不下了，不打算回来了。及至群臣请归的奏表到成都，才高兴起来，命人置宴设乐，下诰确定了归京的日期。"肃宗一颗悬着的心才放下来，召见李泌，告诉李泌说："这都归功于先生的谋划啊！"

长安、洛阳都已经收复，但在平叛中起过重大作用的李泌却要求还山归隐，肃宗虽然执意挽留，李泌决心已定，肃宗最后只好答应他。李泌想隐居衡山，肃宗下诏命当地郡县官为他在山中盖房子，给他三品官的待遇。

后来，代宗、德宗时，李泌又曾出山，出谋划策。史评："李泌历事肃、代、德三朝，皆能言人所难言者，奇士也。"那是安史之乱后的事，我们就不讲了。

（三）天旋日转回龙驭

至德二载（757 年）十月十九日，肃宗从凤翔出发返回长安，同时派太子太师韦见素入蜀，奉迎太上皇返京。

二十四日这天，肃宗驾入长安，长安百姓出城奉迎，沿途二十里都是欢迎的人群，百姓们唱啊、跳啊，高呼万岁，不少人人喜极而悲，激动地流下泪来。肃宗入住大明宫。太庙被叛军焚毁，肃宗素服向庙哭了三天。这一天，太上皇也从成都启程，踏上返回长安的漫漫旅途。

现在还需要马上处理的，是那些曾经投降过叛军的官员。广平王进入东都，那些接受安禄山父子官爵的朝廷官员陈希烈等三百多人，都穿着白衣悲泣请罪。广平王根据肃宗的旨意暂免处理，把他们押送到长安。十月二十五日，崔器命这些降臣至朝堂请罪，然后收系到大理寺和京兆府的监狱里。那些曾为叛军执勤打杂的人员，也都加以收捕。

汲郡人甄济品行高洁，隐居青岩山。天宝年间安禄山为河北采访处置使，上奏朝廷，引甄济任掌书记。甄济发觉安禄山有谋叛之心，假装中风，让家人把他抬回家。安禄山起兵，派蔡希德领两名刽子手，带安禄山封刀一把，召甄济出山。甄济把头伸过去，表示宁死也不从贼，蔡希德不想杀甄济，向安禄山谎称甄济真的有病。安禄山仍派人把他强抬到洛阳。

一个多月后，广平王平定东都，甄济才从病床上起来，至军门谒见广平王。广平王把他送到长安，肃宗让他住到三司馆。当时正由三司鞫问那些接受敌人官爵者的罪状，让甄济住到这里，命受贼官爵者向甄济礼拜，任命甄济为秘书郎。国子监司业苏源明也曾以患病为由，拒绝接受安禄山的官爵，肃宗提拔他为考功郎中、知制诰。

陷贼为官者当然要区别对待。十月二十八日，肃宗驾临丹凤楼，下制宣布对他们的处分决定：那些接受贼党官禄的士民，曾为贼人所驱使者，令三司列举其行状上奏；因为战斗被敌人俘虏，或者与贼党有各种亲密关系，因而与贼党有来往的，要向朝廷自首请罪；他们的子女因为他们的投降，而接受过叛贼名号赐赠者，免于追究。

回纥叶护从东京返回长安，肃宗命文武百官到长乐驿迎接，在宣政殿举行宴会招待这位立功的回纥王子。叶护说："军中马少，请把回纥骑兵部队暂留在沙苑监，我回国调取更多的战马，回来替陛下扫除范阳余贼。"肃宗厚赏王子，当叶护动身返国时，肃宗又加封叶护为司空、忠义王，并许诺每年赠送回纥两万匹绢，到朔方军中领取——这是一笔巨大的欠债，其造成的严重后果，一直持续到唐朝末年。

十一月二十二日，经过长途跋涉的太上皇从成都回到凤翔，随从兵士六百多人。李辅国要求这支卫队解除武装，太上皇命他们把所有的盔甲、兵器都交给凤翔郡兵库收存，他们护驾的任务到此完成，肃宗则派三千精锐的骑兵接替他们。这件事应该使太上皇不快，但既然自己已没有复辟的企图，他也没有十分在意。十二月三日，太上皇在三千名精神饱满的轻骑兵护卫下来到咸阳，肃宗备好法驾亲自到望贤宫迎接。这次父子相见非同寻常，它是皇位传承的正式交接，因此太上皇和肃宗见面的每一个环节，甚至是每一个动作都是太常寺精心安排的，都具象征性和礼仪性。法驾，天子的车驾。以法驾相迎，表明肃宗要还皇位给玄宗。

太上皇在望贤宫南楼上，肃宗脱掉黄袍，穿上紫袍，仰望南楼缓缓下马，快步向前走，在楼下跪拜舞蹈，这些都表示肃宗以儿臣之礼见父皇。太上皇从楼上走下，手抚肃宗伤心落泪，肃宗则捧着太上皇的脚，呜咽哭泣，悲不自胜。太上皇叫人拿来黄袍，亲自替肃宗穿上，意思是自己不再接受皇帝的称号。肃宗拜伏在地，叩头推辞。太上皇说："天数、人心皆归向于你，能让我保全余生、颐养天年，就是你的大孝！"肃宗不得已，只好穿上。新老皇帝的交接就在这一番推让中实现了。

在仪仗队之外，是成群结队的百姓父老，看到这一场面，都欢呼雀跃，也跟着拜伏在地。肃宗命仪仗队让开路，放上千百姓进来谒见太上皇，百姓们说："臣等今日又见到二圣父子相见，死也没有遗憾了！”

太上皇不肯住在行宫正殿，说：“这是天子的位置。”肃宗亲自扶太上皇登上正殿的台阶。尚食送进午餐，肃宗先品尝，然后敬献太上皇。

十二月四日，太上皇将从行宫出发返回长安，肃宗亲自调试好坐骑，然后才牵给太上皇。太上皇上马，肃宗手执马笼头，向前走了好几步，太上皇制止住他。肃宗骑上马，在前引路，不敢走在道路的中央。太上皇告诉身边的人说：“我做天子五十年，没有感到高贵，今天做了天子的父亲，才感到高贵啊！”左右都高呼万岁。后世有人评价说：“玄宗失国得反，宜痛自刻责以谢天下，乃以为天子父之贵夸左右，是全无心肠矣。”

太上皇自开远门入大明宫，进含元殿，接见了文武百官；然后就到长乐殿，拜谒九庙神主。老人恸哭半天，经大家苦劝，才止住眼泪。当天就驾幸兴庆宫，在这里住下来。

肃宗一连上了好几道表，请太上皇复位，自己还位东宫为太子，这都是形式和过场。每次上表，太上皇都不答应，这也都是形式和过场。统治者之间争权夺利的残酷斗争往往披着温情脉脉的面纱，肃宗和太上皇都在认真地演这场戏。这场戏收场，肃宗的皇位便名正言顺地坐稳了，而且还落得一个孝顺的美名，昭示天下。

（四）战乱中的太平年

从至德二载（757 年）十月广平王收复东都洛阳，至乾元元年

(758 年）十月相州之战，大致一年的时间内官军与安庆绪没有发生大规模的冲突，这是一个双方都需要休整的时期。这是战乱中的和平。

太上皇还京后，不肯复位。肃宗继续理政，在这一年里，朝廷主要做了一些拨乱反正、除旧布新的工作，具体来说主要做了这样几件事：

褒赠平叛过程中立功的将士；

处分战乱中投敌、接受伪职和从逆作乱的人；

建立一支新的禁卫军；

授传国玉册给新皇帝，册立皇后；

奉新神主入太庙，并举行祭奠活动；

完成朝廷新的人事安排。

议立太子。

肃宗任命礼部尚书李岘、兵部侍郎吕諲为详理使，与御史大夫崔器共同审理陈希烈等叛投安禄山父子的朝廷官员。

详理使是临时差遣性质的职务，过去的官制中没有这种职务，这是专门为了审理这些叛官而特设的。按说，审理罪犯是御史台的职责，应该由御史大夫、御史中丞主持，可是唐朝使职差遣制盛行，使原先的朝廷机构被驾空，各种事务常由皇帝或朝廷临时委任的使职官去执行。这种详理使的设置就是唐后期这种政治体制和官制变化的反映。

至德二载（757 年）十二月十五日，肃宗驾临丹凤楼，宣布大赦令，只有安禄山的贼党和奸相李林甫、王鉷、杨国忠的子孙不在赦免之列。立广平王为楚王，加郭子仪司徒、李光弼司空。随太上皇至蜀郡和随肃宗至灵武的护驾立功之臣，都加官晋爵、增加食邑，给予不同等级的奖赏。在抗击叛军和平乱过程中牺牲的官员，如李憕、卢奕、颜杲卿、袁履谦、许远、张巡、张介然、蒋清、庞坚等都加官赐赠，任命他们的子孙为官。在平乱战争中战死的士兵，免除其家属两年应承担的国家赋役，郡县明年的租、庸减免三分之一。天宝元年以来所改的郡名、官名等，全部恢复旧称。以蜀郡为南京，凤翔为西京，长安为中京。

如前所述，虽然有人对张巡、许远的褒赠有异议，但经过李翰的申辩，还是替张巡洗刷了清白。此后，朝廷的赦令中凡是对立功将士进行褒赠时，都少不了李憕等人。程千里只因为被敌人俘虏，活着送到洛阳，虽然最后被敌人杀害，但朝廷始终对他没有任何追赏。后人认为这有失公平。

在对于投降叛军的官员的处理上，详理使们之间发生了分歧。吕諲、崔器认为，那些陷贼为官者背叛朝廷和国家，附逆叛乱，按照唐律都应处以死刑。而李岘坚持认为，现在河北还没有最后平定，群臣陷贼为官的还不少，如果宽大处理，就等于向他们指出一条自新之路，有利于瓦解敌人；如果全部杀掉，就会使那些投敌之人更加顽固地对抗朝廷。吕諲、崔器与李岘争论了好几天，肃宗听从了李岘的建议，将罪名分为六等，重罪斩首示众，次者赐自尽，再次者重杖一百，再次者分三等流放、贬官。十二月二十九日，斩达奚珣等十八人于城西南独柳树下，陈希烈等七人赐自尽于大理寺，那些该打大棍的在京兆府衙门前执行。独柳树是唐代长安很有名的一个地方，因为这是一个刑场，重大的死刑犯都是在这里处决。

肃宗想免张均、张垍死刑，太上皇坚决不答应。在他看来，张均、张垍背叛朝廷投降安禄山，并在伪朝做了高官，更严重的是张均甚至毁坏了皇家太庙，这种罪过是无论如何也不可饶恕的。肃宗向太上皇叩首，为张氏兄弟请命，说："如果没有张说父子，我没有今天。我如果不能保全张均兄弟的性命，死后有知，九泉之下，我有什么面目见张说呢？"他痛哭流涕，俯伏在地，不肯站起。

肃宗为什么极力替张均兄弟说情呢？据说当年玄宗为太子时，太平公主谋夺皇位，肃宗的母亲元献皇后当时已怀有身孕，太上皇担心会因此惹祸，曾想用堕胎药打掉肚子里的孩子，是在张说劝说下改变了主意，后来元献皇后生下了肃宗李亨。肃宗为太子时，李林甫多次想废掉太子，使人诬陷他，有三次差点被处死，是张说的儿子张均兄弟保护了他。所以肃宗对张氏父子感恩戴德。

最后，太上皇做出让步，张均处死，张垍流放岭南，永无归日。

在拨乱反正的同时，肃宗还着手建立起了一支新的禁卫军，分为两部分，分别称左神武军和右神武军，都是选拔那些跟随肃宗从马嵬驿北上和从灵武返京的军人子弟参加，其体制一同左、右羽林军，左、右龙武军四军，总称为北衙六军。又挑选一千名善于骑马射箭的人，称为殿前射生手，组成英武军，分为两支，一为左厢英武军，一为右厢英武军。

在这难得的太平时日里，还有一件至关重要的事情，那就是用隆重的仪式完成权力的正式交接。至德三载（758 年）正月五日，太上皇驾临宣政殿，把传国玉册授予肃宗，正式宣布给肃宗加封的尊号，即“光天文武大圣孝感皇帝”，肃宗坚决要求去掉“大圣”的称号，太上皇不答应。肃宗则尊称太上皇为“太上至道圣皇天帝”。皇帝父子的作为受到后世史学们的讥笑，有人说：“寇逆未平，九庙未复，而父子之间迭加徽称，此何为者也！”——叛乱未平，九庙还没有重建，父子之间便互相加封尊号，这是干什么呀！

二月五日，肃宗登上明凤门，宣布大赦天下，改元，不再称载，而称年，本年为乾元元年，全部免除本年百姓租、庸。乾元元年（758 年）三月二日，徙楚王李俶为成王。三月六日，立张淑妃为皇后。四月二日，任命太子少师虢王李巨任河南尹，充东都留守。十日，奉新的太庙神主自长乐殿入太庙。十三日，肃宗到太庙举行祭祀活动。第二天，驾临明凤门，大赦天下。

现在肃宗可以心安理得地当皇帝了！按照惯例，他必须要提前选好一位自己的继承人。兴王李佋是张皇后所生，只有几岁，张皇后想让肃宗立他为太子，肃宗犹豫未决。他宠幸张皇后，不想使她失望。但李佋不是长子，年龄又小，再说在平乱过程中长子李俶又立了大功，天下人都瞩目所向。肃宗征求考功郎中、知制诰李揆的意见。

李揆听说肃宗要立李俶为太子，便向肃宗连拜两拜，表示祝贺。肃宗非常高兴，决议已定。五月十九日，肃宗下令立成王李俶为太子。任命崔圆为太子少师，李麟为太子少傅，都被罢免宰相职务，全心全意辅佐教导太子。

就在朝廷的各项事务逐步迈向正轨的时候，诗人杜甫却不得不离开京城。这主要是受了那位曾经以牛车对抗安禄山叛军而惨败的房琯的牵连。作为太子太师的房琯被罢相后，内心十分不满，一直很郁闷，经常以身体不适为由不上朝，可是他的宾客却早晚登门拜访，门庭若市。他的那些朋党们甚至在朝廷上扬言说："房琯文武全才，朝廷应该重用他。"肃宗听说后非常讨厌，下制列举房琯的罪状，把他贬为豳州刺史。他的同党前祭酒刘秩被贬为阆州刺史，京兆尹严武被贬为巴州刺史。

诗人杜甫则因陈涛斜兵败时曾替房琯说情，所以被肃宗当成一党。当时杜甫正任右拾遗，肃宗说，杜拾遗，你在战乱中把家人安置在羌村，兵荒马乱的，也不知道你的家人什么样了，你回去看看吧。杜甫就这样恋恋不舍地离开了朝廷，回到羌村。村里许多人感到很奇怪，都认为他早死在乱军中了。看到杜甫风尘仆仆地回来了，尽管样子很狼狈，毕竟还是活下来了，可是自己的亲人呢？有的死在外面了，有的没有个消息，杜甫的归来触动了大家的伤心事，都爬在墙头上，呜呜咽咽地抽泣，"邻人满墙头，感叹亦歔欷"（杜甫《羌村·三首其一》）。半夜里醒来，杜甫看见老婆端着一支蜡烛，在自己眼前照呢，干什么呀？看看杜甫是真的回来了，还是自己又做梦了。不久杜甫又回到长安，但也许肃宗不愿让他出现在自己的眼前吧，任命他为华州司功参军，让他离开了朝廷。

棋逢对手：李光弼与史思明的交手

在安禄山叛军中，史思明是二号人物，他的用兵丝毫不比安禄山差，在与李光弼的斗智斗勇中，可谓势均力敌。论谋略和胆识，他也不失为一名军事家。

（一）史思明降而复叛

朝廷收复两京后，双方都需要休整，因此大约有一年的时间没有发生大的冲突。当时安庆绪退守邺城，改邺郡为安成府，改年号为天成。随从他的骑兵不过三百人，步兵不到一千人。手下的将领阿史那承庆等人各自投奔他处，有的逃至常山郡，有的逃至赵郡，有的逃至范阳。穷途末路之时，叛军势力收缩，各路兵马陆续聚集到邺郡，蔡希德从上党来，田承嗣从颍川来，武令珣从南阳来，他们都率部下归附安庆绪，又从河北各郡征兵。十几天之后，兵力总数达到六万，军威复振。但从双方力量的对比和整个局势而言，叛军一方都要弱于官军一方。安庆绪曾试图打开新的局面，有过几次出击，但都没有取得重要战果，无法扭转劣势地位。

就在这时又发生史思明投靠朝廷的事件，安庆绪的处境更是雪上加霜。史思明的向背在朝廷和叛军力量对比上有举足轻重的作用。但不久，史思明降而复叛，成为朝廷的劲敌。局势又急转直下。

史思明为什么背叛安庆绪、投靠朝廷，而后又降而复叛呢？这要从史思明的出身和他在叛乱发生后的作为谈起。

开元年间，史思明与安禄山是战友，同在张守珪部下任捉生将。

史载史思明是宁夷州突厥种，初名窣于，“姿癯露，鸢肩伛背，嵚目侧鼻，寡须发，躁健谲狡”（《新唐书·史思明传》）——身材瘦削难看，鹰肩、驼背，眼睛总是怒目圆睁的样子，鼻子永远歪着，头发、胡须都很少，性情暴躁而又狡诈。总之，史书上说既然他与安禄山谋反，他的长相就一无可取。他跟安禄山同乡里，两人生日只差一天，史思明先安禄山一日，那就是武则天长安二年（702年）的除夕了。

据说两个人小时候一起玩得很好，长大后都以骁勇闻名。他“解六蕃语”，与安禄山一起做互市牙郎。后从军，天宝初年，因为多年的战功，他被提拔为将军、知平卢军事。这时他有一个机会入朝觐见，玄宗赐他陪坐，跟他讲话，发现这个人不同一般，问他的年龄，他回答四十岁了，玄宗说他“贵在晚年”，鼓励他好好努力。可能就是这一次在长安，玄宗赐他“史思明”这样一个好听的名字，并提拔他为大将军、北平郡太守，进入了高官行列。

一个“丑八怪”怎么就那么容易获得玄宗好感，我们怀疑史书上把史思明过度丑化了。

史思明随安禄山讨契丹，遭受大败，幸好大将何思德长得像安禄山，敌人争着去捉何思德，把他杀死，安禄山侥幸逃到师州。这里是室韦的地盘，太宗贞观三年（629 年）时，为了安置室韦部落，朝廷在营州的阳师镇置师州。安禄山把战败的罪责推到手下哥解和鱼承仙身上，把两人杀掉。史思明逃入深山，过了二十多天才摸出来，收集散兵七百多人见安禄山。史思明跟亲近的人说：“进退重在时机，如果我早点儿回来，恐怕跟哥解、鱼承仙一起见阎王了。”

安禄山举兵后，派史思明略定河北，史思明攻城陷郡，立下不小战功，在叛军中算是战功最为显赫的。史思明打仗，放纵士兵抢掠、奸淫妇女，所到之处，财物皆一抢而空，年轻力壮的从事苦力，老年、小孩则统统杀死。安禄山任命他为范阳节度使。

在安禄山叛军中，史思明是二号人物，他的用兵丝毫不比安禄山差，在与李光弼的斗智斗勇中，可谓势均力敌。论谋略和胆识，他也不失为一名军事家。

安庆绪命史思明兼领恒阳军，封他为妫川王；以牛廷玠领安阳军；张守忠为常山太守兼团练使，镇守井陉口。其余的将军各守旧任，招兵买马以扩张军力抗御官军。安禄山占领长安、洛阳后，把所得珍宝贵重都转运到范阳，如今这些都在史思明掌控中。因此，史思明兵精粮足，越来越骄横，开始不服从安庆绪的命令。安庆绪兵少将寡，奈何他不得。

安庆绪从洛阳北逃时，他的大将北平王李归仁及精兵曳落河、同罗、六州胡几万人溃归范阳。在他们北逃的途中，一路烧杀抢掠。史思明严加防备，派人迎接，请他们进入范阳，曳落河、六州胡都投降了史思明。同罗不降，史思明纵兵进击，同罗大败，他们所抢掠的财物全部为史思明部下缴获，余众逃归本国。史思明的实力进一步提高。

安庆绪对史思明兵力强盛又忌妒又担心，他派阿史那承庆、安守忠率五千精锐骑兵去范阳征兵，寻机除掉史思明。二人来到范阳，史思明调集全部兵力数万人相迎。相距约一里，史思明派人迎见阿史那承庆，说："阿史相公与安王远道而来，将士们都欢天喜地。但是我手下这些边兵，都胆小怯懦，一看到相公手下那些勇猛的骑兵，就吓得不敢再向前走了。为了让战士们安心，请命令你手下的那些骑兵都把弓弦放松，别做出随时准备开仗的样子。"阿史那承庆等人只好听从。

见面后，史思明领阿史那承庆等人进入内厅饮酒赏乐，另外派人把阿史那承庆部下的兵器盔甲全部没收，士兵们都发给干粮，放他们回家乡，愿意留下的给赏赐，分派到各营中。宴会一直持续到第二天凌晨，史思明把阿史那承庆、安守忠等人囚禁起来，派将军窦子昂奉表至长安，以所部十三郡和八万士兵投降朝廷，一起表示投降的还有其河东节度使高秀岩。十月二十一日，窦子昂来到长安，把降表递上，肃宗大喜，封史思明为归义王，任命他为范阳节度使，他的七个儿子都授予高官。肃宗又派内侍李思敬与将军乌承恩往范阳，传达朝廷的旨意，并要求史思明率所部兵马讨伐安庆绪。

起初，安庆绪任命张忠志为常山太守，史思明召张忠志到范阳，派手下的将军薛萼任常山太守，并代理恒州刺史，敞开井陉道，为太原官军兵马进入河北打开了通道。又招降安庆绪任命的赵郡太守陆济，陆济也投降了史思明。史思明派儿子史朝义率五千人马赴冀州，兼任冀州刺史，将军令狐彰为博州刺史。乌承恩所过之处，宣布朝廷诏旨，沧州、瀛州、安州、深州、德州、棣州等州皆投降朝廷，除安庆绪困守的相州之外，河北都回到了朝廷手中。

为了巩固河北的局势，最后夺取邺城，朝廷命郭子仪回到东都，布置对邺城的围攻。

安庆绪从洛阳北逃时，他的平原太守王暕、清河太守宇文宽都杀死安庆绪的使者投降朝廷。安庆绪派大将蔡希德、安太清攻拔平原郡和清河郡，把王暕、宇文宽活捉，送到邺城，安庆绪命剐丁市面上示众。凡是想叛逃谋归的，一律诛及九族，以至部曲、州县、官属，株连处死者无数。安庆绪又与他的大臣们在邺城南郊歃血盟誓，共抗朝廷，但是人心越来越离散。安庆绪听说李嗣业在河内郡，想报长安之仇，四月里与蔡希德、崔乾祐率两万步兵和骑兵，渡过沁水进攻河内，但没有取胜，回到邺城。

对于史思明的归降，朝廷里有不同意见，例如宰相张镐认为史思明诡计多端，可能是诈，不可轻信。可是这时肃宗正以优宠的态度接纳史思明的投降，从范阳和滑州回来的中使都与张镐唱反调，他们都说史思明、许叔冀忠诚可信。于是肃宗以为张镐考虑问题不切实际、不达机变，罢免了他的宰相职务，职位降为荆州防御使。任命礼部尚书崔光远为河南节度使。

过去史思明曾在平卢军使乌知义手下为将，乌知义厚待史思明。乌知义的儿子乌承恩担任信都太守，举郡投降史思明，史思明念及乌知义对自己的厚恩而保全乌承恩。安庆绪从洛阳败走，乌承恩劝史思明投降朝廷。李光弼认为史思明最终还会背叛朝廷，而乌承恩受到史思明的信任，于是暗中指使乌承恩寻找机会干掉史思明。李光弼又劝肃宗任命乌承恩为范阳节度副使，赐阿史那承庆铁券，命他跟乌承恩一起对付史思明。肃宗采纳了这个计谋。

乌承恩把自己的积蓄散发给部下，收买人心；又多次男扮女装混进诸将营地，劝说众将背叛史思明而归顺朝廷，用朝廷的高官厚禄引诱他们。那些将领们把乌承恩的动向告知史思明，史思明开始不肯相信。他认为自己与乌氏父子情深意厚，乌承恩怎么也不会做出这种对不起自己的事情，他还以为是众将嫉妒乌承恩，背后诋毁他，根本就不去调查。可是架不住将领们你也说、我也说，于是他心里将信将疑。正好乌承恩去长安，肃宗派宦官李思敬和他一起返范阳，命二人转达朝廷对范阳将士的慰问。乌承恩宣布了肃宗的旨意后，史思明就留乌承恩住在节度使府宾馆中，事先史思明命人把床用帷布围起来，床下藏了两个人。

乌承恩的小儿子在范阳，史思明让他去看望父亲。半夜时，乌承恩低声告诉儿子说："我受朝廷之命除掉史思明，朝廷会任命我担任节度使。"床下的两个人大喊着钻出来，说乌承恩企图作乱，史思明派人把乌承恩捆起来，搜索他的行李，翻出了朝廷赐阿史那承庆的铁券和李光弼的文书，文书上说：“阿史那承庆完成了任务，就把铁券颁发给他，完不成任务，不可颁发。”又翻出来文件簿书几百张，上面写的都是最早跟史思明谋反的将士的名字。

史思明责备乌承恩：“我有什么对不起你，你竟做出这种事！”乌承恩道歉说：“我该死，这都是李光弼的计谋。”史思明召集将领、僚佐、官吏和百姓，面朝长安方向大哭着说：“陛下，我率十三万大军投降朝廷，有什么对不起您？您却派人来杀我！”于是乱棍将乌承恩父子打死，受牵连至死的达两百多人。乌承恩的弟弟乌承玼闻讯逃走，才免于一死。他逃到太原，投奔李光弼，李光弼表奏朝廷，任命他为昌化郡王，充石岭军使。史思明把李思敬囚禁起来，派人去长安上表，奏明乌承恩和李思敬等人的罪状。

以上这些情况都是史思明煽动部下背叛朝廷和他向朝廷汇报时的说法，其中是否有假，或者是不是他的添油加醋，就很难说清了，至少这些不会全部是事实。

按照常理推测，铁券是朝廷赐物，朝廷不大可能让乌承恩带着这种东西到河北那充满危险的地区，也不可能让乌承恩把代表朝廷旨意的铁券颁赐阿史那承庆。假如乌承恩和阿史那承庆成功除掉了史思明，那么应该宽赦那些附逆者，怎么能先登记那些同乱者的姓名呢？难道朝廷会一开始就决定把这些人全部杀掉？

李光弼不是一个糊涂人，朝廷行事也不至于如此草率。因此，可以做这样的推测，这个铁券和所谓李光弼的簿书，有史思明作伪的嫌疑。他想以此达到一箭双雕的目的，一方面他伪造此件文书，抗表朝廷，达到中伤李光弼的目的，把自己反叛的责任归咎李光弼；一方面通过伪造簿书，登记那些与自己同谋者的名字，激怒众人，让大家响应他复叛的号召，并坚定这些同党对抗朝廷的决心。史思明是个很狡猾的人，他的这一套做法，被称为“奸雄之智数”。

而且，史思明若真的效忠朝廷，他也应该暂时留下乌承恩，而他却急忙把乌承恩杀掉，造成主谋者死无对证。我们怀疑史思明的投降，一开始就有“诈”，原因是他的部下有归顺朝廷的强烈情绪，呼声很高，他要这样的花招，目的是重新激起众人对朝廷的怨叛之心。他的目的达到了。

肃宗派宦官前往范阳，安慰史思明，解释这不是朝廷和李光弼的主意，都是乌承恩自己所为。

众将请史思明上表朝廷，要求杀李光弼，史思明命判官耿仁智与僚佐张不矜草写奏表，其中有云：“陛下不为臣杀李光弼，臣将亲自率军攻入太原除此恶人。”张不矜先把草稿拿给史思明看，史思明也同意这么写。及至要誊写正式的奏表时，耿仁智又把这两句话删去了。很明显，朝廷不允许杀的人，你要带兵去杀，这哪里是归附朝廷的态度啊，分明是要挟朝廷，其反叛的嘴脸就此暴露了。抄写奏表的人告诉了史思明，史思明大怒，将耿仁智乱鞭打死。

（二）邺城之战与安庆绪之死

为了获得回纥的军事援助，肃宗决定与回纥建立和亲关系。

乾元元年（758年）七月十七日，肃宗册封回纥可汗为“英武威远毗伽阙可汗”，把自己最小的女儿宁国公主嫁给可汗。唐王朝与周边少数民族政权的和亲比较频繁，但一直以来，朝廷一般是挑选宗室女册封为公主，远嫁给各少数民族首领，极少把真正的公主——皇帝的亲生女儿用来和亲。这次肃宗忍痛割爱，把亲生女儿嫁给回纥可汗，也是形势所迫，是因为有求于回纥，是平叛的需要。二十四日，肃宗亲自送宁国公主至咸阳。公主深明大义，临别时说：“国家事重，为了国家，死在异国也没有遗憾。”父女洒泪而别。

回纥可汗派大臣骨啜特勒、帝德二人率三千精锐骑兵助讨安庆绪，肃宗命朔方左武锋使仆固怀恩统领。郭子仪和李光弼入朝奏事，商议讨伐安庆绪。朝廷任命郭子仪为中书令，李光弼为侍中。而后，派郭子仪赴相州前线。

安庆绪逃至邺郡，朋党离散，但仍据有七郡，即汲、邺、赵、魏、平原、清河、博平等，有六十多城，兵甲器仗充足。安庆绪不理政事，每天关心的就是修台挖池、修建楼船，沉溺于饮酒度日。他的大臣高尚、张通儒等人争权夺利，互相倾轧，没有纲纪。蔡希德有军事才能，手下兵精将广，但性格刚直、直言无隐，张通儒在安庆绪跟前毁谤他，安庆绪把他处死，手下数千人逃散，将军们都心怀怨恨，不肯效命。安庆绪任命崔乾祐为天下兵马使，为全军总司令。崔乾祐为人刚愎自用、动辄杀戮，不受士兵们拥戴。

九月二十一日，肃宗命朔方节度使郭子仪、淮西节度使鲁炅、兴平节度使李奂、滑濮节度使许叔冀、镇西北庭行营节度使李嗣业、郑蔡节度使季广琛、河南节度使崔光远等七节度使和平卢兵马使董秦等，率步兵、骑兵共二十万人困攻邺城，又命河东节度使李光弼、关内泽潞节度使王思礼率兵助战。肃宗认为郭子仪和李光弼都是元勋，难以分置高下，所以不设元帅，实际上可能是担心有人兵多权重，不愿意把各路兵马交给一个元帅统领，而是任命宦官鱼朝恩为观军容宣慰处置使，代表朝廷监统诸军。过去从没有什么观军容宣慰处置使使，这是为宦官监军临时设立的名目。

十月，在做了一年准备后，朝廷开始向邺城展开攻势。

郭子仪率军从杏园渡过黄河，向东进至获嘉县，在这里击败安太清，杀敌四千人，俘获五百人。安太清逃入卫州，郭子仪进而将卫州城包围。鲁炅率军从阳武渡过黄河，季广琛、崔光远从酸枣县渡过黄河，他们与李嗣业等人都来到卫州与郭子仪会合。

眼看卫州岌岌可危，安庆绪调集邺城全部兵马七万前往救援。他把部队分为三军，崔乾祐率上军，田承嗣率下军，安庆绪亲自率中军。郭子仪派三千弓箭手埋伏在垒墙之内，接着就与安庆绪接战，假装败退，当安庆绪的部队追到垒墙下时，伏兵突然跳出，万箭齐发，飞箭像雨点一样密集，敌人掉头逃走，郭子仪又率军杀回，安庆绪大败，弟弟安庆和成为唐军俘虏，被斩首。

官军攻克卫州，安庆绪逃走，郭子仪等追至邺城，许叔冀、董秦、王思礼及河东兵马使薛兼训接着都率军赶来。安庆绪收拾余众在愁思岗抵御官军，防线又被攻破，前后损失三万人，被俘上千人。安庆绪只好入城固守，郭子仪等人率军将邺城团团围住。

安庆绪无路可走，派薛嵩向史思明求救，而且答应把皇位让给他。史思明发范阳兵十三万救援，观望不进，先派李归仁率步兵、骑兵共一万人驻扎在南距邺城六十里的滏阳，与安庆绪遥相呼应。

十一月，崔光远攻克魏州，史思明趁崔光远刚到魏州，立足未稳，率大军直扑魏州。崔光远派将军李处崟率兵抵御，敌军人多势众、气焰嚣张，李处崟与敌人几次交手，都吃了败仗，只好赶快退入魏州城。敌人追到城下，高喊："李处崟，你召我们来，为什么不出城迎接？"崔光远竟听信敌人的离间，把李处崟腰斩。李处崟是一员猛将，将士们都因为有他而感到踏实，他被杀以后，士气顿落、人无斗志。后来，人们提到这件事，都为他的死感到惋惜，以为"两敌相持而自戮斗将，乃自翦其手足也"。崔光远守不住魏州，弃城逃入汴州。史思明攻陷魏州，杀三万余人。

乾元二年（759年）正月一日，史思明筑坛于魏州城北，自称大圣燕王，任命周挚为行军司马。李光弼分析："史思明得魏州后，按兵不动，这是想让我懈怠，而用精锐部队趁我不备时突然进攻。我率部与朔方军一起进逼魏州城，向他们挑战，他们一定不敢轻易出动。这样拖住他们，旷日持久，那边邺城就一定为官军攻下。安庆绪一死，史思明就没有理由调动安庆绪的部队。"李光弼此计甚妙，但鱼朝恩认为此计行不通，未能施行。后来人们都认为，如果采纳了李光弼的建议，可能就不会有滏水之败。

镇西、北庭行营节度使李嗣业率兵攻邺城，被飞箭射中，因伤势过重去世，兵马使荔非元礼代领其兵。起初，李嗣业率军攻邺城，离怀州前表奏朝廷，任命段秀实为怀州长史，知留后事。

当时各军屯守邺城周围，时日已久，财竭粮尽。镇西、北庭行营兵马却粮草充裕，原因就是段秀实募兵市马供应行营，运送粮草的车马奔行道路，络绎不绝。

郭子仪等九节度使围攻邺城，在邺城外围筑了几道壁垒，挖了几道深沟，堵住漳水，决堤淹城。河水灌入邺城，城中的井、泉都水满为患，城中居民搭建木架居住。从去年冬天至今年春天，安庆绪坚守邺城以等待史思明的救援。粮食吃光后，城里一只老鼠价值四千个钱，淘出来泥墙和马粪中的麦秸喂马。有人想投降，但河水满城，他们无法出城。城里和城外的人都认为攻克邺城指日可待，可是各路官军既然没有统帅，进攻或后退都不知道该听谁的。由于长期围守，久攻不下，官军上下离心，难相统摄。

史思明很会用兵，他看准了机会，亲自率军出魏州，向邺城进发。他命众将都在距邺城五十里处安营，每处军营放三百面大鼓，各营同时击鼓，声震山川，制造威慑气氛。每营选五百名精锐的骑兵，每天都在邺城附近游动，抄掠官军辎重。当官军出动时，他们就散归各自的军营；官军回营后，他们又四处游击。

官军各部每天都有程度不等的损失，出外砍柴采集的兵士常常遇到史思明游骑的袭击。白天严加防备，他们就夜晚出动；夜晚严加防备，他们就白天出动。正值天下饥荒，为官军转运粮饷的车马舟船，南自江、淮，西自并、汾诸州运往邺城，道路上络绎不绝。史思明派出不少身强力壮的战士换上官军衣装，打着官军的旗帜，假装督促运粮，催赶运粮的队伍，往往以行动迟缓为由，随便杀人，为官军运粮的人提心吊胆。当运粮的船或车辆聚集时，史思明的部下就纵火焚烧，他们来来往往、忽聚忽散，官军的巡逻队不能辨别真假。这使得各军粮草供应都遇到困难，没有粮食，军无斗志。史思明抓住时机，率大军直抵邺城城下，摆出与官军决战的态势。

三月六日，官军步兵、骑兵共六十万大军在安阳河北布阵，史思明亲自率五万人迎战。官军各军远远看去，都以为是游军，没有把他们放在眼里。史思明却直前奋击，李光弼、王思礼、许叔冀、鲁炅等人率军与之交战，杀伤对半。鲁炅为飞箭所中。

郭子仪在诸军之后赶来，还没有来得及布阵，忽然刮起狂风，飞沙走石，大树都被连根拔起，抛向半空。天地间忽然像进入了暗夜，太阳看不到了，咫尺间不辨人马。突如其来的沙尘暴令双方都又惊又怕，各自寻路奔逃。官军向南奔溃，敌军向北奔溃，道路上到处都是双方溃军扔下的甲仗辎重。在这场双方都因风暴而溃退的战斗中，郭子仪的部下最先溃逃，为后来鱼朝恩找借口削其兵权埋下伏笔。

郭子仪担心敌人乘乱渡河进攻东都洛阳，因此拆毁河阳桥。上万匹战马只剩下三千匹，甲仗十万全部遗弃。洛阳的官吏百姓听说邺城兵溃，害怕叛军打进洛阳，都纷纷出城，逃入山谷避难。东都留守崔圆、河南尹苏震等官员都逃出洛阳，投奔襄阳、邓州。各节度使的部队都溃归本镇，士兵们一路上抢掠百姓，地方上的官员无法制止，骚动一直持续十多天，局势才安定下来。只有李光弼和王思礼整勒队伍，全军以归，其他各节度使的部队都有严重损失。当九节度使的军队溃于邺城时，鲁炅的部队沿途抢劫杀人，最为严重，民愤极大，有人奏闻朝廷，鲁炅又惭愧又害怕，服毒自杀。郭子仪退屯河阳，李光弼还兵太原。

为了补充兵员，郭子仪的部队在河阳、洛阳之间，大量抓丁抓伕，老人妇女都从役应征。担任华州司功参军的诗人杜甫在探亲路上，遇上此事，他的“三吏三别”组诗便写于此时。杜甫还看到，唐军工兵在紧张地修复和加固潼关城防工事，他说：“请嘱防关将，慎勿学哥舒”——好好守关，不要重蹈哥舒翰的覆辙。

史思明确知官军溃散，从沙河收集散兵、整顿兵马，回到邺城南驻扎。安庆绪从郭子仪军营中获得六七万石粮食，眼看官军已经退走，便与孙孝哲、崔乾祐等人商议，想把史思明拒之于邺城城外，他不愿引狼入室。我们知道，当初向史思明求救，安庆绪是许下了诺言的，那就是一旦史思明救下邺城，安庆绪要让位于史思明，现在安庆绪又舍不得让出皇位了。

他干脆耍无赖，不见。既不请你进城，我也不出城见你。所以官军退走后好几天，安庆绪和史思明就这么干挺着，一个在城内当皇帝，一个领兵在城外，互相不通消息。按说，史思明立下这样的大功，不仅是解了围，简直就是救了命，安庆绪怎么也应该慰劳一下将士啊，可他居然就这样避而不见。因为一见面就要提到让位的事，自己一张口，史思明一答应，这皇位可就完了。

史思明见安庆绪没动静，就知道这小子要赖账了。他也不与安庆绪通消息，也不向南追击官军，只是每天在军中犒劳士卒饮酒作乐。论心计，安庆绪哪是史思明的对手，姜是老的辣。事实证明，论耍无赖安庆绪比史思明也稍逊一筹。史思明心想，既然安庆绪不想让出帝位，入城只能遭他的暗算，所以就待在相州城下，静观其变，寻找时机。

几天过去了，张通儒、高尚等人过意不去，觉得安庆绪太不哥们儿。他们向安庆绪请求说："史王远道而来，我们做臣下的应该迎接并表示感谢才对。"安庆绪说："你们如果想去，就随你们的便吧！反正我不去。"史思明见到张通儒等人，痛哭流涕，大倒苦水，说自己如何远道而来、立下大功，却受到这样的冷落。但对张通儒一行非常敬重，赠送许多礼物，打发他们回去。

又过了三天，安庆绪还不出城。史思明密招安太清，让他劝说安庆绪，安太清就做安庆绪的工作。安庆绪无计可施，就派安太清去见史思明，并上表向史思明称臣，说等到史思明解甲入城，就奉上皇帝的玺绶，让位于史思明。史思明看了表，就明白了安庆绪的意图，解甲入城，还不是趁机搞掉自己吗？说："何至于此呢？我们都可以当皇帝吗，你当你的大燕皇帝，我当我的什么皇帝，咱们一人一个国家，岂不美哉！"

史思明拿出安庆绪的让表给将士们看，大家都高呼万岁。史思明亲手写奏疏，向安庆绪表示慰问，但不称臣，并说："希望成为兄弟之国，作藩篱之援。如果鼎足而立，各自称帝，还有可商量的。要让皇帝位于我，对我称臣，我无论如何都不接受。"又把安庆绪的表封起来奉还。安庆绪十分高兴，觉得史思明够朋友、够义气，而且这种鼎立的格局也相当合理。于是与史思明相约歃血为盟，各做各的皇帝，并结为盟国。

安庆绪上钩了——史思明的目的是引蛇出洞。安庆绪率三百名骑兵来到史思明的军营，史思明命部下全副披挂，各持武器等待安庆绪。有人把安庆绪和他的几个弟弟领到院子里，安庆绪进入史思明大帐，拜了两拜，跪下叩首，说：“我不能胜任皇帝重任，先后丢掉了长安、洛阳东西两都，又久陷重围，想不到大王能看在太上皇的情面，远来救援，使我白骨生肉、应死复生。我做臣子摩顶至踵，感到无法报答大王的恩德。”安庆绪料想史思明也会客气一番，然后结盟发誓，各做各的皇帝。没想到史思明勃然大怒，说：“你作为儿子，杀死自己的父亲，夺取他的皇位，天地不容。我为太上皇讨贼，怎么能接受你的谄媚！”立刻命手下把安庆绪捆起来，连他的四个弟弟及高尚、孙孝哲、崔乾祐立刻处死；张通儒、李庭望等人则授以官职，加以任用。迅雷不及掩耳，安庆绪连回味一下的时间都没有，便身首异处。言而无信，不知其可也，安庆绪“聪明反为聪明误”。

史思明整军入城，收编安庆绪的兵马，把府库中的物品拿出来奖赏将士们。安庆绪先前所有的州、县及兵马全归史思明所有。史思明派安太清率五千人攻取怀州，然后留守该地。他想西进再取洛阳、长安，但考虑到作为根据地的范阳局势不稳，就留下儿子史朝义守备相州，自己领兵返回范阳。转瞬间，叛军一方实现了“改朝换代”。

（三）李光弼挂帅

四月八日，史思明回到范阳，自称大燕皇帝，改元顺天，立妻子辛氏为皇后，封儿子史朝义为怀王，任命周挚为宰相，李归仁为大将，改范阳为燕京，各州改称郡。此时，唐朝军队方面也发生了重大的人事变动，朔方节度使、天下兵马副元帅郭子仪被罢职，而由李光弼取而代之。

观军容使鱼朝恩忌妒郭子仪，因相州兵败，在肃宗面前极言郭子仪的短处。七月，肃宗召郭子仪回长安，任命李光弼接替他的职务。听说朝廷要召郭子仪回朝，士卒们拦住中使的路，哭着恳求他把郭子仪留下。郭子仪哄那些兵士们说："我要为中使饯别，并不是要走。"等到士兵们让开路时，他跃马而去。他担心士兵的拦阻会妨碍执行朝命。

担任副元帅是李光弼自己要求的，他希望朝廷任命亲王担任天下兵马元帅，而自己只任副元帅。七月十七日，朝廷任命赵王李係为天下兵马元帅，遥领虚授，并不亲自带兵，因此天下兵马副元帅李光弼是实际上的最高军事指挥官。李光弼率河东五百名骑兵赴东都，深夜进入朔方军。李光弼治军严整，刚到便下达命令，部队里士卒、壁垒、旌旗、气氛立刻为之一变。当时朔方军将士都喜欢郭子仪的宽容，而敬畏李光弼的威严。

朔方军左厢兵马使张用济驻屯河阳，李光弼以檄文征召他至东都。张用济对李光弼夜入朔方军的行为颇为不满，认为他对朔方军的猜疑和提防太过分。他与众将商议，想趁机率精锐骑兵突入东都，驱逐李光弼，请郭子仪重新回到朔方军。他命令士兵都被甲上马，口衔木枚，等待出发。

都知兵马使仆固怀恩说："邺城兵溃，郭公部下率先逃散，朝廷追究将帅责任，所以罢去他的兵权。如果驱逐李公而强请他，是反叛朝廷，这样做不妥！”右武锋使康元宝说：“您以兵变的方式请郭公回来，朝廷会怀疑是郭公指使这样做的，这是灭九族的大罪，您这样做会使郭公家破人亡啊！”张用济才停止了这种危险的行动。李光弼率数千骑兵东出汜水，张用济一人骑马前来，谒见李光弼，李光弼责备张用济没有按指定的时间去东都，把他处斩，命令部将辛杲京代领张用济的部队。

李光弼杀了张用济，仆固怀恩也赶来了，李光弼请他入座。一会儿，守门者进来禀报：“五百名蕃、浑骑兵赶来。”李光弼脸色大变。仆固怀恩走出大帐，召麾下将领，假装着责备的口气，说：“告诉你们不要来，怎么敢违背军令？”李光弼说：“士兵跟随将领，又有什么罪呢？”命人供给牛肉和酒食。显然，仆固怀恩不想重蹈张用济的覆辙，他有备而来，令李光弼不敢轻举妄动，而李光弼明知其情，隐忍不发。

郭子仪被削夺兵权，朔方军中产生一股怨气。为了缓和军中的矛盾，朝廷任命朔方节度副使、殿中监仆固怀恩兼太常卿，进爵大宁郡王。仆固怀恩一直在郭子仪军中任先锋，冲锋陷阵、勇冠三军，前后战功最多，所以朝廷以此奖赏他，也算是给朔方军将士失落的心理一种补偿。

（四）史思明南犯与河阳激战

乾元二年（759 年）八月二十九日，朝廷任命李光弼为幽州大都督府长史、河北节度支度营田经略等使，李光弼着手做收复河北及幽、燕的准备。但不等李光弼进兵，史思明又大举南下。

史思明不甘心割据河北之地，他要再取洛阳、长安。九月二十四日，他命儿子史朝英留守范阳，诸郡太守各领兵三千，向河南进发。史思明分兵四道，他命令狐彰率五千人马从黎阳渡黄河攻取滑州，命儿子史朝义率军从白皋出发，命周挚率军从胡良渡黄河，他亲率大军从濮阳出发，然后会攻汴州。

李光弼正巡视黄河一线各军军营，听说史思明大军南攻汴州，急忙回到汴州，他告诉汴滑节度使许叔冀："你只要守住汴州十五天，我就会率军来救。"许叔冀答应了。李光弼回到东都。

史思明大军至汴州，许叔冀率军与之交战，不能取胜，与濮州刺史董秦及手下将领梁浦、刘从谏、田神功等人投降了史思明。史思明任命许叔冀为中书令，让他和李详守汴州，李详是史思明的部将。史思明厚待董秦，但把他的妻子和儿子都做人质，在长芦县看管起来。派手下将领南德信与降将梁浦、刘从谏、田神功等数十名将领进军江淮，夺取唐王朝粮赋重地。田神功是南宫人，史思明任命他为平卢兵马使。不久，田神功反攻叛军，杀掉南德信，刘从谏脱身而逃，田神功率军归降朝廷。史思明南下江淮的企图破产。

拿下汴州之后，史思明乘胜西进，攻郑州。李光弼整军西行，一路上慢慢腾腾，他盘算着下一步该如何对付史思明的进攻。至洛阳，他征求东都留守韦陟的意见。韦陟请李光弼留兵陕郡，退守潼关，据险以挫敌人的势头和锐气。李光弼则认为当双方势均力敌时，贵进忌退，如果无故放弃五百里地方，那么敌人的气焰就会更加嚣张。不如移军河阳、北连泽潞，有利则进攻，不利就退守，与关中表里相应，使敌人不敢西侵，正如兵法上所说的猿臂之势。猿臂可伸而长，可缩而短，驻军河阳，就好像从关中伸出一只手臂，随时可以用来打击敌人。如果退守潼关，就等于自缩手臂。所以李光弼以猿臂为喻，说明移军河阳的好处。

他命东都留守韦陟率领东都官员离开洛阳，西入潼关；让河南尹李若幽率领官吏百姓出城躲避，洛阳城成了一座空城。李光弼率部队运油、铁等战备物资至河阳，做守城准备。河阳城高沟深、易守难攻，又南临黄河，一道黄河便构成一道天险。

李光弼巡察防守的各种设施，分配部队分段防守，每一个细节都严加注意。九月二十七日，史思明引军进入洛阳，城中空空如也，一无所得。又害怕李光弼抄他的后路，既不敢入住城内，也不敢领兵西进，就退屯白马寺南，在河阳城南筑了一座月城以防备李光弼。月城是城外用来屏蔽城门的半圆形小城。

史思明有一千多匹优良的战马，每天到黄河南边的沙洲上洗澡，一队队轮流循环而来，以显示良马数量之多。李光弼命令部下把军中的母马找出来，找到五百匹，把小马驹都拴在城内。史思明那些骏马来到水边，就把五百匹母马放出去，这些母马想念那些小马驹，叫个不停，吸引了史思明那些公马都浮水渡河而来，战士们把这些马全都驱赶入城。史思明恼羞成怒，摆开数百艘战船，前面以火船开路，想顺流而下烧掉浮桥。李光弼命令士兵准备了几百根长竿，用大木撑住长竿的一端，把铁叉安装在长竿的另一端，又用毡毯把铁叉裹上，迎着火船叉上船头，使火船无法前进，一会儿火船自个儿烧了个干净。又用铁叉抵住战船，使战船停在水上不能动，然后从浮桥上用投石车抛掷大石，被击中的战船都沉入水底，敌人无法取胜而去。

牒报河清县有史思明的骑兵出没，那里是供应李光弼部队粮草的要道，显然史思明想断绝河阳城的补给，李光弼率军驻屯于野水渡，防备敌人劫夺官军的粮草。日暮时分，李光弼领兵回到河阳，留下一千人交给部将雍希颢守卫营栅。临行，李光弼告诉雍希颢："史思明手下的将军高庭晖、李日越、喻文景都有'万人敌'的称号，我料史思明一定派其中一人来劫寨，我先离开这里，你留守营寨。如果敌人来，不要出战。如果他们投降的话，就和他们一起去河阳城见我。"他手下那些将领们都不理解李光弼的意思，都偷着笑他，以为李光弼异想天开，史思明的猛将怎么会不战而降呢？

史思明果然派李日越劫寨，他告诉李日越："据我判断，这次偷袭胜券在握。抓不到李光弼，你就别回来见我了。"李日越率五百重装骑兵夜行，渡河来到雍希颢的营栅附近，已是第二天凌晨。雍希颢阻断壕沟，让士兵在营栅中休息，大家都观望着李日越的骑兵长吟歌啸。

李日越很奇怪，问："李司空在哪里？"雍希颢手下的士兵回答："昨晚回河阳了。"又问："你们这里驻守多少人？"回答："一千人。"又问："守将是谁？"回答说："雍希颢。"李日越心中思忖了半天，告诉手下的人说："现在李光弼已经走脱了，如果俘获雍希颢回去，皇帝肯定要杀我了，不如投降。”就向雍希颢投降。雍希颢带他去见李光弼，李光弼厚待李日越，把他视作心腹将领。高庭晖听说李日越受到李光弼的重用，也来投降。事后，李光弼解释说：“史思明长于野战，一直遗憾于没有跟我野战的机会，这次听说我不在城中，驻扎野外，以为必定能活捉我。李日越抓不到我，怕史思明处分，他不敢回去。高庭晖智勇都超过李日越，听说李日越受到我的重用，一定也不甘其后。他们只有一条退路，那就是投靠官军。”孙膑说：“善战者因其势而利导之。”（《史记·孙子吴起列传》）李光弼深谙此理。

高庭晖在史思明手下任五台府果毅的职务，是级别很低的军将之职，投降官军后，朝廷任命他为右武卫大将军。这是对史思明部下的攻心战。由果毅一下升至右武卫大将军，可谓青云直上，“唐诸府果毅，品秩犹卑，诸卫大将军，则三品矣”。几天后，朝廷又任命李日越为右金吾大将军。

史思明再次引兵攻河阳，李光弼让郑陈节度使李抱玉坚守南城两天，如果两天之内救兵不到，可以放弃撤离。李抱玉布置部队守城。史思明猛攻南城，眼看敌人将要攻入城中，李抱玉说：“我们的军粮已经吃光，明天早上投降，请不要再攻了。”敌人很高兴，不知是缓兵之计，收军等待议降。李抱玉修缮城防工事，第二天，仍与敌人交战。叛军异常愤怒，攻城更加猛烈。李抱玉常出敌不意而奇兵出击，内外夹攻，杀死大量敌军。

董秦随史思明进犯河阳，夜里率部下五百人投降官军。这时李光弼亲自率军屯驻中潬，潬即水中沙洲。在河中筑起石城潬上筑城，以卫河桥，称中潬。又在城外树木栅，栅外深挖战壕，战壕深广各二丈。十月十二日，史思明手下将领周挚放弃对南城的围攻，与史思明合兵，并力攻中潬。李光弼命荔非元礼拣选精锐屯守羊马城，抵御敌人的进攻。在城外修筑的矮墙，大约与人齐肩，称为羊马城。

李光弼亲自在中潬城东北角树一小红旗，观望敌军的动态。敌人仗着人多势众，长驱直进逼近城墙，用车拉着攻城的器具紧随其后，催促士兵填平城壕，三面城壕各填出八条过道，又开栅为门，让兵士们通过城壕。荔非元礼等到敌人把栅门全部打开，率敢死队冲出杀敌，把敌人打退几百步。但他看到敌阵稳固，觉得不容易攻破，又引兵退入羊马城，想等敌人松懈时寻机进攻。李光弼看到荔非元礼撤回，十分恼火，派手下的人召荔非元礼，要杀他。荔非元礼说："战斗正紧急，喊我干吗？不去！"又退入栅中，敌人不敢逼近。过了一会儿，荔非元礼觉得时机到了，击鼓呐喊，率敢死队又一次杀出栅门，奋勇冲击，破阵杀敌，大胜而回。

周挚发现李光弼集中兵力在中潬和南城，又引兵直扑北城。李光弼急忙领兵进入北城，他登上城头观望，见贼兵狂呼乱叫、部伍不整，命众将出战，到了中午，没有分出胜负。李光弼召集众将，问："敌阵何处最坚？"回答说："西北角。"李光弼命部将郝廷玉对付西北敌阵，郝廷玉要求五百名骑兵，李光弼给他三百。又问敌阵何处比西北角稍次，回答说："东南角。"李光弼命部将论惟贞对付东南角，论惟贞要求给他三百名重装骑兵，李光弼给他二百。然后李光弼命令众将："各位将军出战，都看着我的红旗行动，我慢慢地摆动旗帜，你们就选择有利的打法随意作战；我快速地把旗摆动到地面三次时，就万众齐进，死活都要奋勇向前，退后一步者斩！”他把一把短刀插入靴子里，告诉大家：“战争本身是危险的事，我是国家三公之一，不能死在敌人手中，万一战斗失利，各位将军在前线死于敌手，我在指挥所自刎，不会让大家去死，而我一个人活命！”

众将再次出战，不一会儿，郝廷玉奔回。李光弼远远望去，大吃一惊，心想：“郝廷玉如果败退，那我这场战事败局就定了。”立刻命左右处斩郝廷玉，取其头来。郝廷玉说：“是马中箭往回跑，不是我后退。”部下跑马回来，报告李光弼，李光弼命令为他换马，让他继续出战。仆固怀恩与身任开府仪同三司的儿子仆固玚遇到强大敌军，稍微有些退却，李光弼命左右斩仆固怀恩，仆固怀恩父子看见使者持刀而来，又奋勇向前，拼死杀去。这时李光弼连连摆动他的旗帜，上下挥动，旗子着地，众将拼死齐进，喊杀声震天动地，敌人被彻底击溃。

河阳之战杀敌一万多人，俘虏八千多人，敌人落水溺死的有一千多人。周挚只带了几名骑兵逃走，活捉其大将徐璜玉、李秦授，史思明的河南节度使安太清逃入怀州。史思明不知道周挚已经战败，还在继续进攻南城。李光弼驱赶俘虏来到黄河边，指给史思明看，史思明才率军退走。河阳之战是一场恶战，如果不是李光弼督促诸将拼死决战，难以取胜。

十二月十三日，史思明派部将李归仁率铁骑五千进犯陕州，神策兵马使卫伯玉率数百名骑兵在礓子陂以少胜多，打败李归仁，缴获战马六百匹，李归仁退走。朝廷任命卫伯玉为四镇、北庭行营节度使。李忠臣与李归仁等战于永宁、沙栅之间，多次击败李归仁。

从史思明再叛以来，叛军始终处于攻势，而官军则处于守势。史思明决心恢复安禄山时的局面，夺回洛阳和长安，彻底推翻唐王朝的统治。但想不到由于内讧造成了战争局面的改观，叛军一方迅速转入守势和劣势。

最后决战：官军收复河南、河北

从上元二年（761 年）三月，史思明被弑，史朝义继位，叛军的攻势便减弱下来。此后，叛军在与唐军交战中没有再取得重大胜利。虽然史朝义颇有实力，但终究是困兽之斗。当唐王朝重新组织起反攻，又有回纥精骑的援助时，史朝义的败局便不可挽回了。史朝义一败再败，终于走向穷途末路。

（一）邙山失利

河阳之战的胜利大大鼓舞了唐军的士气，在接下来的几个月里，各地唐军也取得了一些对叛军战争的胜利。乾元三年（760 年）闰四月十九日，肃宗下令大赦天下，改元上元。史书上称本年为上元元年。

就在朝廷在长安举行改元典礼的这一天，史思明领兵进入东都。去年九月，史思明就曾进入东都，不过那是李光弼留下的空城，李光弼又在附近的河阳驻守，住在城中毫无意义，因此史思明引兵出城，在白马寺附近扎下营寨。现在他移军入城，表示了对这座帝都的正式占领。第二年的正月，史思明改元应天。

史思明派间谍潜入官军，散布谣言："洛阳城里史思明的将士都是河北人，长期驻守洛阳，都思念家乡，上下离心，如果进攻洛阳，胜券在握。"有人听信了这种传言，提出收复洛阳的建议，陕州观军容宣慰处置使鱼朝恩觉得此言有理，多次向肃宗禀报，肃宗敕令李光弼等人谋攻洛阳。李光弼奏称："敌人战斗力尚强，士气旺盛，还不能轻易出兵。"

朔方节度使仆固怀恩勇猛有余，但自以为是，手下多蕃、汉精兵，凭仗战功显赫，常常违法乱纪。郭子仪领朔方军时，对将士们宽厚相待，每用兵接战，常常依靠仆固怀恩冲锋陷阵，所以对他的行为多所容忍。李光弼与郭子仪不同，对部下要求严格，不论官、兵，全都依法行事，没有宽容退让之处。仆固怀恩内心害怕李光弼，同时也很讨厌他。现在，在是否进兵洛阳问题上，他附和鱼朝恩，也说东都可取。

仆固怀恩的态度不地道，甚至可以说是用心险恶。其实仆固怀恩对敌情也有清楚的了解，只是想借这种机会，让李光弼出兵失利，从而丢掉兵权。既然鱼朝恩和军中的一员主将都说东都可取，肃宗就一次又一次地派中使催促李光弼出战，李光弼不得已而出兵。上元二年（761 年）二月十三日，他派郑陈节度使李抱玉进驻河阳，与仆固怀恩会合，再与鱼朝恩以及神策军节度使卫伯玉会师，谋攻洛阳。卫伯玉率领的这支神策军，是天宝年间哥舒翰在陇右建立的一支边防军，很有战斗力。安禄山反，神策军使成如璆派兵马使卫伯玉率千余人入援朝廷，进入中原作战。后来吐蕃占领陇右，这支部队就没有回去，卫伯玉由兵马使升任节度使。

二月二十三日，官军在邙山布阵。李光弼命各部依据险要地形列阵，仆固怀恩却在平原列阵。李光弼告诫他："依据险要地形列阵，战斗失利有退路；如果在平原布阵，战而不利时就无路可退，会全军覆没。史思明善于用兵，不可轻敌。"他命仆固怀恩把部队转移到地形险要处，仆固怀恩不听。史思明趁官军布阵未稳，发起攻击，官军大败，数千人阵亡，军资器械丢弃尽光。李光弼、仆固怀恩渡过黄河，逃入闻喜县；鱼朝恩、卫伯玉逃奔陕州；李抱玉放弃河阳逃走。河阳、怀州都落入敌手。洛阳兵败的消息震动了朝廷，朝廷急忙调集军队驻守陕州，以防史思明的军队西进。

（二）史思明遇弑

唐军丢掉河阳，史思明便解除了西进的后顾之忧。就在朝廷担忧史思明西进时，叛军自己却停下了脚步，因为史思明被杀了。

史思明疑心很重，又残忍好杀，手下的人有一点儿不合他的心意，动不动就族诛，因此人人都有朝不保夕的忧虑。史朝义是他的长子，常随史思明率兵打仗，相当谦虚，处事谨慎，又爱护兵士，很受将士们拥护，可是不受史思明待见。史思明喜欢小儿子史朝英，立为太子，让他留守范阳，而且常常想杀史朝义。他身边有人把他的打算悄悄地告诉了史朝义，父子间的嫌隙产生了。

史思明击败李光弼后，想乘胜西进，入潼关，再攻长安。他派史朝义率兵为前锋，从北道袭陕城，自己从南道率大军继后。三月九日，史朝义兵至礓子岭，卫伯玉迎击，史朝义吃了败仗。史朝义多次进军，都被驻守陕城的官军击退。史思明只好退屯永宁县（今河南洛宁，东北），他认为史朝义太胆怯无能，甚至想按照军法把史朝义及诸将处斩。三月十二日，他命史朝义筑三隅城，为存粮之所。所谓三隅城又叫三角城，一角依山，止筑其三角。史思明觉得一天足以筑成。史朝义当天完成了主体工程，只是没有泥墙，史思明来视察，很生气，又骂史朝义无能，史朝义不服气。史思明立刻命令身边的人做给史朝义看，顷刻间完工。史思明说："看到了吧，像你那样做事，大军早就完蛋了。我先饶了你，等打下陕州，你要是还这样窝囊，非杀你孬种不可！"——这句话惹下了杀身之祸。

听了父皇的话，史朝义惶恐不安，不知如何是好。

史思明驻扎在鹿桥驿，这是永宁县境内的驿站，命心腹将领曹将军率兵警卫。史朝义住在馆舍，手下的将领骆悦、蔡文景跟他说："看样子我们和大王都活不长了！自古以来就有废有立，不废不立。眼下大王与皇上矛盾越来越深，只要皇帝在，你随时可能被杀，你被杀，我们都活不成。"史朝义无计可施。他们进一步劝史朝义废除史思明，取而代之。

史朝义半天没有说话，他知道骆悦、蔡文景所说的严重性。逼父下台，或杀父自立，即使一时得手，自己落千秋骂名不说，史思明手下那些将军和亲信们未必听从自己的。但想到史思明说的话，又不像是一时生气说的，真的有一天父皇决心除掉自己，那时悔之晚矣。犹豫再三，最后史朝义哭着说：“那你们觉得怎么干合适，就干吧，但有一点，就是不要惊吓了圣人！”史思明军中称史思明为“圣人”。

骆悦派人请来曹将军，把史朝义逼父下台的主意告诉了他，曹将军虽然不想干，因为自己担任史思明的警卫任务，史思明出事，自己有责任。但他知道有很多将军怨恨史思明，自己如果坚决站在史思明一边，一旦史思明出事，自己也会受连累，因此不敢违抗大家的意愿。当天晚上，骆悦等人带史朝义部下三百兵士，披甲戴盔来到鹿桥驿。史思明的警卫队士兵很意外，但看到曹将军带路，都不敢轻举妄动。

在骆悦率领下，三百名全副武装的士兵一直来到史思明睡觉的屋子，正好史思明如厕，听到外边乱哄哄的，问左右发生了啥事儿，身边的人没来得及回答，已经有好几个人被杀死。卫士用手示意史思明快走，史思明意识到出事了，翻墙逃到马厩里，亲自套上马鞍，骑上马想跑。骆悦的手下周子俊一箭射去，射中史思明的胳膊，史思明从马上掉下来，众人一拥而上，把史思明捆了起来。史思明问：“谁在作乱？”骆悦回答：“我们执行怀王的命令。”史思明说：“昨天我有些口失，怀王这样做也可以理解。但现在杀我太早了，为什么不等我打下长安呢？灭唐建国的大事难成了。”骆悦等人把史思明送到柳泉驿，看押起来。

这时周挚、许叔冀等率后军驻扎在福昌县，骆悦派人去通报此事，周挚吓得跌倒在地。史朝义领兵返回洛阳，大军到达柳泉驿，骆悦等害怕众心不一，把史思明勒死，用毛毡裹着尸体，放在骆驼背上驮回洛阳。

（三）蓟门之乱

史思明被杀，进而引起范阳一场大乱。

杀史思明的第二天，即上元二年（761年）三月十四日，史朝义即皇帝位，改年号为显圣。

范阳还有史思明的太子史朝英，以及一帮拥护史朝英的势力，史朝义暗中派人至范阳，敕令散骑常侍张通儒等人大开杀戒，把伪皇后辛氏、伪太子史朝英，以及那些不肯依附自己的人，列出一个名单，共有几十人，通通杀掉。此事引起范阳几个月大乱。

史朝英是辛氏长子，史思明喜欢他，把他立为太子。史朝英嗜酒，好玩女人，凶怪粗狠，残忍好杀，颇似史思明为人。他招集幽州、蓟州与自己年龄差不多的无赖恶少上百人在身边，让南征的将领子弟为首领，都佩带弯弓利剑，饰金银珠玉，经常大呼小叫，如临大敌。

这小子好像患有虐待狂症，与这伙人一起饮酒，酒酣耳热之际，有时用火烧他们的胡须头发，有时把他们当靶子用铜弹丸弹击，打得他们血流至地。那些能忍住痛不露声色者，就赏杯酒；稍微有点苦痛的神情，就用鞭子抽，从大腿一直打到脚跟，有时打几千鞭子，一直打到快断气才算结束。等到稍微恢复，再继续用鞭子抽。那伙狂徒也有真能挨的，有挨六七千鞭子不死的。

他的姬妾都是史思明抢掠来的良家女子，谁不听他的话，就杀掉，也有放在汤锅中煮死的。当用大火把水烧开时，史朝英就命有力气的人把那女子投入锅中，开始还听到女子在锅里叫喊，一会儿便被滚沸的开水煮烂。旁观的人都毛骨悚然，史朝英却说笑着走近锅边观看，并拿着击球棍在锅里扒拉着，敲打搅拌，神色自若。

史朝义杀了史思明后，秘不发丧，仍以史思明的名义派人至范阳，声称在洛阳城北打败官军，杀一万多人，请六宫和史朝英打点行装，准备到洛阳。范阳的贼党弹冠相庆、歌呼跳跃，一连十几天。史朝义又派两名宦官，假托史思明的敕令，云："收兵陕虢，任命史朝英为周京留守，速赴洛阳赴任，皇后与后宫随行。"周京即洛阳，史朝英一听大喜，心想这下好了，到洛阳当太子，可能比在范阳好玩儿。父亲打天下，儿子坐享其成，将来当太平天子。

张通儒和户部尚书康孝忠、史朝英的衙将高鞫仁、高如震等人接到史朝义敕旨，密谋诛杀史朝英。史朝英一点儿也没有觉察到事变的迹象，还觉得应该风风光光去洛阳，于是召集许多工匠，为他的母亲辛氏、妻子造宝钿鞍勒；又搜索仓库里材料，修造骑马乘车的器具。命手下的人各自准备自己的行装，他想前线取得那么大的胜利，后方和路途上一定很安全，只安排了几十个人护卫。

史思明南下时，留有一百多匹骏马在马厩中，史朝英每天都和那些无赖子弟骑着游逛，然后到桑干河饮马。张通儒将入宫采取行动，头一天就暗令康孝忠带数十人持兵器至饮马处，把百余匹骏马全部驱赶到城南毗沙门神庙关起来。张通儒与鞠仁带十余名步兵进入日华门，迎头碰上皇城留守刘象昌，张通儒示意左右把他杀了。一会儿又碰上史朝英的心腹卫鸣鹤，卫鸣鹤也同样被杀。子城许多人看到这情况，顿时大乱，人们东奔西跑，到处寻找避身之处。

有人慌忙告知史朝英，突如其来的祸乱令史朝英惊慌害怕。但他还来得及披戴盔甲，找来兵器，与二三十名亲信出宫抵御，并跑到马厩中取马，马厩里只剩一匹病马。史朝英只好骑上这匹马，可是不管怎么用鞭子抽，那匹马也走不动。史朝英只好下马，徒步接战。张通儒树起一面白旗，高喊："想活命的就到白旗下！凡投降的赦罪，并官复原职！"那些恶少虽然平时得到史朝英不少赏赐，但也挨过他不少打，很多人怨恨他无故惩罚，一多半人都投降了。

史朝英仍然率十多人接战，这些人箭法高超、百发百中，张通儒手下的人纷纷应弦而倒，张通儒军溃败，被射死伤百十人，从子城中撤出。城里的人不知道为什么会发生激战，都惊慌害怕地到处躲藏。张通儒的手下退到子城门外，又杀回来，双方在城门口激战，眼看太阳西沉，天色已晚，史朝英寡不敌众，逃入城上逍遥楼躲了起来。

张通儒率兵入宫，抢掠宫中金帛珠宝，连史思明皇后辛氏、史朝英太子妃的衣服都被一抢而光。搜索到半夜，蕃将曹闵之带人在逍遥楼上擒获了史朝英。史朝英像小孩斗架玩儿一样，说：

“我求你们放我这一回，以后再不敢胡闹了。”手摁着史朝英的兵士们都感到好笑。史朝英又对曹闵之说：“我身上这条腰带是用三十两黄金新造的，送给您，请将军饶我一命。”曹闵之说：“殿下只管去死吧，那条腰带我自己会解。”旁边的人更感到好笑。张通儒的手下用弓弦把史朝英勒死，砍下他的头，装到木匣里，快马送洛阳，向史朝义请功。张通儒收捕史朝英的党羽，统统杀掉。

当初，史思明南下，把留守范阳的事务委托侍中向闰客，向闰客为人严厉，连史朝英都很怕他，但看到范阳这种局面，也惊惶害怕，逃回自己家里，感到难逃一死。张通儒率人来到他家里，向闰客匍匐于地，请张通儒发落，张通儒命他乘驿车到洛阳去见史朝义。

史思明的骁将辛万年很受史朝英的恩宠，又和高鞫仁、高如震是好朋友，情同手足。张通儒杀史朝英一伙，也把辛万年考虑在内。因为事务繁多，行刑时把他忘了。现在他忽然想起了辛万年，觉得不该把他漏掉，于是命高鞫仁、高如震去杀辛万年。高鞫仁设酒宴，招待辛万年，告诉辛万年说：“张尚书命我们杀兄弟你，所以把你请来。”辛万年跪下叩头，说：“我不能难为两位哥哥，既然军命难违，那就快点把我杀了去复命吧。”

高鞫仁大声说：“眼下我们要做的，只能是兄弟们同心协力，商议如何对付张通儒，就是杀了我，我也不能杀死兄弟你啊！”于是辛万年、高如震各领自己的部下一百多人杀入子城，在子城南廊下找到张通儒，不与他答话，就把张通儒杀了，然后又杀了那些平常与自己不和的军将。辛万年等人共推中书令阿史那承庆为燕京留守，把张通儒等人的头装入匣中，派辛万年送到洛阳，向史朝义诬告张通儒，说他想把范阳献给朝廷表示归顺。史朝义闻知范阳变乱，知道向闰客正在来洛阳的路上，就派人到半路迎住向闰客，让他回范阳任留守。

高鞫仁、高如震等人杀了张通儒后，各率数百人，披甲戴盔在城中巡逻，范阳城中的人们更加害怕。阿史那承庆当了一两天留守，感到处境危险，与高鞫仁、高如震互相猜疑。阿史那承庆带几十名蕃人出身的骑兵出子城，来到高如震家门口，命人通报："委屈将军马上出来一下，有事商量。"高如震没有想到会有意外发生，只以为有什么急事，当他急急忙忙赶到阿史那承庆马前时，被阿史那承庆一刀斩于马下。

高鞫仁听说阿史那承庆杀了高如震，大吃一惊，他对阿史那承庆的做法极感震怒，心想我们如此抬举你，你怎么恩将仇报？立刻统领麾下精兵攻打阿史那承庆，两军相遇于宴设楼下，混战起来，从午时战至酉时。高鞫仁兵都是城傍少年，骁勇劲捷，骑马射箭迅猛如飞。唐代"城傍"为兵士的一种，是一种兵牧合一的制度，唐朝把内徙蕃族置于军镇城旁，保持其部落组织，象征性收他们点儿税，战时调发他们从事征战，由他们自备鞍马兵器，政府供给衣粮。这些人蕃族出身，打起仗来颇为凶悍，加上他们的部落组织和骑射之强，非常有战斗力。

阿史那承庆兵众虽多，抵不住高鞫仁的猛攻，伤亡惨重。阿史那承庆和康孝忠出城收拾残兵，向东逃入潞县，又向南抢掠所属各县，在野外统窜一月多，最后奔投洛阳，向史朝义汇报事变的始末。范阳城中蕃人百姓士兵纷纷翻越城墙逃走，高鞫仁下令城中，凡杀死胡人的都给予重赏，于是没有逃走的羯人、胡人都被杀死。有很多人长得像胡人，或者鼻子高一点儿，眼窝深一点儿，也被当作胡人杀掉。

这时范阳城中，高鞫仁地位最高，他派人去洛阳上奏，说阿史那承庆等人谋反。向闰客走到贝州（今河北清河），遇到史朝义派来的使臣，根据史朝义的命令返回范阳，听说向闰客来到，众官都出来迎接，高鞫仁严密布防，不出面接待。向闰客害怕，告诫随从的子弟们，不要随身携带兵器，只带了几个随从入宫。高鞫仁在日华门等待他们，向闰客远远看到高鞫仁，急忙下马，拉着高鞫仁的手互致问候，高鞫仁仍以平级的礼节接待，然后回到军营。向闰客只守着子城，每天端坐办公房，别的事儿一概不敢多问。去洛阳劾奏阿史那承庆的人回到范阳，传达史朝义的敕令，任命高鞫仁为燕京都知兵马使，即范阳城防司令，把范阳警备兵权交给高鞫仁，实际上高鞫仁早就掌控着范阳城。

五月十日，史朝义任命太常卿李怀仙为御史大夫、范阳节度使。范阳有不少兵马，所以史朝义委托心腹，以限制高鞫仁坐大，高鞫仁很不高兴。不久，李怀仙到范阳，只有几千兵士，骑着羸病老马，从蓟城南门进城。高鞫仁不出子城，只在日华门迎候。李怀仙来到，非常谦恭地与高鞫仁答礼，一交谈就先相约为兄弟，结盟共保燕邦，以报答史氏的恩德，高鞫仁不满的情绪稍微化解了一点儿。李怀仙把蓟县衙门作为节度使院，在这里办公。他虽然是节度使，高鞫仁手下的五千兵马却都不听他调遣。

一连十几天，李怀仙对待高鞠仁越来越宽厚，每次坐衙理事，都走下台阶去迎接高鞠仁，和他平起平坐。高鞠仁仍然表现得非常傲慢，不肯屈尊下礼。这天，李怀仙命令宴饷军士，中午有宴请，请高鞠仁赴会。吃到一半，高鞠仁怀疑李怀仙设有密谋，忽然离席，他手下的卫士都吃惊而逃，回到军营全身披挂，做好战斗准备。李怀仙忧心忡忡，害怕高鞠仁生事，就把牙将朱希彩囚禁起来，说是由于他的疏忽，造成了误会，处他惊军之罪。当天夜里，高鞠仁要率兵袭击李怀仙，正好下了大雨，他犹豫着没有行动。到天亮，最终打消了用兵的念头，一人骑着马来到节度使院的大门。

李怀仙已经埋伏了身强力壮的士兵等着他。高鞠仁趋步走进大厅，李怀仙仍然像往常一样，走下台阶迎接他，跟高鞠仁坐谈，过了好一会儿，才问高鞠仁惊军之罪。高鞠仁正待解说，大门已经关上。李怀仙命左右把高鞠仁处死，并立刻放掉朱希彩。从暮春至夏中两月间，范阳城中互相攻击，反复进行了四五次，数千人死于乱中，战斗都在坊市闾巷间进行。好在任何双方交战，都不进入百姓家抢掠，因为大家都知道每户人家中都有军人在外，兵士们相约不打家劫舍；而且范阳城中的百姓，男女老少都娴熟兵马、善骑射，士兵们不敢轻易进入百姓之家，因此百姓并无遭劫之虞。

六月三日，李怀仙在范阳宣布史思明的遗诏，立史朝义为太子，并即皇位。这当然是假的，史思明被杀，哪有什么遗诏，而且史朝义早已自立为帝。当天发丧，举行史思明的葬礼。将相百官都穿着白色孝服，到听政楼前哭灵。

当官军四面布防，正积极组织对叛军的最后决战时，叛党已成热锅上的蚂蚁，这些蚂蚁还不忘自相争斗。

后世的史官曾发表过迂腐的论断，以为如果前一年采纳了郭子仪的建议，自朔方直捣范阳，正碰上范阳城中自相残杀，一道檄书就可拿下范阳。岂不知大军兵临范阳，史思明还会率兵南下吗？如果史思明坐镇范阳，是否还会发生史朝义弑父以及范阳城内乱的事情，那就很难说了。说不定范阳众志成城，也未可知。因此，这种论断不免有事后诸葛之嫌。

（四）史朝义困兽犹斗

范阳动乱数月才平定下来。史朝义驻守洛阳，处境已经很不妙。几年来，官军与叛军交战，大多在河南进行，因此洛阳四面数百里间，州、县皆废为丘墟，农田荒芜，人烟断绝。史朝义部下的节度使，大多是安禄山手下旧将，地位都不低于史思明，都是史朝义的长辈，调他们入洛阳，大都不奉命。彼此间只是多少有点联系而已，很难说统属于史朝义。

由于邙山之败，李光弼要求给自己降职处分，朝廷让他以开府仪同三司、侍中的身份，领河中节度使，罢其天下兵马副元帅之职。相州兵溃、邙山之败，主要责任在宦官鱼朝恩，朝廷不以覆军之罪处罚鱼朝恩，却罢郭子仪和李光弼的兵权，都是措置失当，因此受到后世的批评。

邙山之败后，朝廷进行新的战略部署，官军与史朝义叛军有过小规模的接触，史朝义吃了一些小亏。

上元二年（761 年）四月二十一日，青密节度使尚衡击败叛军，杀敌五千多人。

四月二十三日，兖郓节度使能元皓击败叛军。

五月五日，李光弼自河中入京。朝廷召李光弼入朝，筹划反攻事宜。

起初，史思明任命他的博州刺史令狐彰为滑郑汴节度使，率兵数千戍守滑州城。令狐彰暗中通过中使杨万定联系朝廷，表示归顺，并移兵杏园渡。史思明对令狐彰的动向很警惕，派手下将领薛岌率军对令狐彰部实施包围。令狐彰与薛岌展开激战，大败薛岌，随中使杨万定投奔朝廷。朝廷任命令狐彰为滑、卫等六州节度使，这就在史朝义统治下的河北心腹地带安插了一个钉子。

五月十一日，朝廷任命李光弼为河南副元帅、太尉兼侍中，都统河南、淮南东西两道、山南东道、荆南、江南西道、浙江东西两道等八道行营节度使，出镇临淮郡。此举是朝廷向史朝义大举反攻的前奏。

五月十四日，平卢节度使侯希逸率军进击史朝义范阳兵，打了一个胜仗。

六月一日，兖郓节度使能元皓击败史朝义将领李元遇。

六月十六日，李光弼赴河南行营，实施对史朝义的反攻。

六月二十八日，朝廷任命殿中监李若幽为镇西、北庭、兴平、陈郑等节度行营兵马及河中节度都统处置使，填补李光弼离任的空缺。李若幽驻镇绛州，朝廷赐他另外一个名字：李国贞。这样，朝廷便在史朝义统治下的河北地区之西，设置了一个新的反攻基地。

几年来，平卢节度使侯希逸一直与范阳相互攻伐，至此完全失去救援，又受到奚人的侵犯，无法再继续坚持下去，决定南下。为了防止李怀仙的部队掩袭后路，他采取先下手为强的方略，率领全部兵马两万多人进袭李怀仙，击破李怀仙的部队。而后率军南下，在青州城北渡过黄河，与田神功、能元皓两军于兖州会合。

第二年正月二十四日，李光弼攻克许州，活捉叛军颍川太守李春，史朝义派将军史参率兵救援。二十六日，李光弼指挥部队与史参援兵在许州城外激战，大破史参援军。

史朝义手下将领谢钦让率军进犯申州（今河南信阳），二月十八日，淮西节度使王仲昇与谢钦让战于申州城外，王仲昇战败被俘，淮西震动。侯希逸、田神功和能元皓等人领兵攻汴州，史朝义急召谢钦让回兵救援汴州，淮西局势才安稳下来。

朝廷考虑以有威望的大臣统领河东兵马，封郭子仪为汾阳王，分管朔方、河中、北庭、潞仪泽沁等州节度行营，兼兴平、定国副元帅，三月十一日，郭子仪行将离京赴任，这时肃宗已病入膏肓，朝廷大臣都不得入见。郭子仪说："我一个年迈老臣，奉命赴任，能不能活着回朝都说不定，如果不见陛下一面，我死了眼睛也不会闭上。"肃宗把郭子仪召入卧室相见，嘱托郭子仪："河东方面的事务，全交付您了！"

史朝义派兵围攻泽州，守将李抱玉向郭子仪告急，郭子仪调发定国军兵马前去救援，史朝义围攻泽州的兵马才撤围而去。史朝义再次派兵进攻泽州，李抱玉破敌于城外。

叛军的这些行动，不过是垂死挣扎罢了。

（五）刘展之乱

上元元年（760 年）十一月，当中原地区朝廷与史朝义进入相持拉锯状态时，南方发生了刘展之乱。这是安史之乱中的插曲。

刘展之乱的发生，与监军使给肃宗出的馊主意有关。监军使是皇帝派到各节度使军中监护诸军的宦官，皇帝的耳目。

御史中丞李铣、宋州刺史刘展都担任淮西节度副使，两个人作风都有问题，李铣贪暴，不守法纪；刘展倔强，自以为是。所以凡是他们的上司都讨厌他们。淮西节度使王仲昇向朝廷上奏，揭发李铣贪污暴横之罪，朝廷批准处决了他。王仲昇又想除掉刘展。当时这一带流传一首民谣："手执金刀起东方。"王仲昇让监军使、内常侍邢延恩入朝上奏："刘展性格倔强，不服从命令，他的姓又应谣谶，可能会作乱东方，请朝廷除掉他。""刘"的繁体字是"劉"，是卯、金加一个竖刀，宋州即今商丘一带，在两京之东，所以王仲昇这样解释谶言。

邢延恩到长安，向肃宗进言："刘展与李铣是一类人，李铣已被处死，刘展心怀不安。如果不除，他可能会作乱。但是刘展手握强兵，必须用计除之。请提拔刘展为江淮都统，接替李峘。等到他离开部队赴任，半路上把他抓捕，只需朝廷派一名官员就可以了。"这个无知宦官，把朝廷任命当儿戏，肃宗竟听从了他。于是，朝廷一边任命刘展为淮南东道、江南西道和浙西道三道都统节度使，一边向原都统李峘和淮南东道节度使邓景山下了一道密诏，让他们寻机干掉刘展。

邢延恩把朝廷的任命书交给刘展，引起了刘展的怀疑："我最早是一名小小的陈留郡参军，几年之内被提拔为刺史，已经太破格了，在别人看来就是官场上的暴发户。江、淮地区是国家租赋所出，朝廷财富重地，江淮都统是当今国家最重要的地方官职，只有朝廷亲信，或有大功的人才能担此重任。我既没有大功，又不是皇室亲信，朝廷忽然把我提拔到这样重要的职位上，不会是有奸佞小人离间吧？"邢延恩看到刘展起了疑心，非常害怕，急忙好言安慰。刘展想到朝廷的恩命固然不能违抗，但很担心其中有蹊跷掉入陷阱；李铣已经被朝廷杀了，对自己来说不能不是前车之鉴，行事必须小心谨慎才是，因此他要求先拿到官印和符节。邢延恩为了稳住刘展，赶忙答应，快马驰至广陵郡，与李峘谋议，从李峘这里拿来官印和符节交给刘展。刘展拿到官印和符节，上表朝廷谢恩，发出文书请江淮亲戚朋友出来做官，把他们都安插在重要的位置上，作为自己的心腹臂膀。三道官属都派人来迎接，并向他表示祝贺，他们送来三道图籍，使者相望于道。刘展率宋州全部兵马七千人，名正言顺地前往广陵赴任。广陵就是现在的扬州，唐代南方最富庶的城市，时有"扬一益二"之说。

邢延恩发现刘展已察觉朝廷的计谋，回到广陵，与李峘、邓景山等人发兵抵御，并向各州县发出文书，说刘展造反。刘展则向各州县发出文书，说李峘不接受朝廷的调动，反叛朝廷。各州县长官都不知道该听谁的。李峘率兵渡过长江，与节度副使、润州刺史韦儇、浙西节度使侯令仪屯兵润州京口县，命邓景山率军驻扎徐城县。

刘展善于用兵，颇有威名，此次南行，御军严整，江淮之人望风畏惧。部队星夜兼程，抢先来到徐城，严阵以待。邓景山的部队后到，刘展派手下的将领孙待封、张法雷领兵发起进攻，邓景山的部队被打垮，邓景山与邢延恩逃奔寿州。刘展领兵进入广陵，派将军屈突孝标带兵三千占领濠州、楚州，王晅领兵四千占领淮西。

李峘在北固山屯兵布防，插木栅以塞江口。刘展驻兵白沙，而在北固山对岸的瓜洲镇设疑兵，虚张声势，晚上鼓声阵阵，又打出许多火把，一连好几天，做出将要进兵北固山的样子。李峘调全部精锐部队把守京口，等待着刘展来犯。刘展却从上游白沙镇过江，袭击下蜀戍。戍是在军事要地有部队驻防的营垒或城堡，大的叫“镇”，小的称“戍”。李峘的部队听说刘展已经过江，不战自溃，李峘逃奔宣城县。刘展又迅速攻陷润州、升州，其他各路兵马进展也非常顺利，很快苏州、湖州等地也落入刘展之手。

起初，肃宗命令平卢兵马使田神功率五千精兵驻屯任城。邓景山战败后，与邢延恩奏请朝廷下敕令田神功出兵救淮南，朝廷还没有回音，邓景山派人飞马急驰，到田神功处求救，而且以淮南金帛子女为代价，换取田神功的出兵。田神功及其部下都很高兴，全军出动南下。当田神功的部队到达彭城郡（今江苏徐州）时，才接到朝廷命他讨刘展的敕令。

田神功的南下，使得双方力量的对比立刻发生了变化，战局也急转直下。

听到这个消息，刘展害怕了。他亲率八千人从广陵出发，抵御田神功的部队，选出两千精兵渡过淮河，在都梁山向田神功的部队发起进攻，结果战败。刘展逃至天长县，率五百骑兵占据桥头阻击田神功的追兵，又败，刘展渡江而逃，身后只有一名骑兵跟随。田神功的部队进入广陵和楚州，大肆抢掠，杀死胡商上千人。为了搜索胡商和百姓们藏在地窖里的财物，兵士们几乎把广陵城挖了个遍。

刘展重整军队，组织步兵、骑兵共一万多人在蒜山布阵。田神功以船载兵士向金山进发，正遇大风，金山在江心，大风把五艘兵船吹至山下的江面上。刘展把两艘船上的士兵全部杀死，把另外三只船沉入江底，田神功不能渡江，又回到北岸，驻扎瓜州。田神功手下大将范知新已经从白沙镇渡过长江，进至下蜀戍。刘展率军向他进攻，被范知新击败。刘展的弟弟刘殷劝刘展出海逃命，可以拖延一些时日。刘展不听，继续率兵拼死战斗。将军贾隐林用箭射中刘展的左眼，刘展仆倒在地，兵士们上前砍下他的脑袋。刘殷、许峄都在战斗中阵亡。

与此同时，刘展各路兵马都相继被消灭，田神功手下的平卢兵大肆抢掠十多天。安史之乱发生以来，乱军没有能够打到江淮地区，这时却遭到刘展乱军和田神功平卢兵的蹂躏。

刘展之乱中，江淮都统李峘曾丢失江淮大片地区。乱平之后，他害怕朝廷治他失守之罪，归咎于浙西节度使侯令仪，侯令仪因此被朝廷除名，流放康州。朝廷加田神功开府仪同三司，提拔为徐州刺史，征召李峘、邓景山回长安。七月一日，任命试少府监李藏用为浙西节度副使。

支度租庸使——受朝廷委派，负责征收租庸的官员奏请朝廷，说刘展之乱中，各州大量支用仓库存粮绢帛，都违反了规定，需要进行调查核实。当时仓促征兵，仓库存物随时支用，来不及登记，很多物资都不知去向，将领们只好变卖家产以作补偿。李藏用很担心这事会连累到自己，曾跟人说过，后悔不该起兵平乱，造成现在跳进黄河也洗不清的经济烂账，冒着生命危险为朝廷打仗，结果还要大家赔上私产。他的牙将高干与李藏用有旧怨，派人到广陵，向崔圆告状，说李藏用谋反。同时不等回复，就发兵攻打李藏用，李藏用在逃跑途中，被高干追上杀掉。

崔圆把李藏用的部下都看管起来，一一审问，对李藏用谋反之事进行查证。那些部下都害怕株连自己，都附会高干的话，众口一词地说李藏用确有谋反之心，只有孙待封一口咬定李藏用冤枉。崔圆也想坐实李藏用谋反之事，因为李藏用谋反，把他杀了，地方上算是为朝廷立功，对担任江淮都统的他本人有好处。如果说李藏用无罪被杀，等于自己的辖区内出了乱子，说不定朝廷会给予处分。因而，崔圆不愿意听到有人替李藏用辩护，孙待封反被诬杀。

（六）此恨绵绵无绝期

乾元元年（758年）十月五日，唐肃宗册立李俶为太子，并改名李豫。

自肃宗即位，收复长安、洛阳以来，朝廷还不曾赐给臣下物品。立太子是朝廷一件大喜事，不能不对百官有所表示。现在铸作了大钱，百官和禁卫军兵士都得到多少不等的赏赐。

然而，此时太子李豫的地位还不算稳固，张皇后一直想立自己的儿子李佋为太子，虽然太子已经册立，但她仍不死心。不过李豫记住当年李泌对他的告诫，对张皇后谦逊恭敬，不给她留下任何把柄，并以此逐渐取得了皇后的好感。更为侥幸的是，上元元年（760 年）六月二十六日，李佋竟然英年早逝。张皇后的小儿子定王李侗年龄又太小，张皇后不便在太子问题上再生枝节，李豫的太子地位才算稳定下来。后来，根据张皇后的意见，追赠李佋为恭懿太子，这没有多少实际意义。

乾元元年（758 年）十一月八日，太上皇从华清宫回到京师。从十月十五日驾临华清宫算起，玄宗在这里待了二十多天。冬日至华清宫避寒是玄宗开元和天宝年间的惯例，那时他总是与杨贵妃同幸华清宫，此行不能不产生怀旧的情感，一幕幕往事不能不浮现出来。虽然已经年老，心中也不免翻腾起激动的波澜。太上皇已然年迈，肃宗病体缠绵，都已到了暮年。父子间的恩怨、朝廷后宫的钩心斗角，让两位老人的晚年都不太愉快，这加速了他们生命的终结。

太上皇喜欢兴庆宫，这里有龙池，风景很美，而且远离皇城，周围比较热闹。打自蜀中返长安，就一直住在这里。开元二十年（732 年），在内城与外城间筑一夹城，处于从兴庆宫到大明宫的必经之路，两宫可经夹城相通。肃宗住大明宫，经常从夹城到兴庆宫拜望太上皇，太上皇也偶尔到大明宫，父子俩谈谈国事，商量些家事，太上皇颇感一种天伦之乐。左武卫大将军陈玄礼多年负责太上皇的警卫，内侍监高力士多年服侍太上皇起居，现在仍在太上皇身边，几位老人相得甚乐。肃宗又命玉真公主、如仙媛、内侍王承恩、魏悦及梨园弟子经常到兴庆宫来，为太上皇表演歌舞、遣兴解闷。

太上皇只想在兴庆宫安度晚年，除了有时想起杨贵妃，常常嘘唏不已外，他在兴庆宫的生活也算其乐融融。兴庆宫有勤政务本楼、花萼相辉楼、长庆殿，皆南临大道。他常到长庆殿楼上登高望远，当太上皇在长庆楼上徘徊观望之际，从楼下经过的百姓父老常常停下脚步，仰望瞻拜、高呼万岁。太上皇常常命人在楼下摆点酒食，赐给那些岁数高迈的百姓。太上皇曾召请将军郭英乂等人上楼饮酒，谈一些往事，或近来发生的事情，从他们口中了解到不少新闻。从剑南来的奏事官，常常是太上皇的老熟人，他们从楼下经过，跪拜舞蹈，太上皇就命玉真公主、如仙媛做东，置酒款待。

太上皇了解到在肃宗身边，如今最有权势的是宦官李辅国，而李辅国并不像自己身边的高力士那样忠心耿耿，所以他为此颇感不安。但不在其位，不谋其政，他也没有把这事特别放在心上。可是太上皇身边的几个人都很瞧不起李辅国，虽然李辅国如今炙手可热，大家都知道他的底细，提起李辅国，他们都会流露出一丝轻蔑，心里想他原来不就是个飞龙厩小儿吗！这些人对自己的态度，李辅国也很清楚，心中记恨。兴庆宫与大明宫之间的矛盾由萌芽开始滋长。

李辅国想在肃宗面前立功，以保持肃宗对他的宠幸，他对肃宗说："太上皇居于兴庆宫，每天都与外人来往；听说陈玄礼、高力士一伙儿搞些小活动，对陛下很不利。常言说'无事生非'，他们闲着没事，整天在一块儿叽叽歪歪地聊啊聊的，像有什么密谋。禁卫军将士都是灵武勋臣，对当前的待遇不满，蠢蠢欲动，有兵变的苗头。我多次向他们讲道理，设法开导他们，但他们思想上的疙瘩一直解不开，时间长了，恐怕会发生不测。事涉太上皇，我一直不敢说，但又不敢不告知陛下，觉得不说出来也不合适。"

李辅国话里有话，他隐约暗示肃宗，如果陈玄礼等人勾结禁卫军谋反，拥立太上皇复位，那后果不堪设想。李辅国的话给肃宗增加极大压力，本来父子间安安稳稳的生活由于周围的人挑拨生事，令人左右为难。太上皇和自己都是岁数不小的人，还在为这些事而烦恼不堪，不觉流下泪来，他说："圣皇仁慈，怎么会做出这种事呢？"但经李辅国旁敲侧击这么一挑拨，兴庆宫的那班人也的确令他不安。

李辅国接着说："我也相信，太上皇不会有这种企图，那些小人们可就难说了。对那些小人，太上皇也没办法。陛下为一国之君，应该为天下人着想，从大局出发，把祸乱消除在萌芽状态。不能像一个普通人那样尽所谓儿女般孝心！而且兴庆宫周围就是闹市和居民区，院墙低矮，也不适宜太上皇这样尊贵的人居住。皇宫里戒备森严，安全有保障，把太上皇接到深宫居住，生活上与兴庆宫有什么不同？又能杜绝小人们挑拨离间，避免闲言碎语扰乱陛下的平静的心情。这样，太上皇可享晚年清福，陛下也可以经常去看望他老人家，又有什么不好呢？”但肃宗还是没有听李辅国的话。

兴庆宫有三百匹好马，李辅国假托肃宗敕令，把马调走，只剩下十匹。这种根本不征求太上皇意见任意索取的行为，令太上皇不快，他忧心忡忡地告诉高力士：“我儿子已经被李辅国迷惑，恐怕他的孝心不能善始善终了！”由于李辅国的挑拨，父子间的误会不断加深。

李辅国一心要把太上皇从兴庆宫迁出去，一计不成，又生一计。他让禁卫军将士在肃宗面前叩头号哭，说他们担心太上皇的安全，请把太上皇迎请到西内。西内就是太极宫。唐朝称大明宫为东内，太极宫称西内，兴庆宫称南内。太极宫在什么地方呢？在皇城内，左有东宫，右有掖庭宫，北有西内苑，南是皇城。住进去就与外界隔绝了，行动就不方便了，这对岁数大的人来说，容易产生寂寞感。肃宗有点为难，眼含着泪不答应，他说太上皇年迈，习惯住在兴庆宫，不应该让他搬来搬去。李辅国有点害怕了，怕自己的阴谋不能得逞，又怕太上皇和肃宗父子俩如果有一天沟通后，会处分他。

正好肃宗生病，李辅国在张皇后授意下，派人通知太上皇，说肃宗请太上皇到西内游玩。当太上皇一行来到睿武门时，李辅国率五百名射生骑手，抽刀拦住太上皇的道路，上奏说：“皇帝因为兴庆宫狭小潮湿，迎太上皇迁居大内。”这分明是在逼迁，太上皇看到这阵势，吓得差点儿从马上掉下来。这时，玄宗的忠实奴仆高力士站出来，厉声喝道：“李辅国，你怎么敢对太上皇如此无礼！太上皇有诰命，快下马听旨！”李辅国不得已从马上下来。

高力士又高声说：“太上皇有诰命，请禁卫军将士接旨！”禁卫军将士都把刀插入鞘中，急忙跪地，高力士宣布：“禁卫军将士露刃拦路，已经惊吓了太上皇，特别无礼，这是犯用兵器干扰皇上乘舆之罪，是要杀头的！希望你们不要触犯刑法！”高力士的厉声呵斥，迫使将士们拜了两拜，高呼“万岁”。然而，当时的形势明摆着，要想再回兴庆宫是不可能了。于是高力士怒斥李辅国率禁军惊驾，要求李辅国跟他一起，护送太上皇去西内。李辅国跟高力士一起，牵着太上皇的马至西内，住进甘露殿。西内以两仪殿为内殿。两仪殿北有甘露门，甘露门内有甘露殿。

把太上皇安顿在西内后，李辅国率众人退走。给太上皇留下的侍卫兵，只有几十名年老体弱的卫士。陈玄礼、高力士及旧宫人都不能留侍左右。后来肃宗又来拜望太上皇，太上皇担心皇帝心里不安，安慰他说：“兴庆宫是我当年做亲王时住的地方，我曾多次要让给皇帝住，皇帝不接受。今天把我迁到这里，也是我一直以来的打算。”

当天，李辅国与六位禁卫军将领穿着白衣谒见肃宗，向肃宗请罪。肃宗碍于禁卫军将领的面子，慰劳他们说：“把太上皇迁到西内，诸位都辛苦了。南宫、西内有什么区别呢？还来请什么罪？大家担心有小人挑拨离间、煽动是非，故而防微杜渐，都是为国家和朝廷着想。”肃宗之所以默认和容许李辅国对太上皇的无礼举动，其中可能有自己不得已之处，但也让人感到这种做法符合他的心意。太上皇有威望，肃宗何尝不担心有人借拥立太上皇而发动宫廷政变的事件发生呢？把老父亲安排到深宫里，可谓“龙困鱼池内，伸腰不自由”，再厉害的真龙也翻不了大浪了。

大臣们听说太上皇突然被迁居西内，都担心太上皇的安全。刑部侍郎颜真卿率百官上表，请求去看望太上皇，结果遭到了李辅国的嫉恨，李辅国上奏肃宗，把他贬为蓬州长史。

对于太上皇身边的人，李辅国也没有放过。高力士遭到弹劾被流放巫州，王承恩流放播州，魏悦流放溱州，勒令陈玄礼致仕（退休）；把如仙媛安置在归州，玉真公主出居玉真观。肃宗另选后宫妇女一百多人，安排在西内，侍候太上皇。令万安公主、咸宜公主负责太上皇的衣食，二位公主都是太上皇的女儿。各地所献佳果美味，先送给太上皇品尝。但是太上皇心情越来越烦闷，从此不再食荤，开始辟谷，而且慢慢地生起病来。辟谷亦称“断谷”“绝谷”，即不吃五谷的意思，据说是一种修养方法。辟谷时食药物，兼做导引术等。当身边的旧人都一个一个地离去时，太上皇心灵愈发空虚，又日益思念爱妃杨玉环。当夏日来临芙蓉花开时，他就想起杨玉环如花的容貌；当秋日将暮夜雨潇潇时，他常常辗转难寐，一个人对着孤灯发呆，任灯油燃尽，也无心喊宫人来添油加捻。

肃宗起初还不断前来问安，不久肃宗也生了病，只能派人去看望太上皇。后来，肃宗逐渐明白过来所谓太上皇周围的亲信谋反一案，都是李辅国制造的骗局，因此，他越来越讨厌李辅国，想除掉他，但因为李辅国手中掌握着禁卫军的兵权，一直犹豫着难下决心。

上元二年（761年）七月一日，发生了日食，当太阳全部隐没时，整个世界似乎完全进入暗夜，天空中所有大星都显现了，人们都惊慌害怕，纷纷猜测着这吓人的天象将预示着什么祸事。肃宗也不例外，他甚至比别人想得更多，因为根据谶纬书上的解释，天有灾异都是上天示警，日食总是与天子的行为和命运有关，太阳就是天子，日食发生可能是因为天子德行有亏。他心里十分不安。

日食笼罩在肃宗心头的阴影，一直挥之不去。江淮地区大旱，闹起严重饥荒，出现人吃人的现象。肃宗的身体状况也越来越差。这些都使肃宗感到是上天示罚，必须虔诚悔过以回应上天。他对自己的行为做了一番检讨，究竟哪些事不能让上天满意，是功德不足以称得上太上皇加给自己的尊号吗？还是天下有冤狱呢？还是用人有不公平现象呢？是自己对太上皇孝心不够吗？天地鬼神究竟为什么不高兴了？这些念头总是在他心头盘旋。

九月三日，是天成地平节，肃宗的生日。肃宗在麟德殿置内道场，用宫人扮作佛、菩萨，武士扮金刚神王，召大臣膜拜围绕。肃宗越来越相信鬼神，希望得到佛、菩萨保佑。

二十一日，他下制除掉尊号，只称皇帝；又去掉年号，只称元年。同时把岁首也改了，一般以正月为岁首，现在改为十一月，而且不再以数字表示，用十二地支表示月份，前面加一个建字，岁首称建子月。大赦天下，又停京兆、河南、太原、凤翔四京及江陵南都的称号。并命自今以后，每任命一位五品以上清望官及郎官、御史、刺史，新任官员都要推举一个人，以备将来接替自己的职务，被推举者的表现，是考察新任官政绩的重要内容。

肃宗频频到太清宫、太庙、元献皇后庙祭拜，还到圜丘、太一坛举行祭祀，大赦天下，希望通过这些举措，赢得上天的谅佑。但他的心理负担却越来越重，身体状况也一天不如一天。

宝应元年（762 年）四月三日，楚州刺史崔侁向朝廷上表，称楚州有一位尼姑，恍惚间上了天堂，见到上帝。上帝赐给她十三枚宝玉，一是玄黄天符，二是玉鸡，三是谷璧，四是西王母白环，五是碧色宝，六是如意宝珠，七是红靺鞨，八是琅玕珠，九是玉玦，十是玉印，十一是皇后采桑钩，十二是雷公石斧，十三是阙。把十三宝玉置于阳光下，都有一股白气直冲天空。上帝告诉尼姑："中国将有大灾，可用十三宝玉镇灾。"太上皇和肃宗都病势沉重，大臣们为此惶惶不安，都感到此十三宝玉真是应运而生，是吉兆，纷纷上表庆贺。

这所谓的吉兆并没有带来真正的吉祥，四月五日这天，太上皇于神龙殿驾崩，终年七十八岁。次日，迁坐于太极殿。坐，即厝，意思是停尸棺。迁坐或迁厝，即把棺材迁到停灵待出殡的地方。肃宗的病情也更加严重，竟然无法到太极殿，只能在内殿举哀号哭。有四百多名出身蕃族的文武官员，依照其本族习俗，剺面割耳，表示哀悼。剺面割耳是古代西域和北方某些族群的风俗，割面、割耳流血表示忠诚哀痛。朝廷任命苗晋卿为冢宰，负责太上皇的陵寝丧葬事宜。肃宗从仲春就卧病在床，听到太上皇去世的消息非常哀伤，病势转重，命太子监国。

起初，张皇后和李辅国内外勾结，专权用事，后来两人之间产生了嫌隙。内射生使、宦官程元振依附李辅国。射生手是皇帝的禁卫军，用宦官为将领，称内射生使。肃宗病势越来越重，眼看大限之期不远，张皇后告诉太子："李辅国长期掌管禁兵，制敕都出自李辅国之手，擅自逼圣皇天帝（即太上皇）迁居西内，罪恶滔天，他害怕的就是我和你两个人。眼看皇上的病一天比一天沉重，李辅国与程元振阴谋作乱，不能不杀他们。"太子哭着说："陛下病危，这两个人都是陛下勋旧之臣，如果不告知陛下，杀掉他们，肯定使陛下感到震惊，恐怕陛下受不了的。"张皇后说："那你先回去，我再想想别的办法。"太子从宫中出去，张皇后招来越王李係，告诉他说："太子仁慈而又怯懦，没有胆量诛杀李辅国和程元振这些贼臣，你能吗？"越王回答说"能！"

越王李係命内谒者监段恒俊挑选二百多名有勇力的宦官，让他们穿上甲衣，藏在长生殿后。四月十六日，张皇后以肃宗的名义召太子入宫。有人把张皇后的阴谋告诉了程元振，程元振密告李辅国，两人在陵霄门布置伏兵等着太子。太子来到，他们把张皇后阴谋发动政变的消息告知太子，并派人把太子送到飞龙厩，派全副武装的士兵守卫他。

当天夜里，李辅国、程元振率兵控制了三殿，收捕越王李係、段恒俊和知内侍省事的宦官朱光辉等一百多人。又以太子之命把张皇后迁到别殿去。张皇后正在长生殿陪伴肃宗，李辅国派来的人逼张皇后离开肃宗，牵出长生殿，把她和身边的几十个人都幽禁于后宫。肃宗身边的宦官、宫人都惊慌逃散，可怜病重的肃宗身边无一人侍候。四月十八日，肃宗寂寞晏驾，享年五十二岁。

这一天，李辅国等人诛杀张皇后、越王李係和兖王李僩，然后领着太子到九仙门素服见宰相，告知肃宗晏驾，拜哭，太子始行监国之令。

四月十九日，李辅国等才向大臣宣布肃宗去世的消息，宣读遗诏。二十日，太子即皇帝位，这就是代宗。

太上皇病重时，高力士遇大赦返回长安。至朗州（今湖南常德），听到太上皇驾崩的消息，他失声号哭，吐血数口，一命呜呼。后来高力士陪葬玄宗泰陵，这位极端忠诚的宦官，死后依然不离不弃地守在了玄宗的身旁！

（七）再收洛阳

玄宗、肃宗相继去世，平乱的重任落到新天子身上。

新即位的代宗任命皇子奉节王李适为天下兵马元帅。

几个月来，史朝义亲自率军围攻宋州，城中粮食已经吃光，眼看宋州守不住了。李光弼率军来救，至临淮，诸将提出史朝义兵力尚强，请南保扬州。李光弼说："朝廷把国家安危寄托于我，我再退缩，朝廷还指望什么！而且我出其不意，敌人怎么知道我兵力多少！"率军直趋徐州，命兖郓节度使田神功进击史朝义，史朝义大败，从宋州撤军。

起初，田神功击败刘展以后，留恋扬州，没有回师兖州、郓州，太子宾客尚衡与左羽林大将军殷仲卿各率部下在兖郓地区互相攻杀，给史朝义可乘之机。他们听说李光弼前来，都畏惧李光弼的威名，田神功赶快返河南，向史朝义发起进攻；尚衡、殷仲卿停止内战，奉命入朝。

李光弼驻守徐州，保证了东部地区的稳定，使朝廷能够从容策划、布置和组织对史朝义的反攻。朝廷任命郭子仪为都知朔方、河东、北庭、潞仪沁陈郑等节度行营及兴平等军副元帅。这时以潞、仪、沁陈、郑为一镇，李抱玉为节度使。本来李抱玉任陈郑节度使率行营兵讨贼，李光弼指挥的邙山之战吃了败仗，李抱玉率部逃奔泽州，陈州、郑州为敌占区所阻隔，朝廷便任命他为潞、仪、沁、泽等四州节度使。

然而，就在这反攻前的重要时刻，郭子仪却不得不从前线撤了回来。宝应元年（762 年）八月二十三日，他从河中来长安朝见代宗。这时宦官程元振执掌朝政，忌妒郭子仪功高权重，多次在代宗面前诋毁他。郭子仪心中不安，上表请求朝廷解除自己副元帅、节度使等军中职务。虽然代宗安慰他，劝他不要多心，但郭子仪还是在长安住下来，不再赴镇。

史朝义尚有实力。为了消灭史朝义，早日结束战乱，朝廷又想借助回纥精骑。九月，代宗派中使刘清潭出使回纥，重修旧好，而且借兵讨伐史朝义。原来史朝义的使节已经到过回纥，告诉登里可汗："唐朝太上皇和皇帝接连去世，国中连续发丧，现在中原没有天子，可汗速来和我们一起搬运唐朝仓库的存物。"可汗相信了他的话，起兵南下，到了朔方军三受降城。刘清潭来到回纥可汗牙帐，陈明来意，可汗不信。刘清潭递上代宗的敕书，并告诉可汗现在新天子已经即位，就是当年与叶护王子一起收复两京的广平王。回纥进军途中，看到唐朝不少州城、县城都变成了废墟，知道战乱已经把唐朝搞垮了，所以不把唐朝使节看在眼里，他们把刘清潭等人软禁起来，任意侮辱。刘清潭派人把这些情况汇报朝廷，说："回纥举全国兵力十万人打来了。"消息传遍长安，城中顿时一片惊慌。代宗又派殿中监药子昂到忻州南，迎接回纥可汗，慰劳回纥的军队。

当年回纥毗伽阙可汗向唐朝为儿子登里求婚，肃宗把仆固怀恩的女儿嫁给登里，成为登里的可敦。回纥以正妻为可敦，登里继承汗位，仆固怀恩女儿的地位相当于皇后。登里接见了药子昂，要求与岳父仆固怀恩相见。这时仆固怀恩驻守汾州，代宗令仆固怀恩去见女婿。仆固怀恩见到登里可汗，说回纥不能背负唐朝的恩德与信义。登里可汗听信岳父的话，非常高兴，派使节到长安向代宗上表，愿意出兵助唐攻打史朝义。

登里可汗想从蒲关进入关中，然后经沙苑出潼关，东向洛阳。考虑到回纥兵沿途常常伴随着抢掠，经关中东向会路过长安，药子昂担心回纥兵给京城造成扰乱，因此劝可汗说："关中地区遭受战乱严重破坏，加上连年灾荒，各州县都一片萧条，没有足够的粮食供应，可能会让可汗失望；现在敌人的主力在洛阳，另外一条路线从土门，即井陉关过太行，进入邢州，经洺州、怀州、卫州南下，一路上可以得到各州军资的供应。"这一路山路艰险，可汗不听。药子昂说："另外还有一条路线，就是从太行山南下，占据河阴县，可以扼住敌人的咽喉要道。"可汗也不答应。药子昂又建议可汗"从陕州大阳津渡黄河，从太原仓得到军资补充，与各道藩镇行营兵一起进兵。"可汗才勉强同意。

朝廷任命已升为雍王的李适为天下兵马元帅，进讨史朝义。在他的幕府中，兼御史中丞药子昂、魏琚分别担任左右厢兵马使，中书舍人韦少华任判官，给事中李进任行军司马，著名诗人岑参任掌书记，到陕州与各道节度使和回纥兵马会合，收复洛阳。代宗想让郭子仪任天下兵马副元帅，程元振、鱼朝恩都加以反对。代宗只得命仆固怀恩为同中书门下平章事，兼绛州刺史，统率各节度行营，作为副元帅辅助李适。仆固怀恩以宰相兼副总司令，实际是全军最高指挥官。代宗命仆固怀恩与母亲、妻子一起到行营。因为登里可汗是带着可敦即仆固怀恩的女儿来的，所以让仆固怀恩的母亲、妻子见一见孙女、女儿，达到以亲情结交回纥的目的。

天下兵马元帅、雍王李适来到陕州，回纥可汗驻兵黄河北岸，李适与僚属带几十名骑兵去见可汗。可汗要求李适行拜舞之礼，这是晚辈见长辈的礼节，药子昂说按礼制不应该这样。回纥将军车鼻说："唐朝天子与回纥可汗结为兄弟，对于雍王来说，可汗是叔父辈，怎么能不拜舞呢？"药子昂说："雍王是天子的长子，现在是元帅，将来就是中国的皇帝，哪里有中国未来的皇帝向外国可汗拜舞的道理呢？而且太上皇、先帝都在殡中，还没有安葬，按照礼仪不能拜舞。"双方争论了半天，车鼻命人把药子昂、魏琚、韦少华、李进等人拉出去，各打了一百鞭子。回纥人看李适年少不懂事，没有打他，放他回军营。魏琚、韦少华当晚就因伤势过重而死去。

十月二十三日，各路兵马都从陕州进发，仆固怀恩与回纥的左杀将领担任前锋，陕西节度使郭英乂、神策军观军容宣慰处置使鱼朝恩两军殿后，从渑池县进兵；泽潞节度使李抱玉率军从河阳县进兵；河南等道副元帅李光弼从陈留郡进兵，分道并进会攻洛阳。雍王李适留守陕州。

唐军大举进兵洛阳的消息迅速传到史朝义那里，史朝义急忙与众将商议对策。阿史那承庆认为唐军与回纥合兵，那将势不可挡，应该退至黄河以北，回纥骑兵一时不能过河，还可以稍延时日，但史朝义没有采纳他的建议。

唐军进兵迅速，三十日就在洛阳北郊的横水岸边布下战阵。此时有数万敌兵在洛阳城外树栅固守，仆固怀恩列阵西原从正面抵挡，另派骁骑与回纥骑兵从栅东北进攻，内外夹击，叛军大败。史朝义把十万精兵都调来救援，在昭觉寺附近布阵，唐军向敌阵发起突然攻击，杀死敌人很多，可是敌阵却没有动摇。

鱼朝恩派五百射生手拼死力战，敌人虽然伤亡很大，但敌阵却依然如故。镇西节度使马璘见情况危急，单骑出击，手夺敌人两块盾牌，杀入万众之中，左右驰突，所向披靡。大军乘机杀入敌阵，敌军大败。敌军与唐军先后转战于石榴园、老君庙，接连失利，人马互相践踏，伤亡惨重，尚书谷堆满了尸体。这一仗杀敌六万多人，俘虏两万人，史朝义率几百名轻骑兵向东逃走。

仆固怀恩乘胜进兵，攻克东京洛阳及河阳县城，活捉伪中书令许叔冀、王伷等人。仆固怀恩让回纥可汗的兵马留在河阳，派担任右厢兵马使的儿子仆固玚与朔方兵马使高辅成率一万多名步兵、骑兵乘胜追击史朝义。追至郑州，双方又打了一仗，史朝义又败。史朝义继续东逃，逃至汴州，他的陈留节度使张献诚关闭城门，不放他入城，史朝义又逃奔濮州。当唐军追至汴州时，张献诚开门出降。

回纥进入东京洛阳，大肆抢掠，放火杀人，被回纥兵杀死的百姓数以万计，城中燃起的大火直烧了几十天。朔方军、神策军都以为东京、郑州、汴州、汝州等地属敌占区，所过之处，肆行抢掠，抢掠暴行一直持续了三个月才结束。几乎没有一家不遭受抢劫的，每户人家的财产都被抢光，连百姓身上穿的衣服都被剥去，人们外出，只能穿着纸糊的衣服。回纥兵把抢来的财货宝物都放在河阳县城，又担心不安全，专门留下一名叫安恪的将军率兵看守。唐王朝为了赢得战争的胜利，以牺牲百姓的利益为代价，以洛阳等地的百姓子女、财物作诱饵以取得回纥的军援，并当成报酬，酬奖回纥的军队，给百姓造成的祸害不比叛军少，有时还有犹为过之。

（八）直捣河北

史朝义的末日到了。

从洛阳逃出后，史朝义从濮州城北渡过黄河，仆固怀恩攻克滑州，又追击史朝义至卫州，史朝义战败。史朝义的睢阳节度使田承嗣等人率兵四万多人与史朝义会合，又反攻回来，与唐军交战，被仆固玚击破。唐军一直打到昌乐县东，史朝义率魏州兵来战，又遭惨败，于是继续奔逃。史朝义的邺郡节度使薛嵩举相、卫、洺、邢四州，向唐陈郑泽潞节度使李抱玉投降；史朝义的恒阳节度使张忠志举赵、恒、深、定、易五州，向唐河东节度使辛云京投降。

李抱玉等人受降，进入薛嵩、张忠志等人的军营，检阅了他们的部队，薛嵩等人也移交了兵权。一切都在正常进行。李抱玉等人还没有来得及行使指挥权，忽然接到仆固怀恩的命令，让薛嵩等人复位，重新掌握各自的部队。李抱玉、辛云京都顿觉意外，怀疑仆固怀恩有背叛朝廷的用心，各自上表向朝廷举报。这一动向引起朝廷敏感，为防止意外发生，立刻进行了防备。仆固怀恩上疏朝廷，替自己辩解。代宗暗中布置措施，仍下敕安慰勉励他。

为了争取敌人的归降，并瓦解残敌，宝应元年（762年）十一月六日，朝廷下制："东京及河南、河北接受史朝义官职的人，都既往不咎。"郭子仪认为仆固怀恩平定河朔立了大功，向朝廷请求辞去副元帅之职，让仆固怀恩担任。二十四日，朝廷任命仆固怀恩为河北副元帅，加尚书左仆射兼中书令，单于、灵州大都督府长史，镇北大都护，朔方节度使。

史朝义逃到贝州，与大将薛忠义等两个节度使合兵。仆固玚率兵追到临清县，史朝义亲自率三万人回军反扑，仆固玚设下埋伏，击败史朝义的进攻。史朝义再次向北奔逃，回纥兵也赶到了，唐军士气更加高涨，继续追击。唐军与史朝义的部队在下博县城南大战，史朝义大败，战死者落入黄河，积尸顺水东流。史朝义又逃奔莫州，仆固怀恩手下都知兵马使薛兼训、兵马使郝庭玉、田神功和辛云京等各领兵至下博县会合，然后继续进兵，把史朝义包围在莫州。淄青节度使侯希逸接着也率兵赶到，加入围城的队伍。

宝应二年（763年）正月，唐军猛攻莫州。史朝义屡次组织部队出城迎战，都失利而返。田承嗣请求留在莫州防守，劝史朝义亲自去幽州，调兵救援莫州。史朝义采纳了他的建议，挑选五千精锐的骑兵，从莫州城北门突围而出。史朝义离开后，田承嗣就出城投降，把史朝义的母亲、妻子和儿女献给唐军。唐军将领仆固玚、侯希逸、薛兼训等立刻率兵三万猛追史朝义，追到归义县，史朝义与追上来的唐军交战，又失败而逃。

史朝义的范阳节度使是李怀仙，已经通过中使骆奉仙向朝廷表示投降，李怀仙派兵马使李抱忠率三千人镇守范阳县。史朝义逃至范阳县，李抱忠不放他入城。唐军很快就要追来，史朝义派人进城告诉李抱忠，大军留在莫州，他率轻骑来范阳，发兵救援，而且以君臣大义批评李抱忠，李抱忠回答说："上天不保佑燕国，唐室已经复兴，我已经归顺唐朝，不能再有反复。如果朝三暮四，那就愧对三军将士的承诺！大丈夫以尔虞我诈为耻。我不想为难你，希望你早一点儿选择好去向保全自己。据我判断，田承嗣一定背叛你投降了唐朝，不然唐军怎么会这么快就追到了这里！"

史朝义很害怕，可怜兮兮地说："我从早上到现在，还没有吃上饭，难道就不能管我吃顿饭吗？"李抱忠就派人在范阳县城东门外安排点儿饭，供史朝义及部下食用。那些史朝义麾下的范阳人都向史朝义告辞而去，回到家里，史朝义只是流泪，没有办法挽留。吃完饭，史朝义带着剩下的几百名胡族出身的骑兵离开范阳，东奔广阳郡。广阳郡不愿意接纳他们，又想北去投奔奚和契丹，当他们走到温泉栅时，李怀仙派来的追兵追上了他，史朝义走投无路，在树林里自缢而死。李怀仙割下他的首级献给朝廷。

正月三十日，史朝义的首级被送到长安。

以史朝义授首为标志，安史之乱平息。

从天宝十四载（755年）十一月安禄山发动叛乱起，至代宗宝应二年（763年）正月史朝义授首为止，战乱延续长达七年零三个月。

从京城长安出发的驿使，快马加鞭地奔驰在驿道上，他们把战乱平息的消息迅速传遍全国各地，举国欢腾。

这时，诗人杜甫流落在四川。当年在华州司功参军任上，遇上关中大旱，灾荒严重，连他这个当官的都没饭吃了，所以他带着家人辗转流离到成都。这一年他因事到梓州，在这里他听到安史之乱平息的消息，开始不敢相信这是事实，当他看到老婆孩子都高兴万分时，才知道不是做梦，不是谣传。及至确证了这振奋人心的消息，他激动地写下了千古名篇《闻官军收河南河北》，诗中表达了“白日放歌须纵酒，青春作伴好还乡”的狂喜和急切归乡之情。有多少流落异乡的人们，满怀着跟杜甫一样的激动心情，开始做返乡的打算了。

安史之乱虽然平定，但唐王朝也已被弄得千孔百疮。像一个人大病一场，虽然病已痊愈，但整个肌体却因疾病的煎熬和药力的折磨处处衰竭。安史之乱引发的种种社会危机，在此后的唐朝社会久久无法消除，这些后遗症有的发展为不治之症，最终导致了唐王朝的最后灭亡。唐代后期一百多年中，导致唐帝国一步步衰落的各种矛盾和危机，如果追溯其源头，往往都是安史之乱中埋下的祸根。

余波未平

人口：帝国的根基

河北：肘腋之患

外援：不是免费的午餐

边防：危机重重

宦官：病灶的癌变

藩镇：甩不掉的尾巴

人口：帝国的根基

战争意味着死亡，伴随着战争，天灾人祸都会导致大量生命的丧失。在古代社会，人口是整个社会发展的根基。有了人口的稳定和增长，才能保证有足够的劳动力，才可以保证国家的赋税收入，才能保证国家的各项事务得以完成。长达七八年之久的安史之乱使唐朝人口锐减，这就严重破坏了帝国的经济基础，

安史之乱之前的一百多年间，唐朝人口一直是不断增长的。经过隋末战乱，唐朝建立时天下户数只有二百多万。此后随着社会的安定，人口持续增长。至唐玄宗开元、天宝年间达到高峰。天宝十三载（754年），即战乱发生的前一年，户部向朝廷的报告中提到，全国一共有九百零六万九千一百五十四户，五千二百八十八万四百八十八口。唐朝建立以来，“户口之盛，极于此”（《资治通鉴》卷217）。这是登记在册的户口数，也就是户部掌握的人口数，实际的户口数要远远超过这个数字。因为据中唐时的宰相杜佑说，唐代户口的统计存在“隐漏”问题。由于封建政府残酷的赋役压迫和剥削，造成许多农民逃亡，流落他

乡，依附豪族地主，这些人是不被政府登记在册的。如果把这些隐漏的人户考虑在内，杜佑估计天宝年间的户数，“少犹可有千三四百万矣”。按每户五口计算，大约七千万人口。

安史之乱爆发，人口增长的势头中断。战乱中人口大量减耗。据《通典·食货志》“历代盛衰户口”条，代宗大历年间，政府掌握的著籍户数只有120万。诚如唐长孺先生所指出的，这当然只是户部计账上的数字，当时不申报的州必定非常多，申报户口诸州由于流亡迁移，也很难核实，实际减耗不会如此之多。但减耗总是事实，而且是全国性的。

战乱中河北、河南、河东、关内四道是主要战场，这些地区人口减耗最为严重。以洛阳为中心的河南道遭受战火最为剧烈，过去最繁华的地区战后成为最荒凉的所在。安史之乱刚结束，吐蕃入侵，代宗逃至陕州，想东幸洛阳。郭子仪极力劝阻，他说：

夫以东周之地，久陷贼中，宫室焚烧，十不存一。百曹荒废，曾无尺椽。中间畿内，不满千户。井邑榛荆，豺狼站嗥……东至郑汴，达于徐方，北自覃怀，经于相土，人烟断绝，千里萧条。(《旧唐书·郭子仪传》)

代宗末年，担任盐铁转运使的刘晏说明转运的困难，原因是：

东都残毁，百无一存……函陕凋残，东周尤甚。过宜阳、熊耳，至武牢、成皋，五百里中，编户千余而已。居无尺椽，人无

烟爨。萧条凄惨，兽游鬼哭……今于无人之境，兴此劳人之运，固难就矣。(《旧唐书·刘晏传》)

元结讲到乱后唐州的情况，云：

右方城县旧万余户，今二百户已下，其南阳、向城等县更破碎……自经逆乱，州县残破。唐邓二州，实为尤甚。荒草千里，是其疆畎；万室空虚，是其井邑；乱骨相枕，是其百姓；孤老寡弱，是其遗人。(《请省官状唐邓等州县官》)

以常山为中心的河北诸郡，以太原为中心的河东诸郡，都是唐军与叛军反复争夺的战场，这里的人民死亡流移皆十分严重。南至唐州、邓州，东至徐州、泗州，北至幽州、冀州，农业经济一片残破，大片地区到了荒无人烟的地步。

关中地区户口减损的情况，号称“诗史”的杜甫诗中有所反映，他的诗作《无家别》写的是长安收复后的事情，一名从前线返乡的士兵，看到家乡的残破情景，其中有云：

寂寞天宝后，园庐但蒿藜。
我里百馀家，世乱各东西。
…………
四邻何所有，一二老寡妻。

这种情况，在安史之乱结束七年后依然十分突出。唐代宗大历四年（769 年）三月，朝廷的一道诏书中称：

> 今连岁治戎，天下凋瘵。京师近甸，烦苦尤重。比屋流散，念之恻然。人寡吏多，困于供费。欲其苏息，不可得也……且京畿户口，减耗大半，职官如旧，何以堪之？（《旧唐书·代宗本纪》）

首都长安附近，人口减耗大半，说明许多人死于兵荒马乱之中，另有不少人则远离家乡逃亡。

安史之乱虽然主要蔓延于上述四道，但其他地区在不同程度上也受到战祸的影响。中原战乱，吐蕃乘机入侵，河西、陇右、西域皆被占领，这一带的人口自然不为唐朝所有；长安西北地区不断遭到吐蕃的掠夺和侵扰，人口和财物遭受严重损失。李璘、刘展之乱把战火引至江南，代宗时江南遭到严重旱灾，不少人饥饿而死，甚至发生人吃人的现象；方清、陈庄、袁晁等人领导的起义遭到残酷镇压；湖南道的道州一带有西原蛮暴动。这些地区虽远离战乱中心，人户皆有不同程度的凋零。

由此可知，唐王朝赖以生存的根基已经遭受到何等程度的破坏，这是唐朝后期一蹶不振的主要原因。虽然当时全国人户减少并不是如此严重，因为有些地方不向朝廷申报户口，但这些与国家财政收入没有太大关系。因为那些不申报户口的地方有这样两类，一是处于藩镇割据状态下的地区，如河北三镇和淄青、淮西等镇，他们拒绝承担国家赋税徭役，所以他们的户口数字与国家财政收入没有关系。另一类是京西北军事要地，这里经济落后，是当时的国防前线，他们不仅不向朝廷缴纳赋税，许多支出要靠朝廷财政拨款。所以这些地区的人户，与国家财政收入也没有关系。承担国家财政收入负担的就是那些申报户口的诸州，而据诸州人口统计，人口比之天宝时在册户口，由九百多万户减至一百多万户。唐王朝的财政收入就是靠这残余之民的赋税来支撑，因此唐后期出现严重的财政危机，有时京官们的俸禄都不能按时或足额发放，经济困难的京官们要向在外地做官的亲友举债度日。

以东都为中心的黄河流域和中原地区，历史上一直是国家的经济重心，而遭受战乱的破坏最为严重，北方经济的发展受到严重制约。安史之乱中，北方人口大量南迁。史书记载："自至德后，中原多故，襄、邓百姓，两京衣冠，尽投江湘，故荆南井邑，十倍于初"(《旧唐书·地理志二》)。"自京口南被于浙河，望县十数，而吴为大。国家当上元之际，中夏多难，衣冠南避，寓于兹土，参编户之一"(梁肃:《吴县令厅壁记》)。唐代文献中此类记载很多，反映出当时北方人口很多迁往长江流域及其以南地区。北方人口的南迁，促进了南方经济的发展。随着南方经济的发展，长江流域、江南地区在国家经济财政运行中的地位越来越重要。唐宪宗元和二年（807 年），也就是安史之乱结束将近五十年后，宰相李吉甫等人所撰《元和国计簿》云：

计天下方镇四十八道，管州府二百六十二，县二千四百五十三，见定户二百四十四万二百五十四。每岁赋入倚办，止于浙西、浙东、宣歙、淮南、江西、鄂岳、福建、湖南等道，合四十州，一百四十四万户。比量天宝供税之户四分之一。

当国家仰赖长江流域和江南地区，把沉重的赋役负担强加给这一地区的百姓时，则又加速了这一地区人民的破产。柳宗元先生的《捕蛇者说》写的是永州地区的事，永州便属于上述八道之一的湖南道。在这篇文章中，作者发出“苛政猛于虎”“赋敛之毒有甚是蛇”的强烈呼声，让我们听到了重压之下百姓们的痛苦呻吟。官逼民反，唐末农民起义首先发生在浙东地区，正是因为这里的农民不堪官府的压迫和剥削，才揭竿而起。裘甫领导的浙东农民起义揭开了唐末农民大起义的序幕，唐王朝的统治根基动摇了。

河北：肘腋之患

唐代的河北道，是贞观十道、开元十五道之一，比现在的河北省辖境要大得多，相当于现在北京、天津、河北、辽宁大部，还有河南、山东古黄河以北地区。安史之乱结束以后，这个道实际上已不存在，这个地区形成三个抗命朝廷的藩镇，因此称河北三镇。

河北是首乱之地，战乱中一直是叛军的老巢。官军收河南河北，更准确地说是收复河北，标志着平叛战争的最后胜利。但是，河北却没有真正回归帝国的怀抱。史朝义授首，其部将相继归顺朝廷，河北重新回到朝廷的治下，被划分为四个藩镇。然而，不久，河北诸镇与中枢的关系就出现了裂痕，这种裂痕不断扩大，难以弥合，从而形成长期困扰朝廷的“河北三镇问题”。河北之地实际上得而复失。

肃宗宝应元年（762 年）十一月，史朝义逃出东都，又从魏州败走，其恒阳节度使张忠志投降，朝廷任命张忠志为成德军节度使，并赐张忠志皇室李姓，名宝臣。代宗广德元年（763 年）正月，史朝义的首级送到长安;闰正月，朝廷又任命史朝义降将薛嵩为相、卫等六州节度使；田承嗣为魏、博等五州都防御使；李怀仙仍旧管辖其故地，任幽州节度使。

这年四月，朝廷下制，将河北诸州的隶属关系重新进行了分配：

幽州镇管领幽州、莫州、妫州、檀州、平州、蓟州等六州，后称卢龙镇；

成德军管领恒州、定州、赵州、深州、易州等五州，后称镇冀镇；

魏州镇管领魏州、博州、德州等三州，称为魏博镇；

相州镇管领相州、贝州、邢州、洺州等四州。

沧州、棣州、冀州、瀛州划归淄青镇，怀州、卫州、河阳划归泽潞镇。

这里提到六镇，其中淄青镇辖区在今山东省内，属河南道；泽潞镇辖区在今山西境内，属河东道；属河北道的是幽州、成德、魏州、相州四镇。河北四镇中，相卫镇节度使薛嵩死于大历八年(773 年)，其地为魏博节度使田承嗣所兼并，故余魏州（魏博)、幽州（卢龙)、成德（镇冀）三镇，这就是河北三镇。

河北三镇的问题是什么呢？史书有云：

安史乱天下，至肃宗大难略平，君臣皆幸安，故瓜分河北地，付授叛将，护养孽萌，以成祸根。乱人乘之，遂擅署吏，以赋税自私，不朝献于廷。效战国，肱髀相依，以土地传子孙，胁百姓，加锯其颈，利怵逆污，遂使其人自视犹羌狄然。一寇死，一贼生，讫唐亡百余年，卒不为王土。(《新唐书 · 藩镇传序》)

这就是所谓“河北三镇问题”。概括起来，主要包括如下八个方面的内容：(1) 河北三镇都把辖区看作自家的天下，不承担国家义务，不接受朝廷的行政管理。(2) 为了巩固和扩大地盘，招兵买马，扩大武装，形成与朝廷对抗的军事力量。(3) 擅自署置官吏，官吏的任免不出于朝廷，而是由藩镇自己掌握。(4) 赋税自私，不向朝廷缴纳赋税。(5) 诸镇间形成军事联盟，共同对付朝廷。(6) 藩镇头目世袭，以土地传子孙；有时因兵乱换帅，由军中推选，亦不出于朝廷的任命。(7) 强迫辖区百姓附逆从乱，造成辖区人民只知有藩镇，不知有朝廷，连百姓们自己都感到像夷狄一样，不再是唐朝子民。(8) 百余年间，前仆后继，始终游离于中央政权行政管辖之外，俨然独立王国，直至唐亡。

形成这种局面的原因很多，概括起来有三个方面，一是仆固怀恩的私心作祟；二是朝廷在处理河北问题时的失策；三是河北诸镇军阀头子特殊的心理。

朝廷任命四位降将为河北四镇节度使，诸将皆各统旧部，兵未离将，将未离兵，形成后来与中枢对抗的军事力量。安史之乱后的藩镇节度使，已经不同于开元、天宝时期的边镇节度使，他们不仅仅是军区长官，而且兼理地方行政事务，总领辖区政治、经济、军事等大权，可以说军政、民政、财政事务统统一把抓了。

把刚收复的河北地区交给叛将们治理，留下了分裂割据的隐患。朝廷的这个任命，跟仆固怀恩有关。宝应元年（762 年）十一月，史朝义弃洛阳北逃，其邺郡节度使薛嵩、恒阳节度使张忠志都向唐军乞降，唐将李抱玉、辛云京已入其军受降，仆固怀恩却命令让薛嵩、张忠志皆官复原位，重新掌握自己的部队。

仆固怀恩的理由，可能是说优待降将，能够争取更多的人投诚，达到瓦解敌人军心的目的，可以尽快结束战争。所以朝廷听从了仆固怀恩对降将的处理意见。及至见到仆固怀恩，薛嵩等人都“扑通”跪拜在他的马前，请求在仆固怀恩部下戴罪立功。仆固怀恩心里有小算盘，谁都知道，和平年代，武人不吃香。仆固怀恩是一介武夫，他担心战乱平息以后，自己会失去朝廷的倚重，所以上奏朝廷，请求留任上述诸人，让他们分别为河北一带各镇的长官，即作为自己的党援，又留下一个尾巴，使朝廷不至于过分轻视武人。

委任降将为节度使，也跟朝廷息事宁人的态度有关。经过七八年的战争，朝廷已经筋疲力尽，也希望尽快结束战争，因而采纳了仆固怀恩的建议。当时代宗还降敕：“东京及河南、北受伪官者，一切不问”（《资治通鉴》卷 222）。不仅这几位降将，连叛军阵营中所有的伪官都不加处分，从而使河北反叛势力得以完整保存下来。按说，战乱结束，朝廷立刻面临如何处置降将、如何重建和巩固中央在河北地区的权威、如何在河北有效行使治理的问题。正常情况下，那一批降将应该当成战犯对待，解除其兵权，经过军事法庭的审判，分别处理。考虑到他们投降了朝廷，据其功过可以给予优待发落，但决不应该委以兵权、专制一方。叛军旧部应该解散，或进行整编，委任朝廷大臣出任统帅。朝廷应该派一支中央军，比如神策军进入河北地区，在一定时期内实行军事管制，等一切进入正常轨道，再考虑撤出。朝廷还应该采取“掺沙子”的办法，把大批拥护中枢的官员派往河北任职，保证朝廷的方针政策得到贯彻和落实。河北地区的百姓饱受战祸之苦，朝廷也应该有体恤的政策，给予赈济，以期收拢人心。他们长期在叛乱势力管制之下，只知有藩镇，不知有朝廷，因此还要做好思想转化工作，使他们的政治立场回到朝廷方面来。但这些朝廷都没有注意到。

事实证明，这个优待降将的政策极不明智，如果知道这几位降将的为人，就知道这样任命的失策。这些人都是无志节、不习礼义、反复无常而又阴险狡诈之辈，不仅不值得委以重任，而且根本不值得信任。例如田承嗣，安禄山反，“为贼前驱”；郭子仪平东都，田承嗣投降，不久就又反叛，归附安庆绪；安庆绪死于史思明之手，田承嗣归附史思明；史朝义败，与田承嗣共谋保防卫莫州，眼看莫州不守，史朝义去河北求救，他举州投降。又如张忠志本是奚人，被范阳将领张锁高收为养子，改姓张，为安禄山射生将，后入朝，成为禁卫军军官。听说安禄山反，他从长安逃出，参加叛军；九节度使围邺城时，他看形势不妙，投降朝廷；史思明再乱，张忠志又投靠史思明；史思明死，他不肯在史朝义手下效力，又投降朝廷。再如李怀仙是柳城胡人出身，诡计多端，本受史朝义信重，当他看到史朝义末日已到，便投降官军，史朝义来奔，他的部下李抱忠连城都不让史朝义进。总之，都是桀骜不驯、见利忘义之徒。

河北问题长期不能解决，跟朝廷对这几位叛将的任命有关。受降是对的，但受降后，这几位降将能不能委以重任，就应该进行一番审核，审核后才能决定是否留任。朝廷嫌这样的工作麻烦，只图省心，于是留下了后患。这些人政治态度和道德品质都不过关，当时应该把他们弄到朝廷，任命一个闲职，使他们失去兴风作浪的机会，可能是上策。过去，总是把这个错误政策的责任归结到仆固怀恩身上，仆固怀恩固然难辞其咎，但把板子都打在他的屁股上，却不公平。因为我们知道，仆固怀恩只有建议权，没有决策权。这样几个高级战犯的处理，决策只能出于朝廷，尽管仆固怀恩提出了这个建议，尽管仆固怀恩的话在朝廷决策中很有分量，但这样一个决定河北地区前途命运的重大决策，应该由朝廷慎重考虑，不应该如此轻率决定。何况已经有人反映仆固怀恩可能心怀异谋，对他的建议更应该三思而行。当时代宗在位，苗晋卿、元载为相，这个君相的组合形成了一个软弱的决策班子，代宗懦弱，苗晋卿滑头，元载奸巧。大乱初平，这几个人都只图省心，不思振作，所以做出了这个非常下策的决定。

朝廷对河北的形势也不是完全没有在意，所以不久就把河北各藩镇辖区重新进行了调整，其结果是有的地方划给了淄青节度使与泽潞节度使，河北四镇皆有减削。朝廷的目的很明显，就是削减各镇实力，以利于朝廷控制。显然，朝廷也意识到了河北诸镇潜在的危机，但身子已经掉到井里，凭耳朵是挂不住了，小的补救不能挽回重大失误造成的颓势。实际上，河北诸镇都不愿割让出半寸土地，由于他们的抵制，这一措施没有得到落实。相反，他们都在寻找一切机会扩大自己的地盘。此后不久，仆固怀恩反叛，西羌侵扰边境，朝廷忙于应付西北地区的乱局。河北诸镇都乘机招集逃散的旧部，修治城邑甲兵，自署文武将吏，私占贡赋，在脱离朝廷指挥的轨道上自行其是，河北问题开始显露出苗头。

从各镇心理上分析，出现这种局面又是很自然的。过去，诸将都是与朝廷长期对抗的，虽然接受朝廷任命仍任节度使，对朝廷不可能没有疑忌心理，因为朝廷对拥有强兵的降将总归不是那么放心。这种疑忌心理必然发展为防范，防范的办法只能是扩大兵力，拥强兵以自保。朝廷削减其土地、百姓和兵力的做法，立刻引起河北诸将的疑忌，朝廷与河北诸镇间的互相疑忌，使得二者之间的矛盾逐渐显露出来。但此时河北诸镇初降，与朝廷的关系尚处于貌合神离的阶段，还没有发展到公开的对抗。

首先与朝廷发生公开冲突的是魏博镇。广德元年（763 年）六月，魏州刺史使田承嗣要求当节度使，朝廷便任命田承嗣为魏博节度使。当了节度使，田承嗣把辖区当作独立王国进行建设。首先是计户口，重赋敛，图版税入，皆私有之；其次是自署官吏，扶植私人势力；第三是扩充兵力，他把辖区内青壮年都征发从军，让那些老弱病残的人耕田种地。这些朝廷都听之任之。第二年正月，又上奏朝廷，将他所管领的军队改称为天雄军，又要求朝廷任命他兼宰相，对他的请求，代宗一一加以批准。几年后，田承嗣麾下的大军发展到十万人；他又从中挑选骁勇强健的人作为自己的警卫部队，称为牙兵。

对这种违制之举，朝廷睁只眼闭只眼。朝廷的姑息迁就，给田承嗣造成朝廷软弱可欺的感觉，其祸心也由萌芽而逐渐滋长起来，魏博镇与朝廷的矛盾便越来越尖锐起来，终于发展到朝廷不能容忍的程度。安史之乱平息十年后，即代宗大历八年（773 年），相卫节度使薛嵩死，他的弟弟薛萼想继任节度使，牙将裴志清把薛萼赶出了相卫镇，薛萼率众投靠田承嗣，田承嗣便想兼并薛嵩旧地。朝廷派李承昭任相州刺史，还没到，田承嗣鼓动官吏和士兵反叛，他则借口救相州兵乱而出兵，袭取相州。代宗派使节赴相州，要求田承嗣罢兵，田承嗣不奉命，反而派兵攻取洺州和卫州。田承嗣强迫卫州刺史薛雄作乱，薛雄不听，田承嗣把他全家都杀了，把相卫镇四州财产和军队全部带回，在这一带擅置刺史、县令。田承嗣又逼钦差大臣巡行磁州、相州，说你去看看，各地都想让我来管理这一带。他派亲信刘浑从行，暗中派侄子田悦劝诸将面见钦差，请朝廷任命田承嗣兼相卫镇节度使。那些将军当着钦差的面，以刀割面，表示他们拥护田承嗣的决心。看到这种场面，钦差不敢说一个“不”字。田承嗣对那些割面请求任命自己为相卫节度使的人大加赏赐。

田承嗣目无朝廷、擅自用兵的做法，踏破了朝廷的底线。像这样伸手向朝廷要节度使的职务，擅自动兵扩大地盘，而且几乎是逼迫朝廷就范的做法，朝廷还是第一次遇到。钦差回到朝廷，汇报了田承嗣这种目无国法的举动，代宗下诏贬田承嗣为永州刺史，只许带一个儿子赴任。永州在今湖南零陵，就是后来柳宗元的流放地，柳宗元的名文《捕蛇者说》就是在那里写的。同时，田悦和田承嗣的其他儿子都被流放到偏远的地区。朝廷下诏，令河东节度使薛兼训、成德节度使李宝臣、幽州节度使朱滔、昭义节度使李承昭、淄青节度使李正己、淮西节度使李忠臣、永平军节度使李勉、汴宋节度使田神玉率各藩镇兵六万，互相支援，成四面合围之势，夹击魏博。代宗告诫众将：如果田承嗣敢不从命，便督军进讨，活捉田承嗣，以军法从事。朝廷表现得的确很强硬，代宗的怒火洋溢于诏书的字里行间。

朝廷调八镇兵马对付田承嗣一镇，田承嗣的部下霍荣国吓坏了，他奉命防守磁州，便举州投降。接着，中央调集的八镇兵与魏博镇兵开战，李正已攻拔德州，李忠臣攻卫州，田承嗣在黄河边上修筑了一个半月形的壁垒。田承嗣的部将们有的不想执行田承嗣的命令，阻挠其进军计划，军中出现动摇的苗头，田承嗣杀好几十人，才弹压下来。

这时，代宗又派御史大夫李涵督战，协调诸军的行动。面对诸镇大军的围攻，田承嗣起初不惧不怕，企图对抗到底，他派裴志清等率军攻冀州，结果裴志清率军投降了成德军李宝臣。田承嗣率全军包围裴志清，被李宝臣击退，粮草器械都被李宝臣烧掉。田承嗣率败军回到贝州，黔驴技穷，派部下郝光朝奉表入朝，请朝廷罢兵，自己愿意入朝，接受朝廷的处分。田承嗣此举不过是缓兵之计，同时他还派田悦、卢子期率万余人进攻磁州。朝廷当然不接受他罢兵的请求。

宣慰使韩朝彩等人率兵固守磁州。李承昭率神策军射生手进入河东军，关闭军垒，给敌人以畏战的假象。卢子期不知是计，引兵出战，他以步骑万人包围河东军壁垒，又派四千兵马发起进攻。河东军将刘文英、辛忠臣出兵与卢子期决战，李承昭则派成德军、幽州兵绕东山抄袭卢子期后路。卢子期受到前后夹击，只好撤围对付前后两路唐军，在高原重新布阵。李承昭率神策军杀出，众将与李承昭夹攻卢子期，双方大战于临水，卢子期大败。官军杀敌九千，战马千匹，活捉卢子期及将士二千三百人，缴获战马千匹，军旗、兵器、鼓角等二十万件。

诸军乘胜进军，救援磁州。距磁州十里时，天色已晚，李承昭燃起烽火，报知磁州城内的韩朝彩。韩朝彩望见烽火，知唐军大兵已到，出精兵击鼓进军，众将士高喊着冲向魏博军营壁，田悦大吃一惊，率余部乘夜逃走，丢弃五千车旗幕铠甲器仗。卢子期为成德将王武俊所获，王武俊把他交给节度使李宝臣，李宝臣正围攻洺州，他把卢子期押到阵前，洺州守军看到卢子期被俘，出城投降。李宝臣乘胜进军瀛州，瀛州亦降。李宝臣得兵上万人、粟二十万石。他把卢子期押送到长安，献给朝廷，朝廷处以斩刑。

代宗派中使慰劳李宝臣，中使由宦官充任，这些宦官自恃奉皇帝之命，在藩镇飞扬跋扈、目中无人，引起李宝臣的反感。他想到自己立下大功，中使尚且不把自己放在眼里，为这个朝廷卖命有何用，于是竖起反旗。李宝臣统兵反攻朱滔，与田承嗣联合，田承嗣穷途末路，遇到了救星，干脆把沧州作为报偿送给李宝臣。李正己请求朝廷，允许田承嗣入朝谢罪。大历十一年（776 年），代宗派谏议大夫杜亚担任朝廷代表至魏州，接受田承嗣的投降，条件是田承嗣携全家去长安，朝廷赦免魏博镇所有将士，让他们重新做人。

田承嗣则一拖再拖，不肯入朝。这年秋天，又出兵进攻滑州，打败李勉的部队。此时正好遇上汴宋节度留后李灵曜反叛，朝廷命李忠臣、李勉和河阳马燧合兵征讨。李灵曜向魏博求救，魏博有了反叛同盟。田承嗣派田悦率三万兵救援，田悦打败李勉、李正己手下官军，乘胜进军，屯住汴州城北，与李灵曜合兵。马燧、李忠臣迎击，田悦兵大败，只身逃脱，部下数万人被杀和被俘。李灵曜东逃，想投奔田承嗣，被李勉的部下擒获，把他和田承嗣的部将常准一起解送京城。第二年，田承嗣上书请罪，代宗下诏恢复他的官职和爵位，子弟皆原职不动，又赐田承嗣铁券。

朝廷对魏博镇的处分令人沮丧，而且是一个很大的失策，因为它不仅没有解决河北地区的问题，反而进一步推动了河北地区割据局面的形成，从大历八年（773 年）起，朝廷调集兵马，征讨田承嗣，三四年间，付出巨大代价，眼看胜利在望，田承嗣一纸请罪的文书，便让代宗收回成命。数年征讨，前功尽弃。田承嗣本来败局已定，朝廷只要下个决心，田承嗣只能束手就擒。那时如果朝廷加以惩处，杀鸡给猴子看，对各地藩镇未尝不能起到以儆效尤的作用。可是朝廷心慈手软，田承嗣不仅毫毛未损，反而牢牢掌控魏博镇诸州。这样的处理岂不让人感到非常的遗憾吗？

既然朝廷如此姑息和迁就藩镇，后来不仅仅是田承嗣，河北其他诸镇也都“肆奸无怖忌”了。田承嗣临死，觉得自己的儿子都没有本事，便命侄子田悦掌节度使事，朝廷根据他的请求，任命田悦为节度留后，田承嗣死后，由田悦继任节度使。虽然不是父死子继，也是叔死侄继，魏博镇节帅的更替完成了世袭，朝廷的那份任命书，不过是一道手续罢了。

继魏博之后与朝廷公开对抗的，是镇冀镇。朝廷对魏博镇的用兵和处分，让其他藩镇看到了朝廷的腐败，加剧了藩镇的离心倾向。镇冀镇节度使李宝臣不听朝命、擅自用兵，便与此有关。起初，田承嗣看不起李宝臣和李正己。李宝臣的弟弟李宝正，是田承嗣的女婿，投依魏博镇。有一次跟田承嗣的儿子田维一起打马球，马惊，把田维撞死了，田承嗣很恼火，把他囚禁起来，告知李宝臣。李宝臣表示道歉，送给田承嗣一根大棒，让他教训李宝正，田承嗣干脆把李宝正打死，李宝臣与田承嗣因此结仇。田承嗣反，朝廷调各镇兵进讨，李宝臣奉命出兵，在各镇中最为卖力，在对田承嗣用兵中立了大功。

李宝臣奉命讨伐田承嗣，虽有公报私仇的性质，但也说明一开始他是听命于朝廷的，而且在对田承嗣的战争中他立了功。宦官马希倩的行为直接导致了李宝臣的反叛。

朝廷派中使马希倩至河北慰劳李宝臣，李宝臣赠送马希倩上百匹缣，这份礼已经够重了，可是马希倩嫌少。这些奉命出使的宦官飞扬跋扈惯了，根本不把藩镇和地方官看在眼里。现在来到河北，他们把河北和其他地区一样看待，以为是一次发财的机会。一百匹缣就想打发他们，他们怒不可遏，马希倩当众把那一百匹缣摔到路上，弄得李宝臣满面羞惭，看看左右部下，他有点儿无地自容。当时诸将都已经休息，只有王武俊在身边，李宝臣把这件事说给王武俊听，王武俊给他出了馊主意。

王武俊说："我军立下大功，中使尚且如此。眼下魏博未平，朝廷还依靠我们，就这样小瞧我们。如果魏博之乱平息，皇上一纸诏书就把我们召到朝廷。丢掉军队，我们不过是一匹夫，那还不是被人任意拨弄，就更不被人看在眼里了。"李宝臣问怎么办，王武俊说："养魏以为资，上策也"——放下魏博镇不打，资助魏博，作为向朝廷讨价还价的资本。李宝臣说，我们奉朝廷之命来打魏博，两镇已经结下怨仇，如何能结好魏博呢？王武俊回答说："势同患均，转寇仇为父子，咳唾间耳。朱滔屯沧州，请擒送魏，可以取信"——我们和魏博镇都处在同样的情势，存在同样的祸患，转寇仇为父子，化干戈为玉帛，由仇敌转变成同一战壕里的战友，是很容易的事——就像吐口唾沫一样啊！朱滔正替朝廷打魏博，我们把朱滔抓起来，作为礼物送给魏博镇，还怕田承嗣不信任我们？李宝臣觉得王武俊说得很对。

卢龙节度使朱滔此时正奉朝廷之命讨伐叛将田承嗣，李宝臣要进攻朱滔，实际上是站到了对抗朝廷的立场上了。

田承嗣为了粉碎诸镇的围剿，也在离间各镇。他知道李宝臣从小在范阳长大，一直想得到范阳，就在一块石头上刻字，好像是预言吉凶的谶言。又指使望气的人去见李宝臣，说据观察此地有王气，李宝臣派人挖掘，掘出了那块石头，上面刻着："二帝同功势万全，将田作伴入幽燕。"望气者替李宝臣解释，"二帝"即李宝臣和李正己，二人有王气。"田"当然指田承嗣，二李应该与他一起入幽州。暗中又派说客游说李宝臣，说客说：“将军和朱滔一起攻沧州，即便打下沧州，只对朝廷有利，您会得到什么好处呢？如果您能舍田承嗣不打，田承嗣愿意把沧州奉送将军，而且田承嗣还愿意打下范阳，并把范阳也奉送将军，作为报答。将军以骑兵居前，田承嗣以步兵随后，范阳指日可下，万无一失。”李宝臣得了沧州，又觉得说客的话与石头上的“谶语”相合，便暗中交接田承嗣，开始打范阳即幽州的主意。田承嗣整军出境驻扎，做出进军范阳的姿态，李宝臣也决定进兵范阳。

田承嗣正与朝廷对抗，李宝臣与之联合，屁股坐到了反叛势力的一方。

三镇还剩一镇，继续听命朝廷，就是卢龙镇。但后来卢龙镇也抗拒朝命，打出叛旗。

卢龙镇首任节度使是李怀仙，当朝廷忙于对仆固仆恩和吐蕃用兵时，他与田承嗣、薛嵩、李宝臣一样，招降纳叛，治城邑甲兵，自署文武将吏，私占贡赋，违抗朝命。大历三年（768 年），他的部将朱希彩、朱泚、朱泚的弟弟朱滔等人发动兵变，杀了李怀仙。朱希彩自称节度留后，留后就是代理节度使，名义上是节度使空缺时暂理军政，等待朝廷的任命。

代宗任命王缙以宰相出镇卢龙镇，为节度使，朱希彩为副使。王缙至卢龙镇，发现兵权在朱希彩手中，自己在这里根本指挥不动卢龙军，于是待了十多天，就回到长安复命，朱希彩便做了卢龙节度使。大历七年（772 年），朱希彩为部下李瑗所杀，共推朱泚为留后，朝廷拜朱泚为卢龙节度使。卢龙镇节帅的换届都出于部下的拥立，而非出于朝命，反映出朝廷对此地的统治力量非常薄弱。但卢龙镇到了朱氏手中，朱氏兄弟的态度起初很令朝廷满意。

朱泚派弟弟朱滔率兵至京师长安西部驻防，为朝廷效力，兄弟二人都受到代宗的嘉奖。当时吐蕃常常于秋天入侵，威胁长安，驻防京西北的部队称“防秋兵”，在藩镇中，朱泚最早派兵赴京西北驻防，表示对朝廷的拥护。代宗很高兴，特地下了一道诏书，命朱滔率军横贯长安城而出开赴前线，驻军泾州，代宗亲自在开远门置宴饯行。防秋归来，朱滔就谋夺朱泚的兵权，他告诉朱泚说：“天下藩镇没有人朝谒天子，天子希望有人带个头，为天下藩镇做个榜样。谁先入朝谒见，谁就会受到天子的赏识，那他的子孙们就可以世袭节帅，安稳如泰山了。”朱泚听信了弟弟的话，自请入朝，代宗对此举很欣赏，因为自从李怀仙以来，幽州镇虽然表面上归顺朝廷，还不曾有节帅入朝谒见皇上的先例，现在朱泚向大卜藩镇作出这样的表率，皇上自然很高兴，下诏在长安专门为他盖了房子，等待他的到来。

朱泚的表现很动人，他在入京的路上生了病，随从的人劝他返镇。朱泚说：“即便我死在路上，也要把我的尸体抬到长安。”当时代宗是逢单数日子才上朝理政，朱泚正好碰上偶数日子到达长安。代宗一反常规，当天便在内殿接见朱泚，赐御马二匹、战马十匹，还有许多金帛，随从的将士都有赏赐，又举行盛宴招待他。朱泚入朝，朱滔主持卢龙军事务，他把朱泚的亲信一一排除，杀了二十多人，同时把自己的党羽安插到重要部门，于是卢龙镇成了朱滔的天下。消息很快传到长安，朱泚听说后，知道中了弟弟的圈套，在卢龙镇已没有权势，返镇肯定没有好下场，便请求留住京师。代宗便授朱滔为节度留后，把防秋兵一分为四，命郭子仪、李抱玉、马璘、朱泚分别统领，朱泚统汴宋、淄青兵，屯守奉天县。代宗还任命朱泚为同中书门下平章事，给了他宰相身份。

这样卢龙镇便落到了朱滔手中，朝廷下诏征讨田承嗣，朱滔奉命出征，为朝廷立了功。成德军李惟岳抗拒朝廷，朱滔又奉命进讨李惟岳，朱滔的地位日益稳固。

代宗时对藩镇的姑息迁就，给德宗朝留下了麻烦。他听任藩镇世袭其位，对藩镇有求必应，他轻易赦免了田承嗣反叛朝廷之罪，李宝臣擅自用兵攻打朱滔，他不仅不追究，反而又封李宝臣为陇西郡王，拜同中书门下平章事。这些都助长了藩镇跋扈的气焰。德宗即位，又拜李宝臣为司空。李宝臣想传位给儿子李惟岳，但李惟岳为人愚笨、性格懦弱，李宝臣恐部下不服。他最担心那些耿直敢言的大将，所以找借口杀了辛忠义、卢俶、许崇俊、张南容、张彭老等二十多人，没收他们的财产，造成了部下的离心离德。李宝臣死后，军中推举李惟岳为留后，李惟岳向朝廷要求继承父亲的职位。在过去，朝廷可能也就顺水推舟答应了，因为代宗时这几乎已经成为河北诸镇的惯例。德宗不满朝廷对藩镇有求必应的局面，企图振举中枢的权威，不允许藩镇世袭，不允许藩镇自行推选节帅。李惟岳的请求被朝廷断然拒绝了，德宗不仅不答应李惟岳的请求，而且下诏催促李惟岳尽快护送李宝臣的灵柩入京师，任命易州刺史张孝忠继任成德军节度使。田悦替李惟岳求情，朝廷没有给他面子。李惟岳无计可施，便与魏博镇田悦、淄青镇李正己等谋划抗拒朝命。

李惟岳不能就任，举州反叛朝廷，德宗命朱滔与张孝忠合兵讨伐他。朝廷的政策是“胁从不问，首恶必办”，赦免成德军全部官吏将士，悬赏购李惟岳的首级。朱滔与李惟岳战于束鹿，李惟岳大败，朱滔进围深州。第二年正月，李惟岳派王武俊率兵万余，与朱滔争夺束鹿。田悦出兵助战，派孟祐率军增援王武俊。王武俊派精兵陷阵，朱滔的部队退却。朱滔请人在帛上画猛狮形象，派上百名壮士蒙上画帛，呼叫着冲向李惟岳的阵地，那些战马看到巨大的“雄狮”冲来，不战自乱，李惟岳大败。朱滔烧掉李惟岳的军营，继续围攻深州，深州的形势越来越危急。田悦此时也被马燧击败，退至洹水，只能婴城自守，不敢出战。

面对朝廷军队咄咄逼人的攻势，李惟岳害怕了，决定派人到河东见马燧，令他的弟弟李惟简入长安见德宗，杀手下的大将表示谢罪，把军队交给郑诜，自己亲身入长安，任凭朝廷发落。田悦闻讯，派人来见李惟岳，说：“我们出兵在外，本来是替你向朝廷申请旌节，并不是背叛朝廷。虽然被马燧打败，我手下的将军们都依城拒守，作好了长期抗战的准备，寻机反攻。现在你听信谗言，把叛逆之罪都归到我身上，洗刷自己，你小子怎么能这样忘恩负义！如果你不放弃目前的打算，我把我的部队从前线调回来，不能让他们成为朝廷的俘虏。如果你改弦更张，我们仍像过去一样支持你。你好好想想后果吧！”

李惟岳眼看深州之围难解，只好听从田悦的话，向田悦道歉。第二天出兵大战，又遭受大败。赵州刺史康日知举州归顺朝廷，李惟岳更加困窘。他交给牙将卫常宁五千兵马，又派八百骑兵交由王武俊指挥，命他们进攻赵州康日知。王武俊有才，向来受到李惟岳的忌妒。眼看叛军节节败退，李惟岳岌岌可危，便产生了叛离之心。及至率军出行，他告诉手下说："李大夫听信谗言，我们都朝不保夕。这次出战，胜败我都不再回恒州了！我将把身家性命托付给定州张公张忠志，无论如何不能伸着脖子叫人家砍头啊！"手下的人都劝他杀掉李惟岳，向朝廷请功，王武俊觉得有道理。李惟岳派要籍官谢遵到王武俊壁垒议事，王武俊与谢遵谋划，请谢遵做内应。到了约定的日子，谢遵打开城门，王武俊杀入李惟岳府中，生擒李惟岳，在戟门下勒死，又杀李惟岳手下数十人，派儿子王士真把他们的首级送到朝廷报功。李惟岳之乱平息，这是德宗建中三年（782 年）之事。

在这次平乱过程中，朱滔立功不小，虽然李惟岳的头不是他砍的，但王武俊等人是在朱滔大军压境、连战皆捷的情况下，发动兵变，才杀了李惟岳的。平乱中他的部队起了关键作用，朱滔的表现对得起朝廷。从朱泚任节度使以来，至此长达十年时间里，朱滔兄弟之间虽然争权夺利、彼此倾轧，但始终听命于朝廷，其志可嘉。李惟岳之乱平息后，朝廷赏罚不公，造成朱滔的叛离。朱滔两次打败李惟岳，夺取深州，及至乱平，朝廷任命康日知为深州、赵州团练使；把德州、棣州划给朱滔，命朱滔还镇，从深州撤出。要知道，德州、棣州皆在李正己辖区，朱滔要得到二州，尚需苦战。赐之德、棣二州，就像悬着两个大饼，让朱滔舍命去夺。朱滔很想得到深州，他向朝廷提出请求，朝廷不答应，朱滔心里非常失落。他向朝廷请求把恒州、定州等七州的租赋拿来供军，朝廷又不许，他心里产生了更加强烈的不满。

这时马燧围攻田悦，田悦已经无路可走，田悦劝朱滔与王武俊同叛，朱滔答应救援田悦。只因一州未得，便起叛离之心，说明朱滔对朝廷的忠诚是极其有限的。但朝廷的赏罚不公激起朱滔的怨愤不满，也是事实。后来史官评价："朱滔讨李惟岳，再战再胜，及瓜分成德巡属以赏降将，尺寸之地，滔不预焉；又欲使之取德、棣，此左氏所以知桓王之失郑也！"过去，田承嗣擅自用兵，夺取昭义军诸州，朝廷打了几年，承认了田承嗣对诸州的占有；李惟岳之乱平息，朝廷把各州赏赐给李惟岳阵营的降将，却不愿奖赏有功之人。对照朝廷对朱滔的待遇，我们也不免有点儿替朱滔抱不平。所以他抗拒朝命，留屯深州，不愿意撤出。朝廷的举措把朱滔推向叛乱势力一方。

此时，王武俊也有不满。王武俊本来就看不起张孝忠，自以为李惟岳是他杀的，功劳在康日知之上，可是朝廷任命张孝忠为节度使，自己和康日知都担任都团练使，又失去赵州、定州，心理很不平衡。朝廷又下诏，命王武俊送给朱滔三千石粮食，送给马燧五百匹战马。王武俊认为朝廷是有意削弱自己的实力，不肯听命。

穷途末路的田悦听闻这些消息，立刻感到有隙可乘。他派人至深州，游说朱滔，说："朱司徒奉诏讨李维岳，十几天之内，拔束鹿、下深州，造成李惟岳势穷力竭，王武俊大夫是凭借这种形势，才斩李惟岳之首，这都是司徒您的大功啊！天子曾有诏书，明文约定司徒攻占李惟岳的城邑，都隶属贵镇。现在却割出深州给康日知，是朝廷不守信用啊！而且现在皇上志在扫清河朔，不许藩镇世袭，要用文臣代替武臣，魏博镇灭亡，接着就轮到幽州镇和成德军了。如果魏博镇在，那么幽州、成德军皆无患。司徒如果同情魏博的困境，救援魏博，不仅符合存亡继绝之义，也是子孙万世之利啊！”这些话都说到了朱滔心里。

来人又转达田悦的意思，只要朱滔肯出兵相救，魏博愿意把贝州作为谢礼送给朱滔。朱滔一听可得贝州，自然高兴。古人云：“同舟遇风，则胡、越可使相救。是以善用兵者，必先离其交”。田悦可谓善用兵者，为了离间朱滔与朝廷的关系，他极力说明，魏博、卢龙、成德三镇其实是同一条船上的难兄难弟，只有同心协力，才能抵抗朝廷的“大风”。在与朝廷对抗的斗争中，三镇联盟的构想开始产生了。朱滔本来就有不满和野心，听来人这么一说，非常高兴，立刻让来人回去，使田悦知道有了外援。又派人跟田悦的使者一起到恒州，两镇来使见到王武俊，劝王武俊同叛。

他们劝王武俊：“王大夫您冒着生命危险，诛逆首李惟岳，拔掉祸根，功劳够大了。康日知不出赵州，岂能与大夫同日论功！可是朝廷对你们两个的褒奖却没有区别，谁不替大夫您抱不平啊！现在又听说朝廷下诏，支取你的粮食、战马给邻镇，这是什么用意呢？朝廷一定觉得您善于用兵，担心您成为后患，就是想削弱你的军力。等到平定魏博，朝廷将命马仆射（马燧）向北，朱司徒（朱滔）向南进攻，两路夹击，把你消灭。朱司徒立下那样的大功，尚且自身难保，何况大夫您原是李惟岳的部下呢！朝廷肯定对您不放心。朱司徒想和您一起，共救田尚书，保全魏博镇。干吗要把自己的粮食、战马送给别人呢？还是留下来，供应自己的部队吧。朱司徒不想把深州交给康日知，却愿意送给您，请您早一天任命一位刺史驻守深州。三镇连兵，就像一个人的耳目手足，互相救援，那三镇就永无后患了。”这些话也说到了王武俊心里，他立刻答应了二镇的请求。人称“利害同，故说之易入”——有共同的利害关系，所以他们的建议就容易被王武俊接受。王武俊派判官王巨源出使卢龙军，见朱滔，并让王巨源暂理深州。王巨源与朱滔共同商议日期，举兵南下，救田悦。

卢龙镇打出了叛旗，几个僚佐的穿插外交，促成三镇结盟，河北三镇局势恶化。河北形势可谓一波未平，一波又起，这一波比之前波风浪更大。所以我们说，河北三镇问题是在代宗时开始出现，至德宗时正式形成。在这个过程中，朝廷的许多失策，造成河北问题一天比一天严重。接下来，由于朱滔、王武俊的出兵，田悦得救。朝廷动用的藩镇兵与三镇联兵交战，互有胜负，成胶着状态。河北三镇沿着叛离朝廷的道路越走越远，后又有淄青镇李纳加盟。

田悦感激朱滔出兵相救，要尊朱滔为王，朱滔让给王武俊，王武俊又让给朱滔。两个人让来让去，朱滔、王武俊的僚属们商议：“古代有列国连横抗秦故事，现在您三位将军在此，李纳大夫在郓州，请您们依照战国七雄先例，各自称王，用天子年号。选择个好日子，定约会盟，有背弃盟约者，诸国共击之。”朱滔等人觉得这个主意好，于是朱滔称冀王，王武俊称赵王，田悦称魏王，李纳称齐王。建中三年（782年）十月十一日，他们在魏州建四座坛，祭天称王。朱滔被推为盟主，自称“孤”，王武俊等人都自称“寡人”。

他们都改治所为府，都任命儿子为留后，称元帅，任用亲信任留守官。居室都称殿，妻称妃，儿子称国公，下属皆称臣，大家都称他们的儿子为殿下。臣子上书称笺，诸王下达的文书称令。并仿照朝廷，设官分职，置左史、右史，相当于朝廷里的宰相；设内史令、内史监，相当于朝廷的侍中、中书令。置六官省，即吏部省、工部省、刑部省、礼部省、兵部省、户部省，相当于朝廷尚书省六部。河北三镇终于走上与朝廷分庭抗礼的道路。

四镇登坛称王，四个藩镇成了四个国中之国，真的成了独立王国，震动朝野。但是四镇联盟并非牢不可破，常言说“以利相交者，利尽则交绝”。四镇既然以利相交，那么各镇之间发生利益冲突时，这种联盟就会瓦解。因此之后的发展，即如上文所说，诸镇之间时分时合，对待朝廷时叛时附。唐宪宗时，朝廷打败了剑南、山南、淮西、淄青等对抗中枢的藩镇，河北三镇一看势头不对，都纷纷向朝廷奉表称臣，软了下来。这种局面没有维持很久。宪宗去世，穆宗即位，穆宗年幼不懂事，宰相崔植、杜元颖缺乏深谋远虑，在处理藩镇问题上决策失误，情势便急转直下，河北诸镇重新回到原来的轨道上，越滑越远。

其后，河北三镇长期割据，形成国中之国，直到唐末五代才被朱全忠一一收拾。河北诸镇都没有能耐建立一个新王朝以取代唐王朝的统治，所以他们表面上仍作为唐王朝的藩镇存在，而实际上自行其是。为了对付朝廷的军事征讨，三镇走上联合的道路，一损俱损、一荣俱荣。这样与朝廷维持了百余年的貌合神离局面，朝廷无可奈何，这极大损害了帝国的尊严，消耗了帝国的国力。

外援：不是免费的午餐

在唐朝平息叛乱的过程中，回纥的军事援助发挥过重要作用，特别是回纥精骑的投入战场，令渔阳突骑遇到克星。但必须知道，这种援助绝不是无偿的，没有免费的午餐。前面我们讲到，肃宗即位灵武，遣人求援，回纥可汗、吐蕃赞普便派出使团，与新皇帝接头，表示愿意出兵援助唐朝。当时肃宗急需组织平叛的军事力量，可是令我们不解的是，肃宗并没有接受他们的军援，在盛宴招待一番后，就打发他们回国了。我们推测，一定是两家提出的条件过于苛刻。根据后来事情的发展，可以知道，吐蕃是希望得到陇右、河西、安西的土地，回纥则是想得到唐朝的子女金帛。

回纥是北魏时的铁勒部落的一支，“其俗骁强”“人性凶恶，善骑射”。后铁勒依附突厥，改称特勒，“自突厥有国，东西征讨，皆资其用，以制北荒”（《旧唐书·回纥传》）。隋时叛离突厥，有仆骨、同罗、回纥、拔野古、覆罗等部，回纥是其中之一。唐朝建立时，回纥依附薛延陀，地处突厥之北，曾南击突厥。突厥灭亡后，薛延陀、回纥成为唐朝北部最强盛的民族，不久回纥“破薛延陀，遂并其部曲，奄有其地”。唐太宗贞观末年，回纥遣使入贡，与唐朝建立了通贡关系，太宗接受了回纥归附的请求，置燕然都护府以统之。高宗时，回纥曾助唐破阿史那贺鲁、征高丽。

玄宗开元年间，回纥势力越来越强盛，曾与唐朝发生军事冲突，杀唐凉州都督，“断安西诸国入长安路”。玄宗命将出征，回纥退保乌德健山，即今蒙古西部杭爱山之北山。天宝初，其酋长遣使入唐求和，玄宗册封其酋长颉利吐发为怀仁可汗。安史之乱发生后，肃宗在灵武，遣使至回纥修好求援。但回纥使节见到肃宗，双方却没有达成协议。第二年，即至德二载（757 年）九月，为了收复长安，肃宗听从郭子仪的建议，再次遣使到回纥求援。其时朝廷正值艰难之际，哪里能拿出子女金帛来做酬谢，便采用了指鸡下蛋的办法，即许诺打下长安、洛阳，两都的子女金帛归回纥所有，任其抢掠。这是唐朝统治者极没有心肝的决策，实际上是牺牲百姓的骨肉财产以换取回纥的援助。

回纥就是在这种情况下出兵的。在回纥兵参战的情况下，唐军收复长安，回纥兵立刻就要进入长安进行抢掠，广平王李俶跪地相求，回纥叶护勉强停止了行动。广平王并不是出于对百姓的爱戴才屈膝下跪的，他是担心回纥抢了长安百姓，洛阳百姓会支持叛军死守洛阳。回纥所以同意了他的请求，并不是出于对唐朝的同情，而是因为广平王有新的许诺，一是打下洛阳后，允许回纥大抢；二是“岁送马十万匹，酬以缣帛百余万匹”（《新唐书·食货志一》），即用百余万匹缣帛换取回纥十万匹马。及至打下洛阳，回纥进行了一番抢掠，洛阳百姓主动拿出上万匹罗锦送给回纥，回纥才停止行动。回纥首领叶护回到长安，肃宗又答应每年赠送回纥两万匹绢，让他们到朔方军支取。宝应元年（762 年），回纥再次出兵助唐，收复史朝义占领的洛阳，唐朝又与回纥约定，取胜后唐每年向回纥收买数万至十万匹马，每匹马付绢四十匹，病弱马照数付价。这就是所谓唐与回纥的“绢马贸易”。唐德宗贞元四年（788 年），回纥可汗请唐改称其名称为“回鹘”，取“回旋轻捷如鹘”之义。唐后期回鹘被北方的草原民族黠戛斯击溃，分为数支西迁，很多人后来迁居现在的新疆地区，与当地居民融合，元代和明代被称为“畏兀儿”“畏吾儿”。

其实，唐与回纥的绢马贸易早在安史之乱前便已经存在。玄宗时回纥怀仁可汗在乌德健山和温昆河之间建立牙帐，回纥政权受唐册封。双方经济往来密切，回纥经常以大批马匹换取唐的丝绢和茶叶，因此被称为“绢马贸易”。这种交易起初对于双方都是有利的经济活动。但安史之乱后，唐与回纥的绢马贸易已经不是互利互惠的平等交易，而是回纥从唐朝取得的酬劳。岂止是酬劳，到后来简直就是敲诈。安史之乱结束了，可是唐与回鹘的绢马贸易却没有停止。由于这种交换意味着唐以高价收购回鹘的马匹，而以低价售出自己的丝绸，输入回纥的大量丝绸不抵回鹘的那些老弱病马的价钱，所以唐朝一直欠账，“中国财力屈竭，岁负马价”（《新唐书 · 食货志一》）。德宗建中元年（780 年），唐积欠马价绢达 180 万匹。直到宪宗元和二年（807 年），唐才还清历年积欠，可是第二年回鹘又送来许多病弱马匹，以后每年一仍旧贯，唐朝不能如数支付马价绢，于是继续欠债。直到武宗会昌二年（842 年）

回鹘亡国，这笔账才算了结。

在这种不公平的绢马贸易中，回鹘得到数额巨大的丝绢。他们把这些丝绢贩运到中亚地区，获得巨大的商业利润。八世纪中叶以后，回鹘人通过庭州（今新疆吉木萨尔）、弓月城（今新疆伊宁东北）和碎叶城（今吉尔吉斯斯坦首都比什凯克东，楚河流域的托克马克附近），绕道天山之北，与中亚人进行贸易往来。直到九世纪中叶，回鹘人成为东西之间陆上交通丝绸贸易的最大中间商。回鹘人和粟特人来往于天山北道的庭州、弓月和碎叶，将上千万匹丝绢西运至中亚和西亚地区。唐朝在这种绢马贸易中承担了巨大财政赤字。唐后期与回鹘的绢马贸易，给唐朝造成的沉重经济负担，可以参看白居易代穆宗写的《与回鹘可汗书》，这封信大约写于穆宗长庆元年，即公元821年，当时白居易担任主客郎中、知制诰。这一年夏天，回鹘送马的使节来到长安，唐朝不能如数支付绢额，白居易代穆宗写信给回鹘可汗，表示歉意：

皇帝敬问回鹘可汗：夏热，想比佳适。可汗有雄武之姿，英果之略，统制诸部，君长一方，纂承前修，继守旧好；故得邑落蕃盛，士马精强。连挫西戎，永蕃中夏。况向风之义，每勤于朝聘；事大之敬，常见于表章。动皆由衷，言必合礼。朕所以深嘉忠款，遐想风规，至于寝兴，不忘叹瞩。勉弘令德，用副诚怀！达览将军等至，省表，其马数共六千五百匹。据所到印纳马都二万匹，都计马价绢五十万匹。缘近岁以来，或有水旱，军国之用，不免阙供。今数内且方圆支二十五万匹，分付达览将军，便令归国；仍遣中使，送至界首。虽都数未得尽足，然来使且免稽留。贵副所须，当悉此意。顷者，所约马数，盖欲事可久长。何者？付绢少则彼意不充，纳马多则此力致歉。马数渐广，则欠价渐多。以斯商量，宜有定约；彼此为便，理甚昭然。况与可汗，礼在往来，义存终始。亲邻既通于累代，恩好益厚于往时。所以万里推诚，期于一言见信。远思明智，固体朕心……

下文谈及别的事情，我们就不引了。这段话的大意是说，朕向回鹘可汗问好，夏天很热，您身体好吧？可汗英明伟大，发展了唐回两国一直以来的友好关系，特别是你们多次打败西戎（吐蕃），对唐朝起到了屏卫作用。在与唐朝交往中，您又表现得文明礼貌，很值得赞扬。朕是很想念可汗的，希望您发扬美好的品德。您派来的达览将军来到了长安，朕读到了可汗的上表，知道这次又送来六千五百匹马，这样加上过去的，一共有两万匹了，我们欠下的马价绢一共应该是五十万匹。很不好意思啊，近年来，我们遭受了严重的水旱灾害，财政支出困难，军费不足，因此难以如数支付，那就设法凑够一半吧，先给二十五万匹，交给达览将军，虽然其数不足，也让他及时归国，免得他滞留长安。为了保证他们路途上的安全，朕派中使把他们护送到边界。我们有一个希望，就是今后每年可汗送来的马匹，是不是可以约定数量。不然，我们支付的绢数不足，您们会不愉快；我们接受您们的马太多，又没有相应的绢来支付。贵国送来的马越来越多，我们欠的马价绢就越来越多，发展下去，我们不堪重负啊！得不到足额的丝绢，您们也挺难受。所以从两国的友好关系和长远利益出发，应该有个确定的数——“宜有定约”，这样对我们双方都有好处。总之，作为睦邻友邦，我们应该一代代和好下去，友谊应该今胜于昔，后世超越过去。希望可汗能体谅朕的用心。

这里的欠账，大约是宪宗时第一次清账之后，又陆续欠下的新账。谁读了这封信，都会感受到穆宗皇帝的无奈和可怜。白居易是大手笔，尽管他措辞委婉，仍难掩朝廷的羞惭。安史之乱中的贸易协定，给后来的政府造成了多大的难堪和困难啊！从这里，我们还知道，由于当时并没有确定双方每年交换的数量，造成回鹘随意增减马数，而且把大量老弱病残的马匹也倾销过来，从而造成了唐朝极大的财政损失。这是贸易协定的一个漏洞，也是外交上的失误。当时的统治者为了赢得战争胜利，把麻烦留给了后代。唐朝想搞点儿反倾销的措施，不过是双方再谈判一次，确定一个数目。但由于处于劣势地位，这种合理诉求近乎乞求。

边防：危机重重

安史之乱发生以后，唐朝边防形势发生了严重危机。天宝年间，经过长期经营，唐朝完成了沿边大军区防御体系建设：西南方面，剑南节度使西抗吐蕃，南抚蛮獠；西北方面，安西节度使抚宁西域，北庭节度使防制突骑施、坚昆，河西节度使阻断吐蕃和突厥，陇右节度使备御吐蕃；北方边境地区，朔方节度使、河东节度使捍御突厥；东北方面，范阳节度使临制奚、契丹，平卢节度使镇抚室韦、靺鞨。这一防御体系由于安史之乱的发生而告瓦解。

安禄山起兵，宣告帝国东北防线的崩溃。哥舒翰失守潼关，肃宗北上灵武，"河洛阻兵，于是尽征河陇、朔方之将镇兵入靖国难，谓之行营"（《旧唐书·吐蕃传上》）。陇右、河西、安西的精兵相继被调入中原，与安史叛军作战，西北边防空虚。持续了七八年的安史之乱牵制了唐王朝的兵力和注意力，使其无暇顾及对西北边地的防备和经营，这给一直有进犯之心却慑于唐帝国强大国力的少数民族政权以可乘之机。边兵内调平叛，"曩时军营边州无备御矣"（《旧唐书·吐蕃传上》）。对付少数民族的边境防守藩篱拆除，为周边民族的骚扰打开了大门。

安史之乱中，各族趁机侵扰、蚕食唐之边境的事件不断发生，唐朝的边防形势越来越严峻。乱后唐朝国力日衰，外患日益严重。东北方向的奚和契丹、室韦、靺鞨，由于地隔河北三镇，因此与朝廷不再发生直接冲突。吐蕃、党项和南诏的侵犯是唐后期主要的边患。

占便宜最大的是吐蕃。大家都知道，吐蕃是古代藏族政权之名，七世纪时在青藏高原建立。隋唐之际，松赞干布为赞普（吐蕃最高首领之称，本义是雄强丈夫），降服苏毗、羊同等部，定都逻些（今拉萨），建官制、立军规、定法律、创文字，形成以赞普为中心的奴隶主贵族统治。唐太宗时文成公主嫁松赞干布，唐蕃建立和亲关系。高宗以后，唐蕃关系破裂，吐蕃不断侵扰唐之西北地区，唐与吐蕃在今新疆、青海、甘肃、四川等地长期交战，互有胜负。安史之乱爆发后，安西、河西、陇右兵马调入中原平叛，吐蕃乘唐朝西北边防空虚，不断蚕食唐朝西北和西南地区。至德元载（756 年），吐蕃陷嶲州和威武、神威、安戎、宣威、制胜、金天、天成等军，占领石堡城、百谷城、雕窠城。第二年十月，乘乱攻陷鄯州。乾元元年（758 年），陷河源军。上元元年（760 年），攻陷廓州。此后吐蕃完全占据了新疆南疆、河西走廊及陇右，与唐军隔陇山对峙，兵逼长安，形成白居易诗“平时安西万里疆，今日边防在凤翔”描写的局面。代宗时吐蕃兵一度攻入长安，代宗仓皇东逃。德宗时吐蕃北上，攻陷北庭，势力到达新疆北疆。吐蕃的侵扰还发生在西南地区，剑南西川节度使、东川节度使统率的军队长期与吐蕃周旋，在松州、维州、保州、岷州等地进行拉锯战。唐朝与吐蕃的一百多年的持续战争，导致双方两败俱伤。

安史之乱发生后，党项羌越来越成为帝国西北和北部的边患。党项羌本是西羌诸部之一，羌人原来生活在今青海河曲一带，早在西汉时就大量迁徙至河陇及关中地区，而遗留原居地的羌族，后来为吐谷浑所统治。“党项”之名最早是北周时汉人对他们的称谓，指汉魏后居于今青海东南、甘南和四川西北的西羌诸部。北周以后，党项对中原政权时叛时附，反复不定。六世纪中叶，魏周之际，党项“数来扰边”“自周及隋，或叛或朝，常为边患”。唐初，党项人分布地区“东至松州（今四川松潘北），西接叶护（今新疆境内），南杂舂桑、迷桑（今青海南部）等羌，北连吐谷浑（今青海北部），处山谷间，亘三千里”。党项常联合吐谷浑侵扰西北诸州，同时派遣使者向唐朝朝贡。唐太宗对周边各民族采取招抚政策，党项部落大批内附，最强大的拓跋部在首领拓跋赤辞率领下也归附唐朝。拓跋赤辞内属后，受唐朝擢封西戎州都督，以松州为都督府，并赐以李姓。约当今青海省黄河河源积石山以东的地方，归入了唐朝的版图，党项羌成为唐朝的属民。

七世纪中叶，由于吐蕃的强盛，党项各部受到严重威胁，一部分党项人开始北迁。至高宗永隆元年（680 年）前后，吐蕃逐步占领党项故地，从那时到安史之乱发生，党项内徙持续百年之久。内徙的党项部落分别散居于陇右道北部洮州、秦州和临州，关内道庆州、灵州、夏州、银州、胜州等地。玄宗开元九年（721 年），唐朝重设静边州都督府于庆州，领达、洫等十二州，以拓跋部大首领拓跋思泰任都督。安史之乱爆发，党项人乘乱背叛唐朝，史载乾元元年（758 年），党项羌反，这年九月，招讨党项使王仲昇斩党项酋长拓跋戎德，传首至长安。此后党项对西北边地的入侵便接连发生。上元元年（760 年）六月，凤翔节度使崔光远奏破泾、陇羌浑十余万众；十一月，泾州破党项；十二月，党项羌进犯美原县、同官县，抢掠大量财物而去。当地唐郭愔等联络诸羌、胡兵，打败秦陇防御使韦伦，杀死监军使。上元二年（761 年）二月，奴剌（西羌种落之名）、党项进犯宝鸡县，焚大散关，南侵凤州，杀刺史萧叟，抢掠大量财物后西去。凤翔节度使李鼎率军追击，大败奴剌、党项羌的军队。五月，党项侵犯宝鸡。六月，党项进犯好畤县。十二月，奴剌、党项入侵宝鸡。宝应元年（762 年）二月，奴剌侵犯梁州成固县。三月，奴剌进犯梁州。山南西道观察处置使置司梁州，观察处置使李勉弃城逃走，接着党项进犯奉天。五月，党项又进犯同官县和华原县。

广德元年（763 年）之后，吐蕃基本上占领了陇右，党项诸部与吐蕃联合，对唐朝构成了更大威胁。从此直至唐亡，党项羌始终是唐朝西北地区挥之不去的阴影。黄巢起义军攻陷长安，僖宗逃至凤翔，召集天下各路兵马入援勤王，党项首领李思恭出兵救驾，朝廷任命他为夏州节度使，不久又赠夏州节度使“定难军节度使”之号，此后党项人成为割据夏州的政治势力，并逐步扩张，至北宋宝元元年（1038 年），终于建立大夏政权，被北宋人称为“西夏”。

西南地区的南诏和蛮族不断地发起对边境地区的侵犯，蚕食唐朝的国土，消耗唐朝的国力和兵力。隋唐时在今云南地区散居着许多部落，主要有乌蛮和白蛮。唐初乌蛮部落向洱海地区迁移，征服当地的白蛮，建立起六个王国，乌蛮称王为诏，故称六诏，其中蒙舍诏地居最南，又称南诏。当时吐蕃也向这一带进行扩张，唐朝为了抵御吐蕃，支持南诏进行统一战争。至南诏王皮逻阁时，南诏击灭其他五诏，建立了统一的南诏国，都太和城（今云南大理），唐玄宗册封皮逻阁为云南王。此后南诏继续扩张，先后征服了周围一些落后部族，扩大了疆域。当其最盛时，拥有今云南及四川、贵州的一部分，“回环万里”，成为西南地区强大的地方政权。

南诏建立后，与北方的唐朝、西边的吐蕃展开了长期斗争。杨国忠为相，曾先后两次发动对南诏的战争，皆为南诏所败。南诏归附吐蕃。安史之乱发生后，南诏乘机北侵。至德元载（756年），南诏乘乱陷越州、嶲州和会同军，据清溪关。与南诏北侵的同时，西南地区的蛮族连年发动叛乱。这年十月，邛、嘉、眉、泸、戎等州蛮反叛。上元元年（760年）六月，桂州管内经略使邢济奏：破西原蛮二十万众，斩其帅黄乾曜等人。咸通四年（863年），南诏攻下安南，朝廷在徐泗地区募兵两千赴援，分八百人驻防桂林，戍期三年。结果徐泗兵驻防六年不得归，兵士哗变，在庞勋领导下打回徐州。庞勋起义被唐朝镇压下去，但义军残部分散各地，成为农民反抗的火种。因此关于唐朝灭亡，也有“亡于西南”之说，指此而言。

宦官：病灶的癌变

这里说的病灶是宦官势力，它犹如唐代社会的一个肿瘤，在安史之乱中发生了癌变。

古代被阉割后失去性能力，专供君王及其家族成员役使的宫中的奴仆，被称为宦官。宦官不是一般的官，不过是这些奴仆的头儿。他们还有另外一个常用的名字，叫太监，太监也是这种人的头儿。这种人最早叫寺人，后来官方文书中的正规称谓是“宦者”“宦人”。汉代开始叫宦官，明代开始叫太监。这些人更准确的叫法应该是“阉奴”。不是所有的阉奴、宦者、宦人都是宦官，或太监，但现在人们把他们都统称为宦官，或太监。

这些人是君主专制时代的牺牲品，你只要想一想，这些人被阉割的悲惨遭遇，只要想一想因为这样的遭遇被认为有辱先人，死后不准埋入祖坟，就可以知道他们是一个被侮辱、被损害的群体。

宦官现象的出现，基于这样的需要，一个男子成为君主或王侯，众多女性成为他们的玩物私宠，而他们却难以对众多后宫妇女雨露均沾；同时王宫奢侈豪华的生活，又需要大量从事杂役的男性。王宫中大量后妃宫女，与从事执勤杂役的男性相处，极可能发生性关系，这种事不仅损害帝王们的尊严，甚至会影响到皇室或王室血统的纯正。为了防止这些男性杂役和女性间的性行为，君王们便想出了这样一个极残忍的办法，通过阉割使那些在宫廷里执勤杂役的男人失去性能力，从而换取后宫性生活的整肃。宦官制度世界各地都有，中国则早在先秦时期便已产生。

这样的人怎么能对朝政发生影响呢？这就是专制制度的恶果。皇帝想独揽大权，避免权臣篡位，想甩开大臣对自己的牵制，没有别的人可以凭借时，就利用身边的宦官，宦官代表皇帝，皇帝的权力至高无上，于是宦官便狗仗人势作威作福。当皇帝除了宦官无人可以信任时，那皇帝就容易掉进宦官的圈套中，为宦官所左右。这是一个权力争夺的怪圈，这是宦官为祸的根本原因。中国历史上，有几个朝代宦官为祸最烈，即东汉末年、唐朝后期和明朝，都是如此。

宦官为祸，源于大量宦官的存在。唐朝的宦官机构称内侍省。内侍，顾名思义，即宫内侍奉人之人，就是奴仆。内侍省就是管理这些奴仆的机构。内侍省位于宫城西南角，紧邻皇帝的大内太极宫，以及后宫妃嫔的掖庭宫，以方便皇帝、后妃的使唤。内侍省掌管宫内的簿册、门卫、病丧、仓库供应等事项。其所属六局，即掖廷局、宫闱局、奚官局、内仆局、内府局、内坊局，全属宫廷劳役服务机构。六局长官称令或丞，都由宦官担任，这些人才是名副其实的宦官。奚官局管宫廷工役，宫闱局管宫门钥匙、执扇等劳役，掖庭局管女工、宫人名册和宫内杂役，内仆局管宫内后妃出行事宜，内府局主管宫内灯烛及帝妃宫嫔沐浴，内坊局管太子东宫的杂务。内侍省就是这样一个劳务指挥所，劳工就是宦官。内侍省机构的完善，标志着宦官内廷系统正式确立，这是唐朝宦官势力崛起的基础。

宦官为祸，还必须有一定的机会和条件，一是皇帝身边无人可以利用，无人可以信任；二是宦官中有人具有一定的能力，这人遇到了施展才能的机会。安史之乱提供了这样一个机会。宦官势力在唐代的膨胀，经历了一个曲折漫长的过程，安史之乱中发生了突变。唐太宗时对宦官限制很严格，规定内侍省不置三品官，最高官阶为四品，数额亦有限制，不允许宦官奉命出使。直到高宗末年，宦官们还是位卑职低，主要的职责就是看守宫门、送衣传食，皇帝家奴而已。武则天在位期间，宦官人数有所增多。中宗时，宦官总数增至三千多人，地位越来越高，被授七品以上者多达千人。宦官队伍在玄宗时开始膨胀，“玄宗在位既久，崇重宫禁，中官稍称旨者，即授三品左、右监门将军”（《旧唐书·宦官传序》）。当时号称宦者四万人，有品秩的宦官四千人左右，仅四、五品者就在千人以上。高力士特别受到玄宗的信任，开元末年玄宗怠于政事，当四方进奏的文表需要批阅时，有时他就委托高力士办理了。玄宗对高力士的话也颇为听信，有一些官员的升迁，甚至于宰相的人选，也得力于高力士的荐举。但高力士是一位忠诚的老奴，经常向玄宗进上忠言，没有造成祸害。玄宗也曾派宦官监军，到藩国出使，但总的看，对政局没有发生影响。安史之乱中，宦官染指军政和监军制度的普遍化，是宦官势力走向膨胀的第一步。

宦官染指军政，并擅作威福是从安史之乱中起头的。具体地说，是从李辅国、程元振和鱼朝恩起头的。宦官势力崛起，这三个人可以看作是祸首，他们的行为造成不少危害，但他们的下场也代表了新兴起的宦官势力第一次失败。考察一下李辅国的经历，我们才能知道宦官势力的崛起，是怎样在安史之乱中发生突变的。这是一个癌变的细胞，让我们把它癌变的镜头回放一下。

马嵬驿兵变，李辅国是主谋之一，这件事对后来的影响非同小可。作为宦官，李辅国能干挠朝廷事权，便是从马嵬驿兵变开始的。安史之乱前，李辅国是一个小人物，他很小就被阉了。阉割是一种非常残忍非常痛苦的手术，一般情况下谁都不愿意接受这样的手术。像李辅国这样的情况，通常都是家庭生活贫困、无力抚养，为了换点钱财、养家活口，才被阉割，送进皇宫的。他本来叫李静忠，长得难看，被阉后担任“闲厩小儿”——在养御马的地方干活。他识些字，又会算账，在大宦官高力士手下做事多年，四十多岁时成为闲厩里的一个小头目，“掌厩中簿最”，即账房先生，算是一个真正的宦官了。后又掌管“禾豆”，即饲马的草料，他管得严，喂马的人不敢偷工减料，御马养得膘肥体壮。有人把他推荐给太子李亨，于是他进入东宫，陪侍太子。这对李辅国的前途有重要影响，正常情况下，太子即位为帝，他也会受到重用，可能会获得像玄宗时高力士那样的地位。但如果没有特殊情况发生，李辅国即便受到重用，也不过像高力士那样，在皇帝跟前面子大一点儿而已，不致于兴风作浪，造成恶果。但唐朝发生了安史之乱，由于安史之乱，又发生了马嵬驿兵变，李辅国遇到了机会。

史载“陈玄礼等诛杨国忠，辅国预谋”（《新唐书·宦者传》）；“禄山之乱，玄宗幸蜀，辅国侍太子扈从，至马嵬，诛杨国忠，辅国献计太子，请分玄宗麾下兵，北趋朔方，以图兴复”（《旧唐书·宦官传》）。这让我们知道，在马嵬驿兵变的过程中，杀杨国忠、分兵北上，这两个重大决策，李辅国都是主谋之一。在国家危亡关头，这两个决策对太子的安危和唐王朝的命运都是非常重要的。我们已经分析过，不杀杨国忠，跟随玄宗入蜀，太子地位难保；而且皇帝与太子一起进入偏远的蜀中，整个国家局势将为之一变，安禄山入主中原，唐王朝偏安蜀中，得中原者得天下，那天下就姓安而不再姓李了。所以太子分兵北上，具有重大意义。

在人们的观念中，太子是储君，是皇帝下台或死后当然的继承人，那么此时玄宗和太子同样都是唐王朝存在的象征。他们只要有一人在，就是向天下昭示，唐朝未亡。当时还存在这样一个危险，如果安禄山指挥叛军尾追而来，玄宗和太子同时落入敌手，那唐朝可就真的完了。所以，从策略上看，玄宗与太子分路而行不仅是不得已之举，也是高招。在马嵬驿兵变后，玄宗和太子似乎没有明确认识到这一点。那时玄宗在前边走，还等着太子跟过来；有人劝太子留下，太子还泪流不止，不忍心离开玄宗。后来分行好像是不得已而为之，是一种不自觉的行为。

类似的事在朝鲜历史上也发生过，朝鲜发生壬辰倭乱，朝鲜国王与世子就是根据当时的情势，主动分行。当倭兵猛追，国王逃离都城至宁边时，与群臣商议去向，云：“世子同住一处，则更无可望，不如分往。”国王欲渡鸭绿江投奔明朝天子，留世子分率百官进驻江原、京畿，他们认为“父子同渡鸭绿则国无主矣”（《东国战乱史》卷4）。父子同行，他们有两点担心，一是同时被敌人俘获，那这个政权就完了；二是父子皆渡江投奔明朝，即便逃脱了敌人的追击，成功地到达大明，那国中无主，江山也就完了。他们遇到的情况与玄宗父子的情况有些相似，所以在父王与世子是否同行方面，他们的头脑倒是比较清醒。

李辅国看到了这一点，说明这个人的确有点儿水平。这些宦官，特别是常年跟随帝王身边的人，虽然文化不高，但由于他们经常耳闻目睹君主们处理国事，不知不觉也长了见识。马嵬驿兵变中，李辅国的预谋对唐王朝局势产生了重要作用，这是不应否认的。更重要的是，太子到了灵武以后，李辅国等人“劝进”——劝太子当皇帝，“太子至灵武，愈亲近，劝遂即帝位系天下心”——这又是一个重大举措，是影响唐王朝命运的重要决策。李辅国注意到，太子担任着平乱大任，而要完成这一重任，必须拥有相应的权力，有权力才能笼络人心，有人拥护才能完成大业。因此他极力劝太子即位为帝，掌握国家最高权力。肃宗称帝，有李辅国的一份功劳，更使李辅国成为太子倚重的亲信。

宦官身心受创，终日生活在深宫内院，不免形成与常人迥异的畸形性格。这种性格特征影响和制约着宦官的言行。在他们的性格中，有一个重要特点，就是充满强烈的权力欲。由于身体的残缺，他们大多存在自卑心态，这种心态有时表现为发愤图强。由于身体的缺陷，他们遭到社会的排斥和蔑视，为了重新赢得整个社会对自己的认可，有人发愤图强，想做出一番事业，以名垂青史。但这种自强意识，更多时候则表现为对权力的追逐。因为对于他们大多数人来说，未来的唯一希望，就是能够被皇帝相中，成为皇帝的爪牙，出言代表皇帝的权威，从中找回一点儿自尊，并在皇帝的庇护下施展权术。因此皇帝是唯一能够满足他们权力欲的靠山，他们要依靠这个靠山，当然也要保护这个靠山。

李辅国明白这一点，他知道他的主子，也就是太子，要是跟玄宗到蜀中，下场只有死路一条，自己的结局不过是同归于尽。他知道太子如果当不了皇帝，他也永无出头之日。所以他劝太子即位，实际上也是在扶植自己的靠山。他的目的达到了，史载“肃宗即位，擢为太子家令，判元帅府行军司马事，以心腹委之，仍赐名护国，四方奏事，御前符印军号，一以委之”。他的正式的职务是太子家令——东宫后勤大总管，官位从四品上，“家令掌太子饮膳、仓储、库藏之政令，总食官、典仓、司藏三署之官属”（《旧唐书·职官三》），这是宦官职务。另外一个临时性的职务是元帅府行军司马，这是战时最高军事指挥机关里的第三把手。一把手是天下兵马元帅，这是由亲王挂名担任的，这是虚的；二把手是元帅府长史，是李泌担任的，这是实的，实际上的最高军事指挥长官；三把手就是行军司马，李辅国窃据此职，这是唐朝宦官担任的第一个最重要的职务。后来二把手先后换过郭子仪、李光弼、仆固怀恩等人，他们的职务是天下兵马副元帅。李辅国成为肃宗的心腹，还赐给他一个名字，叫李护国，仅从这个名字也可以看出肃宗对他的倚重。他把四方奏事的处理、皇帝的符印军号等，都交给了李辅国掌管。

我们知道，这个时候其实没有太子，也就没有东宫，肃宗之前是太子，刚刚做了皇帝，他的儿子又没有被立为太子，所以哪有太子和东宫呢？这是一个流亡政府，凡事不能要求规范。任命李辅国为太子家令，不过是把他的官位提高，表示奖励，他最重要的事务是元帅府行军司马，参与平叛决策。李辅国吃斋念佛，连问事的时候都手持念珠，给人以心性善良的假象。随驾至凤翔，肃宗又提拔他为太子詹事——东宫的负责人，官位正三品，这可是正经文官职务。这时肃宗把他的名字改为李辅国，顾名思义，已经把他看作辅助大臣。

想到后来宦官专权造成的祸害，是从李辅国开始的，人们或许会问，干吗要倚重这个宦官呢？四方奏事、皇帝的符印军号交给大臣多好啊？这也是不得已的事情，因为朝廷无人。史载肃宗灵武即位，手下没有几个人，可以信赖的更少。李辅国成了皇上最亲近的少数人之一，这就是安史之乱中宦官们开始掌握朝政的客观条件。杜甫穿得破破烂烂的来到凤翔，肃宗立刻任命他做右拾遗，就是因为朝廷缺人。这个时候只要稍微有点儿文化，跑到肃宗那里，准能混上一官半职，这就是所谓“天下用人之际”，何况李辅国又是个有头脑的人呢。而且此时，他也是肃宗身边最忠诚的人，他和肃宗成为一条藤上的瓜，命运是连在一起的，肃宗完全可以信赖他。

历史上宦官得势的时候，最初都是皇帝感到身边没有可信赖的人，才寄大任于身边的宦官，这些人身体残废、为人不齿，没有做皇帝的可能，所以不会图谋最高权力，皇帝对他们也放心。这个时候，肃宗身边就没人，他是把河西节度使、朔方节度使的几个僚佐任命为大臣，组成新的政府的，有点儿军权和实力的他都难以信得过，所以信任和倚重李辅国。就是在这样的背景下，肃宗和李辅国成为相互依赖和利用的政治伙伴，李辅国要靠肃宗实现自己的权力欲望，肃宗也依赖李辅国这个大管家管理眼前的烂摊子。

长安收复，肃宗还京，任命李辅国为殿中监、闲厩使、五坊使、宫苑使、营田使、栽接总监使，兼陇右群牧使、京畿铸钱使、长春宫使、少府监，封成国公，实封五百户。宰相百官，凡不在朝会时想见到天子的，都由李辅国决定。京兆府和京畿各县鞫问刑狱案件、三司判决罪犯，皆在李辅国那里最后决定。李辅国根据个人的喜怒哀乐，任意决罚，却称出自皇上旨意，其实并不报告肃宗。朝廷下的诏书，必须有李辅国署名才能下达，大臣们不敢有所非议。他出行有三百全副武装的卫士执行警卫。皇宫里的宦官们不敢直呼他的官衔，尊敬地喊他“五郎”。宰相李揆在李辅国面前以子弟之礼相敬，称他“五父”。肃宗又为他娶了原吏部侍郎元希声的侄女为妻，元氏的父亲元擢被任命为梁州长史，元擢的兄弟们都位至尚书省或御史台的高官。

宦官专权跋扈，引起朝廷大臣的不满。唐代朝廷三省六部各机关都在皇城之南，因此称为南省，或南衙；宦官各部门皆在皇城中，称为北司，或北衙。朝臣与宦官之间的矛盾，史书上称为“南衙北司之争”，这种矛盾斗争在李辅国时已经出现。李岘任宰相，向肃宗检举李辅国假传圣旨，他告诫肃宗，这样下去，一定导致乱政。肃宗下令，凡是朝廷诏书不是从中书省发出的，一定要经过李岘审核。对此，李辅国感到极不高兴。这是斗争的开端，这时朝臣还相对有点儿优势。

皇帝所以信任宦官，就是因为对百官不信任。李辅国在银台门有一个固定的办公房，对朝廷百官开展特务刺探活动。他组织了几十个被称为“察事厅子”的人，监视百官的行动，官吏有大小过失，都被他察知，犯事者立刻被传讯。太上皇还京，对肃宗皇帝的皇位是一种威胁，李辅国上奏肃宗，把太上皇从兴庆宫迁到太极宫。又把太上皇身边的人一一赶走流放，从此太上皇郁郁寡欢，直到去世。上元二年（761 年）八月，肃宗任命李辅国为兵部尚书，至尚书省兵部衙门上班，开了宦官任朝官的先例。

李辅国又要求担任宰相，引起他与南衙朝官的又一次冲突。肃宗说他当宰相声望不够，李辅国便找上宰相裴冕，让他寻几个人联名上书肃宗，请李辅国任宰相。肃宗担心大臣们真的上来一道奏章，自己便不好拒绝，所以暗中通知宰相萧华，不要上书为李辅国说情，萧华问裴冕，裴冕说：“没有这事，我的胳膊可以砍下来，李辅国也不能任宰相。”萧华把这话告诉肃宗，肃宗很高兴。李辅国听说后，非常恼火。这可以看作南衙北司间又一场较量。宝应元年（762 年）四月，肃宗病重，李辅国乘机诬奏萧华等人专权，要求罢免他。肃宗无奈，罢萧华宰相之职。肃宗死后，萧华被赶出朝廷。这一场较量，南衙以失败告终。

李辅国本来与张皇后相勾结，但后来张皇后讨厌李辅国专权，在肃宗病重太子监国时，张皇后召见太子，想除掉李辅国及程元振等人，太子不听。张皇后又召越王、兖王，共谋除掉李辅国。程元振得知消息，告知李辅国，他们在凌霄门埋伏下伏兵，在肃宗病床前抓走了张皇后，并把她杀掉。肃宗连惊带吓，一命呜呼。代宗即位，李辅国等人有大功，更加专横，他曾经这样告诉代宗："皇帝儿，您只须坐在宫中，外事听老奴处决！"代宗对他出言不逊很恼火，顿时产生了铲除这个权阉的念头，但害怕李辅国掌握着禁军，不敢轻举妄动。尊他为尚父，事无大小都听李辅国处置，群臣出入都先见李辅国。

代宗表面上尊崇李辅国，暗中却在寻找机会。朝中大臣靠不住，能依靠的还是身边的宦官，程元振进入代宗的视线。宦官之间也在争权夺利，程元振想夺李辅国的权位，请代宗限制和裁削李辅国的权力，代宗罢免了李辅国判元帅府行军司马的职务，任命程元振接替他；又任命左武卫大将军彭体盈任闲厩使、群牧使、苑内使、营田使、五坊使等，取代李辅国。在皇宫外赐给李辅国一个大宅院，让他迁出皇宫。李辅国被赶出权力中心，开始感到了畏惧，茫然不知所措，请求解除自己的官职，代宗下诏进封他为博陆王，仍为司空、尚父，让他每月初一和十五入朝。李辅国想到中书省上谢表，守门的不让进，说"尚父已罢宰相，不能再进这个院子"。李辅国气得一口气差一点儿上不来，半天才缓过气，说："老奴死罪，侍奉不了郎君了，我要到地下侍奉先帝了！"秘书监韩颖、中书舍人刘烜是李辅国的亲信，代宗把他俩都流放岭南。不久，针对李辅国的谋杀案发生了，据说是代宗亲自布置的。

代宗不想公开杀他，派一名刺客夜入李辅国宅，把他的头和右臂砍下带走，用来祭奠玄宗的陵墓。

李辅国被除掉了，并没有解决宦官干政问题。继李辅国之后，宦官程元振和鱼朝恩更加专权跋扈。程元振专权造成的祸端主要是由于他掌握禁兵，鱼朝恩造成的祸端主要是长期在前线任监军。两个人的罪恶主要在于谗害和打击有功的将军，造成藩镇与朝廷的离心离德。唐朝三位名将都栽在他们手中，一个是郭子仪，一个是来瑱，另一个是李光弼。当然了，他们的专权之所以能够实现，主要还是背后有皇帝老子的支持。如果说为了保证肃宗的皇位，李辅国的主要作用是表现在对太上皇一方的严加戒备，程元振、鱼朝恩的作用则主要表现在对军队中掌握兵权的武将的防范。朝廷担心安史之乱未平，唐军中又出现一个“安禄山”，所以对领兵的统帅不放心，程元振、鱼朝恩便紧盯着他们手中的兵权。

程元振是京兆府三原县人，年少时就入内侍省当阉奴，后来升为内射生使，成为宦官。他的发迹是肃宗死后，依附李辅国，参与另立新君的宫廷斗争。代宗即位，程元振因功被提拔为飞龙厩副使、右监门将军，知内侍省事。为了利用程元振打击李辅国，代宗任命他担任判元帅府行军司马，不久又晋升为骠骑大将军，掌管禁军。不到一年，程元振权震天下，在李辅国之上，这人凶狠果决超过李辅国。鱼朝恩是泸州泸川人，天宝末年，以品官给事黄门，为人阴险狡诈。最高统治者接受了安禄山拥兵叛唐的教训，担心武臣功高难制，在战争中经常派亲信宦官充当监军使，监督和牵制诸将的行动。宦官监军，战争胜利了，他有监军之功；

战事失败了，则诿过于主将。鱼朝恩就是奉命出征、监督最高统帅的大宦官，所以他与那些前线将军的矛盾十分尖锐。

安史乱起，肃宗即位，鱼朝恩奉命监督李光弼的部队。长安收复，任三宫检责使，以左监门卫将军知内侍省事。郭子仪率军收复长安、洛阳，有重整乾坤中兴唐室的大功，他最先栽在鱼朝恩之手。九节度使率军围攻邺城时，朝廷不愿意委任一个统一的元帅，只派鱼朝恩以"观军容宣慰处置使"身份协调和节制各军行动。由于缺乏统一的指挥，导致邺城久围不下，史思明援军赶来，唐军遭受大败。之后，鱼朝恩极力诋毁郭子仪，朝廷听从鱼朝恩的建议，解除了郭子仪的兵权，让他留居京师。上元元年（760年）九月，有人向朝廷上奏，认为天下未平，不应该把郭子仪放在一个无关紧要的位置上，朝廷命郭子仪出镇邠州。听说郭子仪将统兵镇守长安西北地区，党项人望风而逃。朝廷又命郭子仪统诸道兵马从朔方直取范阳，平定河北。调发射生、英武等禁卫军及朔方、鄜坊、邠宁、泾原等诸道蕃、汉兵共七万人，受郭子仪节度。制下十天，由于鱼朝恩极力反对，此事流产。由于鱼朝恩的压制和排斥，造成郭子仪雄才未展。唐军中威望最高的将军是郭子仪，"有定天下功，居人臣第一"（《新唐书·鱼朝恩传》），鱼朝恩嫉妒他，朝廷需要防范的也是他。

来瑱是邠州永寿县人，自小就重名望气节，慷慨有大志。天宝初年他随父亲在安西四镇节度使下任职。安禄山发动反叛，朝廷任用他代理汝南郡太守。叛军进攻颍川郡，朝廷又改派他为颍川郡太守。在颍川保卫战中，来瑱与敌人进行多次激战，杀敌无数，大家给他起了个绰号，叫“来嚼铁”，敌人闻风丧胆。不久朝廷又任命他为淮南西道节度使，在收复两京的战役中，来瑱立下显赫战功，朝廷晋升他为开府仪同三司，兼御史大夫，封颍国公。乾元三年（760 年）四月，朝廷任命来瑱为襄州刺史，兼御史大夫，充山南东道节度使、观察处置使等。来瑱功勋卓著，名闻远近，职高任重，于是立刻引起周围的嫉妒和猜忌。

荆南节度使吕諲、淮西节度使王仲昇及来往于襄阳与长安间的中使，都向朝廷反映，说来瑱滥发赏赐以收买人心。肃宗听信了这些人的话，把原隶属于来瑱管辖下的商州、金州、均州、房州等四州分割出来，另置观察处置使管辖，让来瑱只管六州，以达到削弱来瑱势力的目的。来瑱对这些人意见很大。史朝义的部将谢钦让围攻驻守申州的王仲昇，来瑱按兵不救。几个月后，来瑱勉强出兵，王仲昇已经战败被俘。来瑱手下行军司马裴茙早就觊觎节度使之位，向朝廷告发了来瑱，并说他善谋而勇、倔强难制，应该早点除掉他，请求发兵袭击来瑱。肃宗采纳了裴茙的建议。宝应元年（762 年）三月，朝廷任命来瑱为淮西、河南十六州节度使，表面上显示朝廷对他的宠信，实际上是想趁离任时夺其兵权。同时密令裴茙接替来瑱担任襄、邓等州防御使，寻机除掉他。但当来瑱的部队与裴茙的军队接触时，裴茙大败，全军覆没。

来瑱奉命入朝，向朝廷谢罪。代宗未加责怪，任命他为兵部尚书、同中书门下平章事，为宰相，仍任山南东道节度使和观察处置使。又让他代左仆射裴冕任山陵使，负责肃宗的陵墓修建事务。来瑱在襄阳时，程元振曾有所请托，来瑱没有领他的人情。

及至来瑱身带宰相之称，程元振诋毁他，诬陷来瑱说过不忠朝廷的话。王仲昇被敌人俘虏后，因为屈服于敌人而保全了性命。后来回到朝廷，与程元振友善，程元振推荐他当了右羽林大将军兼御史大夫。王仲昇记恨来瑱当初不发兵相救，秉承程元振的旨意，诬奏来瑱与敌人通谋，导致申州兵败。代宗下诏以通敌罪削除来瑱一切官爵，流放播州，第二天又赐死于路，抄没所有家产。各藩镇节帅听说此事，都对程元振恨得咬牙切齿。

李光弼是与郭子仪齐名的军事家。幽州乱起，河东、河北方面迫切需要一名良将领兵，郭子仪向玄宗推荐了李光弼。天宝十五载（756 年）正月，朝廷任命李光弼为云中郡太守、河东节度使。二月，转魏郡太守、河北道采访处置处置使，率朔方军五千人与郭子仪会师，东出井陉关，收复军事要地常山郡。史思明率数万兵马来救常山，被李光弼击败，李光弼乘胜收复藁城等十多个县，南攻赵郡。朝廷任命李光弼为范阳长史，兼河北节度使。李光弼与蔡希德、史思明、尹子奇等人在常山郡嘉山大战，这些人都是安禄山手下的猛将，被李光弼打得大败，河北十多个郡归顺朝廷。李光弼在河北对史思明军队的一系列胜利，曾使安禄山产生走投无路之感。此后，他进一步受到朝廷的重用和提拔，甚至官至宰相。唐军邺城兵败后，朝廷把郭子仪召回长安，任命李光弼为天下兵马副元帅，成为实际上的全军最高司令官，又取得对叛军的重大胜利。

史思明杀安庆绪，自立为帝，统兵出范阳南下，攻克汴州，而后西进，占领东都洛阳。鱼朝恩因为多次监军，自以为有军事才能，常对战事指手画脚。他一再向朝廷上言，说消灭敌人的时机已经来临，朝廷催促李光弼尽快收复东都。李光弼认为敌人尚有实力，不可轻举妄动。但朝廷一再派来中使催战，李光弼无可奈何，只好进军，在北邙山下布阵。敌人集中全部精锐的兵力接战，官军大败，军资器械全部被敌人缴获。朝廷下诏征李光弼入朝，李光弼到长安，上表请罪，又辞掉太尉之职，朝廷虽然听从了他的意见，但战争形势严峻，朝廷不得不启用李光弼，恢复他的太尉之职，让他担任河南、淮南、山南东道、荆南等道兵马副元帅，出镇临淮。

对于当朝皇帝来说，很多事情就处在这样一种矛盾之中：为了自身的统治能够稳固，非常需要一批有才干之人做事；可是当他们真的取得了显赫的功绩时，却又害怕他们功高震主，所以要想方设法来打击防范他们。代宗皇帝同样如此。当程元振多次在代宗面前说李光弼的坏话时，代宗便开始对李光弼猜疑起来。广德元年（763 年），吐蕃入寇长安近郊，代宗诏令天下各地兵马入援京师。由于与程元振有矛盾，李光弼害怕入京招致陷害，所以拖延日期，没有奉命。十月，吐蕃的军队攻陷长安，代宗逃往陕州。代宗把抗击吐蕃的希望寄托于李光弼的入援，担心因此造成误会和嫌隙，多次下诏问候李光弼的老母，但李光弼对朝廷的险恶心存畏惧，始终没有奉命进兵，朝廷很感失望。吐蕃退兵以后，朝廷任命李光弼为东都留守，以考察李光弼对朝廷的态度。李光弼知道朝廷的用意是夺其兵权，又担心一旦失去兵权，更成为程元振的砧上肉，借故拖延。他自己却到了徐州，想得到江淮的租赋供给自己的部队。

代宗回到长安，一方面派中使到徐州慰问李光弼，传达朝廷对李光弼及其将士的关心。一方面又设计把李光弼的母亲控制起来，密令郭子仪把他的母亲接到长安。李光弼的弟弟李光进是禁卫军将领，和李辅国一起掌握禁军，朝廷一直把他看成心腹膀臂。现在朝廷解除了他在禁卫军的兵权。李光弼治军严肃、令行禁止，敌我双方的将领们都畏服他的威名，史书上把他和古代的名将孙膑、白起等人并称。由于害怕权阉的陷害，不敢入朝，令朝廷深感失望。当李光弼与朝廷发生矛盾后，田神功那些将军们都不再服从他的命令，李光弼感到惭愧和耻辱，因此积郁成疾，他写下一封遗表，派衙将孙珍送到朝廷，以表明自己的心迹。广德二年（764 年）七月，李光弼死于徐州，终年五十七岁。

裴冕与程元振有矛盾，程元振找借口把他贬到施州；同华节度使李怀让被程元振诬陷，忧愤自杀。史书上说："瑱等上将，冕、光弼元勋，既诛斥，或不自省，方帅由是携解"（《新唐书·程元振传》）。由于这些将帅们受到程元振的诬陷和中伤，有的被杀，有的含冤莫名，无法向朝廷表明清白，造成各地将帅与朝廷的离心离德。广德元年（763 年），吐蕃、党项侵犯边境，朝廷下诏征天下兵勤王，结果没人响应。吐蕃的军队打到长安，代宗仓皇东逃，致使长安陷于吐蕃。太常博士柳伉上疏，分析这场祸乱的根源，极陈程元振之罪，建议诛程元振以谢天下。代宗看了这道奏疏才稍有醒悟，他罗列程元振一系列的罪过，把程元振放归老家。程元振穿妇人衣，潜入长安，住到司农卿陈景诠家，图谋不轨。

御史台弹劾程元振私入京师，陈景诠隐匿罪犯，朝廷查明此事，把程元振流放溱州，贬陈景诠为新兴尉。程元振行至江陵病死。

程元振死后，宦官擅权越来越严重，因为禁卫军兵权被他们掌握。史思明攻洛阳，鱼朝恩监神策军屯驻陕郡。史思明攻下洛阳，长驱西进，至硖石，派儿子史朝义率游军四处出击。鱼朝恩驻守陕郡城东，命神策军将卫伯玉与敌将康文景交战，取得大胜。洛阳光复，鱼朝恩所监神策军移屯汴州，朝廷以军功加鱼朝恩为开府仪同三司，封他为冯翊郡公。代宗宝应年间，鱼朝恩所监神策军回师陕郡驻守。广德元年（763 年）吐蕃入寇长安，代宗避乱东幸，原禁卫军纷纷逃散，只剩下代宗孤家寡人。正需要保护时，鱼朝恩率神策军全军出动，至华阴县奉迎代宗。代宗很感激鱼朝恩的护驾之功，因此改其官衔为天下观军容宣慰处置使，专领神策军，还赏赐他大量金帛。

这支神策军是有战斗力的部队。当年哥舒翰在临洮西磨环川击败吐蕃，置神策军，这是天宝十三年（754 年）的事情。后来安禄山发动叛乱，神策军使成如璆派手下将领卫伯玉率一千人至灵武，参加平叛。不久临洮郡陷于吐蕃之手，卫伯玉率军留屯陕郡，朝廷任命卫伯玉为神策军节度使。由于平叛战事迟迟不能结束，造成这支边防军长期在中原地区作战，鱼朝恩担任该军监军，统军护卫代宗还京，护驾有功，于是神策军转变成一支禁卫军。这支禁卫军掌握在鱼朝恩手中，从此成为宦官势力控制皇帝的工具。

鱼朝恩回到长安，居功自傲，又领神策军，野心膨胀，想干扰朝廷事权，于是与朝廷大臣的矛盾越来越尖锐。鱼朝恩与大臣间的矛盾可以看作是李辅国之后，南衙与北司间的又一场较量。永泰年间，代宗任命他判国子监，兼鸿胪礼宾使、内龙厩使、闲厩使，封郑国公。朝廷诏会群臣议事，鱼朝恩自恃功高位尊，总是出言不逊，显示自己的才能高于众人，即使是能言善辩的宰相元载，面对鱼朝恩的强词夺理，也只能拱手相让、缄默不语。只有礼部郎中相里造、殿中侍御史李衎不知天高地厚，老是跟鱼朝恩争来争去，不给他面子。鱼朝恩上奏代宗，罢黜李衎，想杀鸡给猴看，恐吓相里造，相里造并无畏惧之意。

鱼朝恩策划撤换宰相以震摄朝廷，召集百官至都堂议事，等大家到齐了，鱼朝恩厉声说："宰相是干什么的？是调和阴阳、安辑众生的人。现在水灾旱灾不断，对河北用兵，数十万大军、粮草不济，天子卧不安席，宰相是怎么辅助皇上的啊！不退位让贤，整天默默无语，朝廷靠谁呢？"几位宰相都低头倾听他的呵斥，满座都大惊失色。相里造坐到鱼朝恩旁，接言道："阴阳不和，谷价猛涨，都是观军容使造成的，跟宰相有什么关系？征战不息，大军在外，所以天降灾祸。京师太平无事，有禁卫军在足以维持治安，可是又屯驻十万大军，造成军粮不足，连百官俸禄都不能按时领取，也是观军容使造成的。宰相只是执行观军容使的命令，办个手续罢了，怎么能归罪宰相呢！"鱼朝恩无话可说，拂袖而去。

国子监举行释菜仪式，释菜又叫"释采"，这是由来已久的一种典礼，古代读书人入学时，以苹藻之类祭祀先圣先师。唐朝很注重这个典礼，百官都来参加，负责国子监的官员当然要主持这个仪式。鱼朝恩判国子监事，所以他手持《易经》，坐到主席台上。

鱼朝恩讲《易》，联系实际，言语间讥讽宰相元载和王缙。王缙面露怒色，元载却怡然自若。鱼朝恩发现元载胸有城府，所以他跟人说：“怒者常情，笑者不可测也。”元载心里已经决计除掉鱼朝恩。

鱼朝恩的骄横引起代宗不满。朝廷裁决大事，如果没有请鱼朝恩参与，鱼朝恩就说：“天下事难道有不让我管的吗！”代宗听说，心里很不高兴。鱼朝恩有一个养子，叫鱼令徽，年纪还小，就在宫中当差，穿着绿色官服，与同僚起争执，回来告诉了鱼朝恩。第二天，鱼朝恩见到代宗，说：“臣的儿子职位低，有人欺负他，希望能穿上金紫朝服。”还没等代宗回答，有人已经把紫服送到代宗面前，鱼令徽连声谢恩。代宗只好笑着说：“这件衣服很合身嘛！”但心里更加不高兴。代宗对鱼朝恩的反感，被元载觉察到了，他感到有机可乘。他任命左散骑常侍崔昭为京兆尹，又重金结交鱼朝恩之党羽皇甫温、周皓。皇甫温领兵屯驻陕州，周皓是射生手中的将领，从此鱼朝恩的密谋和那些不轨的话，全都被他们告诉代宗。

鱼朝恩的亲信、神策军都虞侯刘希暹最早察觉了代宗的用意，密告鱼朝恩，鱼朝恩这才心生畏惧。刘希暹犯了点儿过错，代宗告知鱼朝恩，又撤了鱼朝恩的天下观军容宣慰处置使职务，鱼朝恩开始怀疑代宗要搞掉他，然而看代宗对他的态度依然很好，他仍然比较放心，但也在暗中策划着下一步的行动。代宗把除掉鱼朝恩的事委托给元载，又担心元载会失败，因为鱼朝恩掌握着神策军，代宗有点犹豫，元载则保证万无一失。为了防止清除鱼朝恩引起神策军兵乱，元载进行了周密布置。鱼朝恩每次入殿议事，都有百名武士护从，周皓统领，皇甫温则领兵在外，以为外援。

但周皓、皇甫温二人早已被元载收买，鱼朝恩毫无察觉。

元载调凤翔尹李抱玉任山南西道节度使，任命皇甫温任凤翔节度使，表面上是扩大鱼朝恩的权力，因为皇甫温是神策军将领，而神策军是由鱼朝恩统领，实际上元载是让皇甫温驻扎在离长安更近的地方，以作外援。元载又提出建议，把兴平县、武功县和扶风县划归神策军，鱼朝恩很高兴，所以不加防备。元载与皇甫温、周皓一起密谋，计议已定，告知代宗。大历五年（770年）寒食节，代宗在宫中大宴群臣，鱼朝恩入见代宗。通常宴会结束，鱼朝恩出宫回神策军军营，可是有人传诏留鱼朝恩议事。鱼朝恩体胖，常乘小车入宫省。代宗听到车轮声，正襟危坐，元载则坐守中书省。鱼朝恩来到，代宗责备他密谋作乱，鱼朝恩知道不妙，但自辩之间言词悖慢。

此后的事情，史书上的记载不同。一说在代宗与鱼朝恩发生口角时，周皓和卫士们一拥而上，把他擒捉勒死，代宗却又下诏增其实封六百户，内侍监如故，把尸体送到他家。另一种说法，尽管鱼朝恩跟代宗顶嘴，但代宗念其旧功，没有跟他计较；但当天鱼朝恩回到家里，便自缢而死。总之，鱼朝恩的死是一个谜。自缢而死的说法不大可信，很有可能是根据元载的谋划，被代宗处死，但代宗又不想公开杀鱼朝恩的真相，就炮制了鱼朝恩自杀的谣言。代宗担心神策军作乱，提拔刘希暹、王驾鹤两人兼御史中丞，又下诏安慰神策军将士。刘希暹知道自己与鱼朝恩同罪，暂时得到提拔，早晚也会被追究，出言不逊。王驾鹤告发了他，朝廷赐刘希暹自尽。贾明观在受到鱼朝恩重用时，也受到元载的信任，所以元载上奏朝廷，派他到江南西道任职，让他立功赎罪。但到了江西后，江西节度使路嗣恭用大棍把他打死。鱼朝恩信任的礼部尚书裴士淹、户部侍郎判度支第五琦，都被贬出京师。鱼朝恩的失败及其党羽被诛灭，标志着唐朝宦官专权暂告一段落。鱼朝恩死后，宦官不再掌握禁军。

但没过多久，至德宗时，宦官势力又一次猖獗起来。安史之乱后，藩镇林立，以神策军为首的禁军系统成为朝廷唯一可靠的核心力量。宦官窦文场、霍仙鸣等人任神策军护军校尉，重新掌握了禁卫军，导致宦官势力更加根深蒂固。神策军中尉制度，是宦官势力恶性膨胀的关键一步。德宗贞元年间，禁卫军扩充为左右神策军、左右神威军、左右羽林军、左右龙武军、左右神武军共十支。这十支禁军部队中，人数最多、战斗力最强的是左右神策军，设神策中尉两人统领，常年的兵员在十万人左右，而且军饷充足，担任镇守京畿的重任，号称“天子护军”。自德宗后，宦官完全掌握以神策军为首的禁军，实际上等于把住了李唐王朝的命脉。

神策军护军中尉首任是宦官窦文场、霍仙鸣，他们担任这一要职，与泾原兵变有关。德宗为太子时，窦文场、霍仙鸣皆在东宫。德宗任命白志贞为神策军使，掌领神策军。神策军长期不作战，又享受优厚待遇，因此成为富人投身军籍的目标。白志贞收取富人的贿赂，将他们的子弟载入军籍，那些纨绔子弟并不在军中承担义务。神策军的这种状况，潜伏着很大危险。朝廷调发泾原兵讨伐淮西，泾原兵路经长安时发动兵变，攻入长安，德宗召神策军抵御叛军，竟无一人至，只有窦文场、霍仙鸣率宦官及亲王左右护驾从行。至奉天县，愤怒的德宗把白志贞贬官，把身边的禁卫军交给窦文场、霍仙鸣率领，在他们的护送下到了山南。德宗任命马有麟为左神策军大将军，窦文场任神策军左厢兵马监军，王希迁为神策军右厢兵马监军。

乱平回京，德宗对那些领兵的将领都不信任，凡掌兵多的全都罢免，禁卫军则由窦文场和霍仙鸣分掌。贞元十二年（796年）六月，立护军中尉两员、中护军两员，统率禁军。德宗任命窦文场为左神策护军中尉，霍仙鸣为右神策护军中尉，右神威军使张尚进为右神策中护军，内谒者监焦希望为左神策中护军。从窦文场等人开始，护军中尉、中护军由宦官担任，禁卫军重新回到宦官手中。此后护军中尉长期由宦官把持，皇帝终于落入宦官控制。自从掌握了禁卫军，窦文场和霍仙鸣便大权在握、声震天下。藩镇节帅多出其手下，御史台、尚书省的重要官员巴结求托者盈门。

枢密使制度是宦官势力恶性膨胀的又一个重要原因。枢密本意是重要机密，代宗时李辅国便参与重要机密事务，但枢密使制的正式形成，始于德宗末和宪宗初。德宗末年已有宦官掌密命，"宪宗元和中，始置枢密使二人"，枢密使由宦官担任。枢密使初设之际，职权范围有限，后来逐渐侵夺宰相职权。晚唐时期，握权之宦官多以枢密使身份执掌机密、参与重大决策，干预朝政，甚至与神策军护军中尉一道，决定君主的废立。两枢密使与两神策军中尉有"四贵"之称，为宦官长期把持。清代赵翼说："是二者皆极要重之地，有一已足揽权树威，挟制中外，况二者尽为其

所操乎！”（《廿二史札记》卷20）

监军使制、神策中尉制、枢密使制，加上原有的内侍省，唐代至此形成了完备的宦官内朝体系。皇帝借助宦官，分割了外朝宰相的庞大权力，在外朝和内廷之间，保持了一个相对的平衡。但在完善内廷系统的过程中，宦官掌握了中枢禁卫军，参与了高级官僚的任免，使得宦官势力得到前所未有的膨胀，这种膨胀甚至连皇帝也无法驾驭。中唐以后，唐宪宗、唐敬宗均为宦官迫害而死，在位君主多为宦官拥立。自穆宗至昭宗，中间除去敬宗，穆、文、武、宣、懿、僖、昭七帝皆为宦官所立。唐代后期宦官的骄横恣肆，可谓空前绝后。清代赵翼说：“东汉及前明，宦官之祸烈矣，然犹窃主权，以肆虐天下。至唐则宦官之权，反在人主之上，立君、弑君、废君，有同儿戏，实古来未有之变也。”（《廿二史札记》卷20）

宦官不仅执掌朝政，而且娶妻荫子，更有甚者，宦官家族世袭，一代代干扰朝政。唐代允许宦官收养子，规定宦官只许收养十岁以下的阉童一人为假子。这种规定往往成为一纸空文，实际上大都超出这一限定，他们的养子也不尽是阉人。中唐以后，宦官养子数量大为增加，有的宦官收养义子数十人乃至数百人，发展成为极具威胁的政治力量。仇士良有子五人，彭献忠有子六人，杨复光养子至少数十人，杨复恭养子超过六百人。宦官养子，成为唐代宦官的重要来源，同时进一步壮大了宦官的势力。根据当时的规定，高品宦官的养子能够蒙荫入仕、承袭封爵，同时权阉大都逾制为养子谋求高位。仇士良养子，长子仇从广为“宣徽使、银青光禄大夫行内侍省给事”，次子仇亢宗为“光禄大夫检校散骑常侍、上柱国”，三子仇从源为“阁门使、朝散大夫行内侍省内府局丞”，四子仇从渭“邠宁监军使、中散大夫行内侍省内侍局丞”，皆在五品以上。

在昭宗时，唐代宦官势力覆灭。随着宦官与宰相之间矛盾进一步激化，双方都开始勾结藩镇，以图置对方于死地。乾宁二年(895年)春，宦官骆全瓘勾结邠州节度使李茂贞、岐州节度使王重瑜领兵入朝，杀宰相韦昭度、李溪。河东节度使李克用率军渡过黄河，讨伐李茂贞、王重瑜，骆全瓘与李茂贞部将阎圭，胁迫昭宗进入岐州。李茂贞害怕李克用大军压境，杀骆全瓘、阎圭，替自己开脱罪责，宦官势力开始衰落。

光化元年（898年），昭宗回到长安，宦官景务整、宋道弼又把持朝政，宰相崔胤非常不满，南衙、北司间矛盾又一次激化。另两位宰相徐彦若、王搏看到崔胤与宦官互相倾轧，担心危及政局，劝昭宗不要急于诛除宦官。崔胤知道此事，对他们很有意见，他告诉昭宗，王搏是奸相，已经与宦官内外呼应，不可为宰相。光化二年（899年）六月，朝廷把王搏贬出京城，至蓝田县，又赐他自尽。命徐道若出镇南海，赐宦官宋道弼、景务修自尽，任命宦官刘季述、王奉先为两军中尉。

刘季述等人又勾结藩镇，作为党援，专权跋扈。他们废昭宗，夺传国玉玺授皇太子，命皇太子监国。昭宗与皇后、妃嫔数人被幽禁于东宫。在昭宗面前，刘季述手持银鞭，一边划地，一边数落昭宗的罪状，态度极其悖慢。他发兵包围东宫，又熔锡灌入门锁，昭宗与后妃皆不得外出一步。天气严寒，妃嫔们无被而眠，号哭声闻于宫外。刘季述知道崔胤跟朱全忠关系好，没敢杀他，但罢免了他宰相职位。崔胤联络神策军将领孙德昭，杀刘季述，把昭宗从东宫解救出来。昭宗复位，改元天复，恢复崔胤宰相职位。

刘季述死后，宦官韩全晦担任神策军中尉。第二年夏天，宣武军节度使朱全忠攻陷河中、晋绛，进兵至同州、华州，逼近长安。崔胤劝昭宗尽诛宦官，韩全晦等人非常害怕，他们知道崔胤交结朱全忠，担心崔胤招引朱全忠的军队进入长安，便逼迫昭宗罢免崔胤的宰相职位。为了对抗朱全忠，宦官勾结凤翔节度使李茂贞，挟持昭宗离开长安到凤翔。崔胤被撤职，心怀怨恨，因此没有扈从昭宗，他派人告知朱全忠，请朱全忠领兵迎驾，又命太子太师卢知猷率百官迎朱全忠至长安。

朱全忠大兵猛攻凤翔，李茂贞不敌朱全忠，杀死神策军军中尉韩全晦、枢密使袁易简、周敬容等二十多人，用布囊盛其尸，送到朱全忠军中求和。朱全忠奉昭宗回长安，恢复崔胤宰相职位。崔胤上奏，请诛宦官。当天昭宗下诏："第五可范以下，并宜赐死""诸道监军使以下，及管内经过并居停内使，敕到并仰随处诛夷讫闻奏"，宫中供使唤的宦官"留三十人"。诸司宦官百余人，随驾凤翔的宦官又二百多人，一并在内侍省杀头，院子里血流满地。各地藩镇监军使宦官，皆就地处决。长期祸国乱政的宦官群体，就此同归于尽。

宦官是皇帝的工具，但这个工具为了保护自身的利益，又利用了皇帝，他们互相利用。唐末皇帝成为傀儡，无力保护宦官，宦官也无法再依靠皇帝。朱全忠诛杀宦官，宦官所依附的唐朝天子，随之成为朱全忠的掌上玩物。宦官被诛灭后，昭宗有什么指示，即所谓诏书，就让几位宫女传递。实际上他的所谓诏敕，已经可有可无了。朱全忠挟天子以令诸侯，何时把唐朝傀儡皇帝一脚踢开，只在他转念间。史云："崔胤虽复仇快志，国祚旋亦覆亡，悲夫！"（《旧唐书·宦官传》）

藩镇：甩不掉的尾巴

藩镇，字面上的意思是拱卫中枢的军镇。“藩”本义是篱笆，篱笆是起屏障、护卫作用的，古代天子、朝廷裂土封侯，目的是让四方诸侯王作为中枢的屏障，所以称诸侯王和他们的领地为藩、藩王、藩地、藩国等。

唐代在边境地区驻兵的地方，根据兵力多少，分别称为军、镇、戍，所以“镇”便代指驻军之所。唐初，在军事要地各州置都督府，睿宗时在边境地区开始设置大军区，长官称节度使。至玄宗时，在沿边设置十个大军区，其长官分别称为节度使、经略使，通称“藩镇”或“方镇”。起初，各藩镇只统领所属各州的甲兵，后来，藩镇长官又兼按察使、安抚使、度支使、采访使等，便掌握了辖区内全部军政大权。安史之乱发生，为了防止安史叛军向四面扩张，保证各军事、经济要地和交通要道的安全，对付周边各族的侵扰，唐朝在全国各地陆续设置观察使和节度使，这些观察使、节度使统领之地称为“道”，一道就是一个藩镇。唐后期全国藩镇发展到四十多个，形成藩镇林立的格局。“自国门之外，皆分裂于方镇”（《新唐书·兵志》）。

朝廷与藩镇是相互依赖的，藩镇是朝廷的藩篱，就是负责保护朝廷的。大部分藩镇是在长安中枢领导下运作的，而且在安史之乱结束后一百多年间，对维护社会安定和国家统一发挥了屏障作用。但是唐后期中央力量大为削弱，中枢与地方的矛盾非常尖锐，各藩镇拥有军队，掌握着一方行政、经济和军事大权，具有相当的独立性。有的藩镇抗命朝廷、自行其是，与中枢离心离德，造成跋扈和割据的局面。安史之乱以后，大唐的整个趋势是由统一走向分裂，地方分裂势力主要表现为藩镇跋扈和割据。

藩镇跋扈与割据的局面，在安史之乱一结束就出现了，这与朝廷姑息藩镇和决策失误有关。朝廷以魏博、成德、幽州、昭义军四镇分授安史旧将为节度使、都防御史，他们在辖区内扩充军队、委任官吏、征收赋税，形成河北诸镇的割据形势。节度使职位，往往父子兄弟世袭，或为部将拥立和承继。其后山东、江淮一带的个别藩镇起而仿效，中央与地方的矛盾尖锐起来。藩镇间有的联合对抗朝廷，有的相互兼并侵掠，造成社会的动荡，战祸连年。朝廷多次想削除藩镇割据势力，但收效甚微。宪宗元和年间，朝廷在平叛方面取得了一些胜利，包括河北各镇都暂时归顺朝廷，但不久又故态复萌。唐王朝正是在藩镇割据中走向灭亡的。

从朝廷与藩镇的关系来看，大致可以分为这样几个阶段：(1)代宗、德宗时，起初朝廷姑息藩镇，刺激了藩镇野心不断滋长。

当藩镇的跋扈令朝廷不能容忍时，朝廷试图用武力解决之，用兵征讨跋扈藩镇。一系列平藩战争都未能收到成效，朝廷的决心遭受严重挫折，转而变为妥协、收拢，藩镇跋扈的某些倾向被默许。(2) 宪宗时，朝廷采取强硬措施，大力削藩，连续镇压了剑南、蔡州、淮西、淄青诸割据藩镇，擒斩其藩镇头子，从而大振国威，各地藩镇俯首称臣，历史上称为“元和中兴”。(3) 穆宗朝以后，藩镇跋扈的局面，又复故态，中央与藩镇进入相持阶段。(4) 唐末，在镇压黄巢起义中，藩镇势力恶性膨胀，出现了统领数镇的雄镇。在朝廷极端衰弱的情况下，大镇之间争权夺利、扩张地盘，最后各自建立了自己的王朝，形成多个独立王国，唐朝灭亡，天下由统一走向分裂。

“百足之虫，死而不僵”——《红楼梦》里的这句话，可以形容唐王朝后期的生命状态。如果把皇帝的易姓视作一个王朝兴亡的标志的话，这个朝廷虽然还坐着李姓皇帝，但大唐王朝可谓是名存实亡，它越来越不能支配这个国家机器的运转了。当一个王朝建立以后，哪怕它的存在很不合理，而要它灭亡，也需要一个过程。但那些跋扈各地的藩镇呢？也没有哪一个能够取代这个百年帝国的统治地位。它们可以对朝廷软抵硬抗，可以长久维持准割据状态，但要凌驾于这个王朝之上，它们谁也没有这个能耐。必须经过天翻地覆般的社会变动，它们才可能获得这样的机会。

唐宪宗元和中兴的时代结束以后，中央集权势力与地方分裂势力就是在这样的对峙状态下，维持了约半个世纪的平衡。如果没有第三者的介入，唐朝廷可能还会与地方分裂势力再继续维持这种平衡。可是历史没有给唐王朝更多苟延残喘的时间。唐末爆发了此起彼伏的农民起义，为了镇压农民起义，特别是黄巢起义，朝廷赋予藩镇更多的权力。藩镇势力在平息农民起义过程中恶性膨胀起来。为了对付黄巢的大军，朝廷要组织数道兵力共同行动，就要任命一个统一的元帅，于是便出现了兼统数道节度使的元帅，这就是我们说的唐末大镇，从而形成了尾大不掉的更大尾巴。唐王朝在组织消灭黄巢大军的力量的同时，也在扶植自己的掘墓人。

黄巢失败后，唐朝出现了藩镇混战的局面，朱全忠在混战中不断扩大地盘，先后兼并了宣武、宣义、天平、护国、天雄、武顺、佑国、河阳、义武、昭义、保义、武昭、武定、泰宁、平卢、匡国、武宁、忠义、荆南等二十一镇，被封为魏王。唐天子便成了他的掌上玩物，终于代唐称帝，建立了后梁。与朱全忠相类似，在唐末镇压黄巢起义和藩镇混战中崛起、拥有数镇或数州的大镇军阀，还有河东李克用、淮南杨行密、剑南王建、岭南刘隐、湖南马殷、浙江钱镠、福州王审知、荆南高季兴，他们先后割据称王，大唐帝国终于四分五裂，历史进入五代十国时期。在这个过程中，唐朝的僖宗、昭宗、哀帝都先后成为藩镇的傀儡，最后哀帝被朱全忠所杀，唐朝终于走进坟墓——唐亡于藩镇。

正像一个人的五脏六腑、头脑四肢，共同组成了生命支持系统。某一部位发生了癌变，这生命支持系统的一部分就变成了生命破坏因子。唐朝后期不是一处发生癌变，而是多处癌变、多处肿瘤都扩散了，从而形成了生命破坏系统，这个系统形成以后，它的破坏机制必然导致唐王朝的灭亡。财政危机、农民的反抗、外敌的进逼、宦官的擅权、藩镇的跋扈、朝廷的党争，等等，共同构成了这个系统。好像几条绳索，绞在一起，唐王朝便在这绞刑架上结束了生命。

余　响

一场大乱带走了唐代社会完整的活力和生机，它使一个百年帝国从外貌到精神都严重残缺。无论是国家，还是这个国家的每一个成员，安史之乱都是一个拐点。它留给幸存者刻骨铭心的记忆，对于唐后期的人们来说，那场祸乱永远是一个锥心之痛。想起来就引人伤感，令人哀怨，让人抚今追昔、感慨万端。唐人心灵上的阴影，久久挥之不去。

战争造成多少人家破人亡、妻离子散。战争结束后，从普通百姓到帝王之家，人们心中普遍存在一种强烈的缺憾之感。人们试图找回过去的完整和美满，但结果总是不能如愿。

吴兴沈氏世为冠族，秘书监沈易直的女儿乃当地出名的美人，开元末年被选入宫，赐给了太子的长子广平王李俶，为王妃。天宝元年（742 年）生李适，即后来的德宗皇帝。当安禄山的大兵打破潼关，玄宗仓皇幸蜀之际，那些没有来得及随驾出奔的诸王、妃、公主、王孙大多陷于敌手，沈妃被叛军拘押在东都掖庭。广平王为天下兵马元帅、郭子仪为副元帅的大军收复洛阳，广平王意外找到了她，但前线的战争等着广平王出征，广平王把她安置在洛阳宫中，没有及时送回长安。后来史思明再陷洛阳，及至史朝义败走，唐军再次收复东都，沈氏永远失去了下落。当年的广平王即位为帝，即代宗。战乱结束了，代宗派人寻访，“十余年寂无所闻”。代宗皇帝带着这份遗憾离世，并把这份遗憾传给了德宗皇帝。德宗为生母的失踪而寝食不安，即位当年，一边继续遣使寻访，一边下诏命大臣议封这位不知下落的沈氏为皇太后。其诏曰：

王者事父孝，故事天明；事母孝，故事地察。则事天莫先于严父，事地莫盛于尊亲。朕恭承天命以主社稷，执珪璧以事上帝，祖宗克配，园寝永终。而内朝虚位，阙问安之礼，衔悲内恻，忧恋终岁。思欲历舟车之路，以听求音问，而主兹重器，莫匪深哀。是用仰稽旧仪，敬崇大号，举兹礼命，式遵前典。宜令公卿大夫稽度前训，上皇太后尊号。

经过朝廷的筹划和太常寺的安排，建中元年（780年）十一月，举行了隆重的仪式，遥尊沈氏为皇太后，“陈礼于含元殿庭，如正至之仪”。那一天，德宗皇帝穿上礼服，从东序门走入，立于东方，大臣们依次站在他的后边，面对沈氏的画像，他郑重地宣布了册封的诏命。与往常册封皇太后时一派欢乐气氛不同，大家心情都十分压抑，场面悲凉，“帝再拜，嘘唏不自胜，左右皆泣下”（《旧唐书·后妃传》）。

于是，任命睦王李述担任奉迎皇太后使，工部尚书乔琳为副使，寻访沈太后，“分命使臣，周行天下”。一旦有皇太后的下落，就由升平公主专门负责安排太后的起居衣食。德宗不相信，一个大唐王朝，居然连失踪的皇太后都找不到。第二年二月，传来了好消息，皇太后找到了，群臣称贺。及至迎至长安，略加考问，立刻发现原来是假冒。其后又有三起诸如此类的诈伪事件。其中有一位讲起来开元、天宝时期后宫的生活，头头是道，尽情合理，句句属实。搞清楚后才知道，原来是玄宗时大宦官高力士的养女。因为担心真正的沈太后害怕不出，德宗皇帝一律优待放回，不加治罪。然而“终贞元之世无闻焉”，贞元是德宗的年号，德宗在世时没有找到生母的任何音讯。

宪宗即位，朝廷决定停止寻访，并正式确定沈太后已不在人世。造神主，择吉日祔于代宗庙——把沈氏的灵牌放到代宗的神庙里，并把为她专门制作的一套寿衣放在代宗寿衣之右，这件一直成为唐皇室隐痛的故事，便如此没有令人满意地画上了句号。

旧梦难圆！战乱中亲人离散、漂泊异乡者，百姓间更是触目皆是。及至闻中原战乱结束，有多少人急切地想回到故乡，想见到失散的亲人哪！但他们在哪里？人世间还能重逢吗？人人心头悬着问号。杜甫《送韩十四江东觐省》道出了人们的无奈和惶恐：

兵戈不见老莱衣，叹息人间万事非。
我已无家寻弟妹，君今何处访庭闱。
黄牛峡静滩声转，白马江寒树影稀。
此别应须各努力，故乡犹恐未同归。

安史之乱后，整个社会上出现回故乡寻亲的浪潮，但对亲人重逢的希望都怀有渺茫之感。

战争结束后，国家凋敝、百废待兴，但江河日下、盛世不再。一种强烈的末日感、萧条感长期、普遍地弥漫在唐后期人们的心头。

开元、天宝年间，乐工李龟年、李彭年、李鹤年兄弟三人皆才艺绝人，在京师负有盛名。李彭年善舞，李鹤年、李龟年善歌。李龟年制《渭川曲》，曲调优美，唱红长安。他们特别受到玄宗的宠幸，所得赏赐甚多。兄弟们在东都通远里盖的宅舍，高大壮丽，超越公卿王侯。安史之乱爆发，李龟年流落江南，每遇良辰美景，酒席上不免为人纵喉歌上数曲，闻者遥想开元盛世，忆昔伤今，往往泣下沾衣。诗人杜甫漂泊江南，遇李龟年，又听到老艺人美妙的歌唱，不胜今昔之感，有《江南逢李龟年》一诗相赠，云：

岐王宅里寻常见，崔九堂前几度闻。
正是江南好风景，落花时节又逢君。

岐王宅里、崔九堂上听李龟年歌唱的时代，一去不复返了。当诗人又见到流落江南的宫庭歌手——这位盛世见证者时，乃江南暮春。“落花时节”何尝不是大唐王朝江河日下的现实写照！

当年玄宗曾驯养舞马百匹，取名某家宠、某家骄。在音乐伴奏下这些舞马应节舞蹈，“曲尽其妙”，其曲名《倾杯乐》。表演时，舞马皆身披锦绣，饰以金银珠宝，奋首鼓尾，纵横合拍。有时设三层板床，人乘马而上，旋转如飞；有时命壮士手举一榻，马舞于榻上。左右前后环绕乐工数人伴舞，皆年轻貌美，衣淡黄衫，束文玉带。

玄宗的生日千秋节，勤政务本楼下常有这种表演。安史之乱发生，玄宗入蜀，这些舞马皆流落到民间。安禄山观赏过舞马的表演，十分喜爱，特意搞到几匹养于范阳。战乱结束后，这些舞马为魏博节度使田承嗣所得，但不知其用途和来历，跟战马养在一起。

有一天，军中款待将士，宴会上奏乐，这些舞马闻乐舞蹈，不能自已。马夫们没有见到过马会跳舞，以为是妖怪，用扫帚猛击之。舞马以为是自己的舞蹈不合乎节拍，于是更加努力地舞之蹈之，“抑扬顿挫，犹存故态”（《明皇杂录》）。养马官更加以为马为妖怪，或中了邪，告知田承嗣，田承嗣命马夫们用马鞭猛抽，打得更加酷毒。马却舞得更加严整，更加中规中矩，马夫们的鞭子也抽得更加猛烈，可怜这些舞马倒毙于乱鞭之下。

洛阳宫中，天宝年间的那些宫女有的还在，这些老宫女，二八之年就被选入宫中，都是如花似玉的姑娘。她们在这里度过青春年少的时光，埋葬了人生幸福，如今已是白发老妪。她们不出宫门，世外的沧桑，世风的沦替一概不知。当外界的女性已经以眉短而粗、衣袖宽大为美时，她们全身都是过时的打扮：“小头鞵履窄衣裳，青黛点眉眉细长。外人不见见应笑，天宝末年时世妆”（白居易《上阳白发人》）。宫门一入深似海，这些久处深宫的女子春日无聊，常常回忆开元、天宝时的盛世时光：

寥落古行宫，宫花寂寞红。

白头宫女在，闲坐说玄宗。

这是中唐诗人元稹的《行宫》诗，古行宫即洛阳上阳宫。洛阳虽是东都，但从开元二十五年（737 年）起，皇帝们就再不到洛阳，因此上阳宫早已成为一处冷宫，可是这里依然幽闭大群宫女。那些进入暮年的宫女们与世隔绝，聊天也没有更多的内容，只是不知多少遍地重复一个老话题——当年玄宗、玄宗当年如何如何，以此打发寂寞——良辰美景艳阳天，闲话玄宗忆当年。

安史之乱后，直到唐亡，又过了一百四十四年，唐朝再没有恢复贞观之治和开元盛世那样辉煌的局面，“一百四十年，国容何赫然。隐隐五凤楼，峨峨横三川。王侯象星月，宾客如云烟”（李白《古风·其四十六》）、“忆昔开元全盛日，小邑犹藏万家室。稻米流脂粟米白，公私仓廪俱丰实。九州道路无豺虎，远行不劳吉日出。齐纨鲁缟车班班，男耕女桑不相失”（杜甫《忆昔》），只成了唐人对往昔繁华的追忆和梦想。生活在安史之乱造成的阴影里，唐后期的人们不断地追思过去，向往那个一去不复返的太平盛世，这种追忆不约而同地寄托到李杨爱情故事上来。

杨贵妃生前与玄宗的缠绵爱情、欢乐人生成为盛世的象征，被人追念，她的悲剧结局令人哀叹。人们似乎不愿意接受贵妃就这样惨遭杀害的事实，因此杨太真成仙的传说便产生了。在这种故事基础上，当时和后世的不少诗人写诗咏叹，特别是白居易的叙事长诗《长恨歌》脍炙人口，当时有“童子解吟长恨曲”之说，一位歌妓只因为能唱《长恨歌》而身价倍增。

那是唐宪宗元和元年，即公元806年，白居易时任盩厔县尉，他的两个朋友陈鸿、王质夫家居此县。阴历十二月的一天，一个休假的日子，三人一起出游，到了仙游寺，置酒畅饮。其时安史之乱已经成为人们席间饭后的谈资，更成为唐人挥之不去的情结，而且盩厔县与兴平县是邻县，在自兴平县往盩厔县的路上有杨贵妃墓，三个人自然聊到了李杨爱情。王质夫端起酒杯，向白居易敬酒，说："世间那些感人至深的奇事，必须遇到富于才华的人润色加工，才可能流传后世。否则，就可能会被历史的尘沙掩埋。明皇和贵妃的故事就是这样啊！乐天先生是一位多情的诗人，才思敏捷，何不吟咏此事，以垂不朽呢？"白居易就写了这首长诗。此事离杨贵妃的死恰好五十年，半个世纪。

陈鸿也是著名文士，是小说作家，他受白居易诗的启发，搜集了当时有关杨贵妃真实的或传说的故事，写成传奇名篇《长恨歌传》，与白居易的诗一起流传下来。据陈鸿说，白居易写这首诗，和他写这篇小说，目的是"惩尤物，窒乱阶，垂于将来"——让后来的帝王们接受玄宗的教训，不要因爱好女色而导致亡国，从而堵塞致乱的根源。但后人读起白居易的诗，常常沉浸在那优美的描写里，只感到杨贵妃可爱而又可怜。"童子解吟长恨曲"，那些喜欢读白居易诗的小孩子未必想到什么"惩尤物"或"窒乱阶"。那"在天愿作比翼鸟，在地愿为连理枝，天长地久有时尽，此恨绵绵无绝期"的深情咏唱，唤起多少人对杨氏的同情啊！

因为白居易的这首诗，杨贵妃更加鲜活地活在人们心中，但想到她，唐人的心情却非常复杂。唐人总结安史之乱的教训，力图避免同类事件发生，他们从多方面总结大乱的原因，归结为帝王的奢侈腐化，玄宗宠幸杨贵妃成为帝王生活腐化的核心焦点，讲起安史之乱的教训，常常有人拿这说事儿。唐末黄巢起义军攻入长安，僖宗皇帝李儇逃往蜀中。唐军收复长安，僖宗从蜀中返京，此后社会上流传着一首题为《幸蜀经马嵬诗》，诗云：

马嵬杨柳绿依依，又见銮舆幸蜀归。
泉下阿环应有语，这回休更罪杨妃。

这首诗的作者，有的书署名李儇，说这是僖宗的诗。但我们怎么读，都不像是僖宗李儇的口气。作为玄宗的后裔，李儇不可能称杨贵妃为阿环吧。而且诗是讽刺皇帝幸蜀的，意思说，过去唐玄宗从长安逃出去，人们归罪于阿环，说她的美貌惹得玄宗不理朝政，以至于荒淫误国。这次李儇大帝也逃出长安，你可不能责怪阿环了吧！造成国家不幸的是皇上你自己啊！这能是僖宗李儇讽刺自己的话吗？写这首诗的人肯定不是僖宗，一说作者是晚唐诗人罗隐，诗作表达了对杨贵妃成为替罪羔羊的同情和不满。

主要参考书目

[唐]姚汝能撰:《安禄山事迹》,上海古籍出版社,1983年。

[唐]李吉甫撰:《元和郡县图志》,中华书局,1983年。

[唐]长孙无忌等撰:《唐律疏议》,中华书局,1983年。

[唐]杜佑撰:《通典》,中华书局,1988年。

[五代]王仁裕等撰:《开元天宝遗事十种》,上海古籍出版社,1985年。

[后晋]刘昫等撰:《旧唐书》,中华书局,1975年。

[宋]王溥撰:《唐会要》,上海古籍出版社,1991年。

[宋]欧阳修、宋祁等撰:《新唐书》,中华书局,1975年。

[宋]薛居正等撰:《旧五代史》,上海古籍出版社、上海书店,1986年。

[宋]欧阳修撰:《新五代史》,上海古籍出版社、上海书店,1986年。

[宋]司马光编著,[元]胡三省音注:《资治通鉴》,中华书局,1982年。

[清] 董诰等编：《全唐文》，上海古籍出版社，1990 年。

[清] 彭定求等编：《全唐诗》，中华书局，1979 年。

陈尚君辑校：《全唐诗补编》，中华书局，1992 年。

[清] 徐松撰：《唐两京城坊考》，中华书局，1985 年。

陈寅恪撰：《唐代政治史述论稿》，商务印书馆印行，1944 年。

岑仲勉著：《隋唐史》，中华书局，1982 年。

王仲荦著：《隋唐五代史》，上海人民出版社，2003 年。

唐长孺著：《唐书兵志笺证》，科学出版社，1957 年。

唐长孺著：《魏晋南北朝隋唐史三论》，武汉大学出版社，1992 年。

许道勋、赵克尧著：《唐玄宗传》，人民出版社，1993 年。

任士英著：《唐肃宗评传》，三秦出版社，2000 年。

牛致功著：《安禄山史思明评传》，三秦出版社，2000 年。

李鸿宾著：《唐朝朔方军研究》，吉林人民出版社，2000 年。

穆渭生著：《郭子仪评传》，三秦出版社，2000 年。

[英] 崔瑞德编：《剑桥中国隋唐史》，中国社会科学出版社，1990 年。

安史之乱大事记

唐玄宗天宝十四载（755年）

十一月九日，安禄山反于范阳。十二月，高仙芝统兵东征，封常清武牢兵败；十二日，叛军陷洛阳。

肃宗至德元载（756年）

正月，安禄山洛阳称帝。六月七日，哥舒翰兵败灵宝，潼关失守。十四日，马嵬坡兵变。七月十二日，肃宗即位于灵武。十月二十日，陈涛斜兵败。

至德二载（757年）

正月，安禄山遇弑，安庆绪自立为帝。二月，李璘兵败。四月，任命郭子仪为天下兵马副元帅。九月二十八日，唐军收复长安。十月十八日，唐军收复洛阳。

乾元元年（758年,）

六月，史思明复叛。十月，唐军九节度使围攻邺城。

乾元二年（759年）

三月，邺城之战，唐军败北。史思明杀安庆绪，自立为帝。

七月，任命李光弼为朔方节度使、天下兵马副元帅。八月，史思明率军南下，河阳激战。

上元元年（760年）

十二月，刘展之乱。

上元二年（761年）

二月，李光弼邙山兵败。三月，史思明遇弑，史朝义自立为帝。

宝应元年（762年）

唐以雍王李适为天下兵马元帅，仆固怀恩为副元帅，会回纥兵收复洛阳。

宝应二年（763年，代宗广德元年）

正月，官军收河南河北；十日，史朝义自杀。